宣伝会議の基礎シリーズ

現代 宣伝・広告の実務

マスからデジタルまで
広告マーケティングのノウハウ

「宣伝会議」編集部 監修

宣伝会議

CONTENTS

第1章 マーケティングの理論と実務 　005
マーケティングとは何か 　青葉哲郎 　006
マーケティング部門・機能が果たす役割 　山本康博 　016

第2章 広告計画の立て方 　025
広告計画を立てるにあたって 　辻中俊樹 　026

第3章 企業の経営課題と宣伝に期待されること 　037
今、宣伝部が果たすべき役割 　岡田秀美 　038
日本におけるマーケティング機能のこれから 　馬渕邦美 　050

第4章 マーケティング・リサーチの実務 　057
マーケティング・リサーチの意義、種類とその特性 　梅山貴彦 　058
リサーチ計画の立案と実行 　鈴木敦詞 　068

第5章 広告キャンペーンの企画から実現まで 　079
オリエンテーションからプロジェクト運営まで 　岡野 宏 　080
宣伝におけるクオリティ＆コストコントロール 　後藤哲也 　092

第6章 クリエイティブ・マネジメント 105

正しくアイデアを選ぶ方法　　　　　　野口恭平　106
伝わる「販促物」PDCA 検証　　　　　田中みのる　120

第7章 メディアプランニングの基礎 133

ネットの進化で「二極化」進む
メディアプランニング業務　　　　　　千田利史　134
媒体計画から評価まで
メディアプランニングの実践　　　　　稗田政憲　147

第8章 放送メディアの特性 161

放送メディアの可能性　　　　小島伸夫、野上 章　162
デジタル技術はテレビをどう変えたか　　峯川 卓　171

第9章 プリントメディアの特性と新たな価値 187

ニュースメディアの現状　　　　　　　藤代裕之　188

第10章 テクノロジーで変わるマーケティング 199

広告効果の可視化による波紋　　　　　橋本大也　200
マーケティングの新しい基盤　　　　　柴田貞規　207
進化する統計モデリング　　　　　　　三浦 暁　215
データドリブン型組織の構築　　　　　井上慎也　223

第11章 オウンドメディアの特性と活用　233

企業戦略で重視されるのはなぜ?
オウンドメディアの役割　　　　　　　　　　増井達巳　234
コンテンツづくりの視点
「いかに必然の出逢いを生み出すか」　　　　成田幸久　248

第12章 マーケティングとPR　263

広告・宣伝部が知るべき PRの基礎と目的　　大島幸男　264
マーケティング活動にどう活かす?
PR発想の体質づくり　　　　　　　　　　　木原龍太郎　278

第13章 広告予算管理と効果測定　291

広告活動の効果測定と検証　　　　河原達也、青島弘幸　292
広告予算の企画とマネジメント　　　　　　松本崇雄　306

第14章 ブランディング戦略とIMC　319

ブランディング手法と範囲
パラダイムシフトの30年　　　　　　　　　宮澤正憲　320
ブランド戦略の実践のために
4つの特殊性とモデル　　　　　　　　　　　石田 茂　334

著者紹介　　　　　　　　　　　　　　　　　　　　　345

第 1 章

マーケティングの理論と実務

マーケティングとは何か
マーケティング部門・機能が果たす役割

マーケティングとは何か

文／青葉哲郎（サイコス 代表取締役社長 マーケティングコンサルタント）

Point

1 「市場で取引する」という意味の動詞の「Market」を語源とし、戦略的な生産・販売、告知などの一連の活動を表す言葉として米国で誕生。

2 その定義は日々変化しており、最新のアメリカマーケティング協会の定義では、マーケティング活動の目的が単なる利益の獲得を超えて、社会貢献的な意味合いも含むようになった。

3 マーケティング部門の活動は、「目標設定」「KPI設定」「実行体制」の3つを行うところから始まる。

約100年前に米国で誕生した新たな概念

　経営者やマーケティング部門の責任者に「マーケティングとは何か？」、この質問を投げかけると実に様々な答えが返ってきます。「広告」「販売戦略」「調査・情報収集」等々、思い思いにあげていただくのですが、実はこれらはマーケティングの一部の機能に過ぎません。本稿では、『現代　宣伝・広告の実務』というテーマの第1章として、マーケティングの歴史や概念の変遷、そして基本的なメソッドから、マーケティングの全体像をつかんでいただきたいと思っています。また、次章に続く各専門家の方々が執筆される生きたマーケティング施策やテーマについて、より理解を深めるための基礎的な考えをお話しできればと思っています。

　マーケティングは19世紀末から20世紀初頭の米国で生まれました。まだ誕生から100年程度しか経ていない比較的新しい概念です。
　1902年に米国ミシガン大学の学報において初めて登場したMarketingという言葉は、「市場で取引する」という意味の動詞Marketが語源です。それ以前からあった商取引を意味するTradeやCommerce、販売活動を意味するSellingとは異なり、戦略的な生産・販売、告知などの一連の活動を表す言葉として誕生しました。
　米国の歴史的背景として、ゴールドラッシュや西部開拓、東海岸から西海岸に至る全米市場の誕生、そしてフォードの自動車生産に代表される大量生産・大量消費社会の誕生において、マーケティングは企業の競争力強化を目的とした生産段階での効率化や、コスト

削減を担う考えとして導入されるようになりました。同じころP＆Gも、アイボリー石鹸を売り出すために大規模工場を建設し、大々的な広告と販売店網を構築しました。マーケティングの起源は、正確には何が最初かということは定まってはいないのですが、19世紀末の供給過剰下の販売の伸び悩みに対して、その解をマーケティングに求めるようになったことは間違いないようです。

一方、日本でマーケティングの概念が広まったのは、第2次世界大戦以降と言われています。1955年に日本生産性本部の米国使節団が帰国し、その使節団長の**石坂泰三**[1]氏が記者会見し「アメリカにはマーケティングというものがある。我が国もこれからはマーケティングを重視すべきである」と発言したのは有名な話です。これをきっかけにマーケティングという言葉は流行語となり、日本でも本格的な活用が始まりました。

マーケティングの定義は変化し続けている

マーケティングの定義は、時代とともに変化を遂げています。最近では社会貢献的な意味合いもマーケティングに含まれるようになりつつありますが、マーケターとして押さえておきたいマーケティングの定義とその変遷をご紹介します。

●アメリカマーケティング協会のマーケティング定義

マーケティングを学問として勉強したことがある人ならば、一度は目にするのがアメリカマーケティング協会（AMA：America Marketing Association）のマーケティング定義です。これまで多くの論文などで引用されてきた代表的な定義を、古いものから順に3

---

[1] 石坂泰三（1886〜1975）
昭和の日本における代表的な経営者、財界人。第一生命保険、東京芝浦電気（現東芝）の社長を経て、1956年、第2代経済団体連合会（経団連）会長に。

つご紹介します。

・1985年の定義

　マーケティングは、個人や組織の目的を満足させる交換を創造するためのアイデア、財（製品）、サービスの概念形成、価格設定、プロモーション、流通を計画し、実行する過程である。
（ポイント：売り手の交換の実現に焦点を当てている）

・2004年の定義

　マーケティングとは、顧客価値を創造・伝達・提供し、組織とそのステークホルダーの双方を利する形で顧客との関係性を管理するための組織機能ならびに一連のプロセスのことを指す。
（ポイント：顧客価値の提供に焦点が変化した。また、対象が個人や組織から、「組織とそのステークホルダー」に広がった）

・2007年の定義

　マーケティングとは、顧客やクライアント、パートナー、さらには広く社会一般にとって価値のある提供物を創造・伝達・提供・交換するための活動とそれに関わる組織・期間、および一連のプロセスのことを指す。
（ポイント：対象からステークホルダーという言葉が消え、「広く社会一般にとって」という新たな考えが盛り込まれた）

　このように、1985年段階では"個人や組織の目的を満足させる交換を創造する"、言い換えれば、商品を売って利益を得ることに主眼が置かれた**「プロダクト・アウト❷」**の発想でしたが、19年ぶり

---

❷ プロダクト・アウト
製品開発は、市場のニーズ（必要）とメーカーのシーズ（技術）とのマッチングを図るプロセスだと考えた場合、特にメーカーのシーズを基点として、想定される市場のニーズを満たすための製品を開発するスタンスのこと。

に改定された2004年の定義では、顧客にとって価値あるものを提供する「<u>マーケット・イン</u>❸」の考え方に大きくシフトしたことが見て取れます。また対象が"組織とそのステークホルダー"となり、営利目的の企業のみならず、行政や非営利組織にも適用できるとしたことも時代の変化に即したものと言えます。さらに最新の定義では、マーケティング活動の目的が単なる利益の獲得を超えて、社会貢献的な意味合いも含むようになったことも押さえておきたいポイントになります。

●**コトラー、ドラッカー、日本マーケティング協会の定義**

AMAの他に、引用されることの多いマーケティングの定義をいくつかご紹介しておきます。

・**フィリップ・コトラーの定義**

個人や集団が製品や価値の創造と交換を通じて、そのニーズやウォンツを満たす社会的・管理的プロセスである。(フィリップ・コトラー、ゲイリー・アームストロング著『新版マーケティング原理』和田充夫、青井倫一 訳、ダイヤモンド社、1995年)

・**ピーター・F・ドラッカーの定義**

マーケティングの究極の目標は、セリング(売り込み)を不要にすることだ(P・F・ドラッカー著『マネジメント〈エッセンシャル版〉』上田惇生編訳、ダイヤモンド社、2001年)

・**日本マーケティング協会の定義(1990年)**

マーケティングとは、企業および他の組織が、グローバルな視野に立ち、顧客との相互理解を得ながら、公正な競争を通じて行う市場創造のための総合的活動である。

---

❸ マーケット・イン
製品開発は、市場のニーズ(必要)とメーカーのシーズ(技術)とのマッチングを図るプロセスだと考えた場合、特に市場のニーズを基点として、利用可能なシーズを活かして製品を開発するスタンスのこと。

このようにマーケティングの定義は諸説ありますが、現代のマーケティングの本質は、顧客のニーズを発見し、満たすという「顧客志向」にあると言えます。しかしながら、顧客志向を実践するのは、言うは易く行うは難しです。次項ではマーケティングを実践する際のプロセスと手法についてご紹介します。

マーケティングは顧客目線で戦略を立てる 〜そのプロセスと手法

マーケティングの本質は顧客志向であり、顧客の目線に立って商品やサービスの在り方、販売方法、コミュニケーションを考えていく必要があります。いわゆるマーケティング戦略を構築するためのプロセスと代表的な手法をご紹介します。

●マーケティング戦略構築のプロセス
① 「3C分析」〜環境分析
② 「STP理論」〜市場細分化、標的市場の決定、ポジショニング
③ 「4P理論」〜マーケティングミックス

マーケティングの基本とも言える「3C分析」は、自社（Company）、競合（Competitor）、顧客（Customer）の3つを様々な観点から調査・分析します。「STP理論」では、市場における顧客のニーズを分類し（Segmentation）、その中でも獲得したい顧客層を選択して（Targeting）、顧客に提供するベネフィットを決めて自社のポジション（Positioning）を確立するプランを練ります。そして最後に、「4P理論」を用いて製品（Product）、価格（Price）、流通（Place）、広告・

販促(Promotion)の最適な組み合わせを検討していきます。この一連のプロセスは、経営課題解決や事業戦略をつくる上で、重要な位置を占めています。

ここまで、マーケティングの歴史や定義、戦略構築の話をしてきましたが、戦略を実践する段階になると、組織特有の様々な問題にぶつかります。人材育成が追い付かない、横断的な取り組みができない、専門性を持った人材の欠如、上層部の理解が得られないなど、社内事情が原因となって目標達成できないケースが多々見受けられます。経営と密接に連携しながら、セールスとマーケティングの両方を理解して事業推進することができるリーダーの存在が求められています。

デジタル化でマーケティングに高まる期待

インターネットの影響で、消費者行動は一変しました。それに伴い、この10年でマーケティング業務もすっかり様変わりしました。特にネット世代の消費者には、従来のやり方では情報伝達や影響を与えるのが難しくなっていますし、日に日に「消費者は賢く」なっています。環境の変化により、新しい課題も発生しています。それは、従来型の組織では対応が難しくなりつつあるということです。

そして現在、マーケティング部門は多岐にわたる担当業務に追われ、多忙を極めています。ネット技術、専門性、多メディア化に加え、自社で得られる顧客情報量も飛躍的に増加し、分析もスピーディーに対応しなくてはならないとなれば、従来の組織や人員体制では難しいのが現状です(図表1)。

最近では「ビッグデータ」という言葉も出てきていますが、莫大なコストをかけて手に入れた情報（広告データ、顧客の問い合わせ履歴、会員情報、サイトログ、購買情報など）を活用しきれていない企業も実に多く、宝の持ち腐れになっている状況です。

それでは、限られた予算・人員の中で、マーケティング活動を推し進めるには、どうしたら良いのでしょうか。それは、扱うテーマについて洗い出し、その中で優先順位付けを行い、身の丈に合った「選択と集中」を実践することが肝心だということです。簡単なことのように思えますが、過去の成功に捉われ、近視眼的になってしまうことは往々にしてあります。こういった状態を「マーケティング・マイオピア」といい、企業が自社のマーケティング上の使命を狭く解釈しすぎて変化への対応力を失い、ひいては市場機会を逃してしまうことを指します。このような状況に陥らないためにも、中長期（3〜5年）・短期（半年〜1年）の課題を整理し、長期目標のあるべき姿に向かって、短期的に行う施策について日々改善を行っ

図表1　ネットマーケティング部門の状況

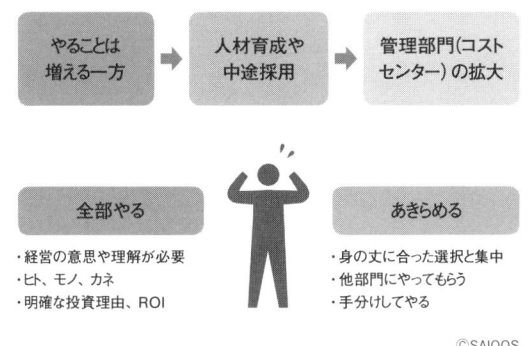

©SAIQOS

マーケティング部門の活動は「目標設定」「KPI設定」「実行体制」が重要

　私どものようなマーケティングコンサルティング会社には、「現状に満足していないが、何から始めたら良いか分からない」といった相談が多く寄せられます。私自身、企業で16年間に渡りマーケティングやセールスで事業を推進してきた経験から、①**目標設定**、②**KPI設定**[4]、③**実行体制**の3つが重要であるとお伝えしています（図表2）。

　①**目標設定**は、時間軸で課題を整理し、着手するテーマの優劣をつけていく方法です。②**KPI設定**では、各テーマにおいて明確な指標を作って、費用対効果を測定していきます。例えば、「短期テーマ：広告集客単価を20××年までに、現状の半分のコスト○○円に抑える」など細かく、具体的に決めることが大事です。そして最後の③**実行体制**ですが、それぞれの企業によって割ける人員は限られますから、「関係各所の協力」をいかに得るかが**重要**です。社内外問わず、利害関係者を上手くマネージできるかで、そのマーケティング部門の命運が分かれます。関係者を巻き込んでいくためには、①**目標設定**と②**KPI設定**で打ち立てた戦略の世界観と目標達成のシナリオをしっかり共有することが必要です。目標もKPIも明確だからこそ、パートナーも社内も経営も、情報の共有がしやすく、結果として実行もスムーズになります。

　マーケティングの本質は「顧客志向」であるとお伝えしましたが、

---

[4] **KPI設定**（key performance Indicator）
組織の目標を達成するための重要な業績評価の指標を設定すること。これにより、目標達成に向けた組織の動向を把握することが可能になる。

マーケターのミッションは、「お客さまに自社のファンになってもらい、購買し続けてもらう仕組みをつくること」に尽きると思います。次々と新しいテクノロジーが登場し、新たなメディアサービスが誕生してもこの本質は変わることはないと思います。マーケティングを俯瞰して、目標設定・KPI設定・実行体制を整備するといった、当たり前のことを徹底的に実行することができれば、売上向上・コスト削減といった大きな成果を得ることができます。マーケティングの本質を押さえつつ、実践し成果を出していくためには上記のことが重要であることを、忘れないようにしてほしいと思います。

図表2　マーケティング部門の活動 3つのポイント

①目標設定

- 経営の意思や理解が必要
- ヒト、モノ、カネ
- 明確な投資理由、ROI

②KPI設定

- ROI 検証するため
- 世間軸と独自軸で絞り込む

③実行体制

- 利害関係者（パートナー）との関係
- 継続した効果検証（日・週・月報）

企業においてマーケティング部門・機能が果たす役割

マーケティング部門・機能が果たす役割

文／山本康博（ビジネス・バリュー・クリエイションズ 代表取締役）

Point

1 顧客が気づいていないニーズ、潜在的不満を把握、解消する商品を企画開発することがメーカーの使命。マーケティング部門は重要な役割を担う。

2 自社の商品やサービスの位置づけ、定義づけを表明する「ブランド憲法」を制定し、組織全体で共有することが広告販促活動の基盤になる。

3 マーケティング活動は企業の生命線。顧客の「欲しかった」を生み出す喜びが社会を豊かにする源泉になる。

顧客が気づいていないニーズを満たす
商品・サービスを企画・開発する

　現代の企業活動において、顧客の多様なニーズや潜在的な不満を把握し、「顧客が気づいていない、"あっそれ欲しかった"と言われるような商品・サービス」を企画開発することがメーカーの役割だと強く感じています。すでに顧客自身も欲しいと気づいている商品やサービスを提供したところで、価格競争などに巻き込まれる可能性も高い。気づいていない商品・サービスを提供することこそがメーカー、そしてマーケターの使命だと意識する必要があります。

　そこで、「マーケティング」が重要な役割を果たすわけです。マーケティングのことを広告・販促と狭義に捉えているケースがかなり見受けられますが、それはひとつの側面にすぎません。そもそも「マーケティング」を理解していなければ、どんなに良い商品やサービスであっても成功する確率は低くなると考えています。実際、私自身、30年間近くで120アイテム以上の商品を企画していますが、経験上「マーケティング戦略」という概念の基に企画・発売したものは、成功する確率が高いです。では、私の「マーケティング」の定義は何かというと、「人や社会に対して刺激・感動を与え行動を起こさせること」です。数々のマーケティング学者が色々な言葉で説明していますが、私は実体験からマーケティングとは何かをこのように定義づけました。

　この考え方は、誰もが無意識にマーケティング活動を行っているという例をあげれば納得いただけるかと思います。例えば、大好き

な誰かを食事に誘いたいと考えた場合、いきなりその人に「一緒に食事してもらえませんか？」と聞く場面は少ないと思います。相手を口説き落とすために、無意識に脳内でマーケティング基本戦略を立ててから準備をして行動に移すからです。相手を知って、提案内容を決めて、知らせて、ひきつけて、行動に移し、フォローする。これはまさに、大企業が行っている「マーケティング活動」そのものなのです。その前段に、刺激（驚かせて）、感動（唸らせて）、行動（食事する）がしっかりと組み込まれていることが重要なのです。企業は、漠然とマーケティングを考えるのではなく、マーケティングの重要性を理解して、「マーケティングの定義」を明確にすることがとても重要です。その結果、顧客に喜ばれる"それ欲しかった"という商品・サービスを提供することができ、それが本来のメーカーとしての役割だと感じています。

　本来のメーカーの役割をまっとうするためにも、しっかりと社内でマーケティングの定義を理解・共有する必要があるのです。

　しかし日本ではまだ、「マーケティング」の概念自体の理解・浸透度は低く、ともすれば「マーケティング＝広告販促」などと捉えられがちになっているのが実情ではないでしょうか。

　社内でマーケティングの概念を会社全体として定義しているところは少ないです。マーケティング機能の位置づけが不明確である場合、どんなに素晴らしい商品・サービスであっても、ターゲットとする顧客へ正確に届けることができず、的外れな広告販促展開をしてしまうことになりかねません。

❶ ポジショニングステートメント
自社の商品・サービスの位置づけ、定義づけを表明すること。自社の商品やサービスを市場のなかでどのように位置づけるのか、消費者の印象として、どのように位置づけるのかなどを文書化したもの。

組織全体で共有できるブランド憲法を制定する

広告活動の基盤となるのが「マーケティング戦略」ですが、実施する際には、いよいよ広告販促部門の出番となるわけです。そこで広告販促部門が最も気をつけなければならないのが、「商品・サービスを生み出した人間（組織）が全体戦略をどのように捉えていたか」ということと、「どうすれば顧客が商品・サービスを使い喜んでもらえるかをきちんと把握する」こと。そのためには、商品・サービス＝ブランドの全体戦略の基礎となる「マーケティング基本戦略」が必要になってきます。私は、マーケティング基本戦略のことを、別名「ブランド憲法」「大義名分」「錦の御旗」と呼んでいます。このブランド憲法をしっかりとつくり込み、ぶれないブランド価値を完全に整えてから、行動に移すことが絶対的に必要です。

実際、メーカーでは意外とブランド憲法（**ポジショニングステートメント❶**）がないことが多いように感じます。なぜなら、スーパーやコンビニで見かけた商品と広告販促のコンセプトが合致していないと感じることがあるからです。ブランド憲法をしっかりとつくっている外資系企業などは、ブランドコミュニケーションが広告から店頭販促まですべての部門で共有されており、それが、顧客にきちんと届いているのです。

また、**ブランド資産❷**という概念に関しても、効果や性能など「物質価値」と、イメージや雰囲気など「情緒価値」の2つがあり、それぞれを分けて明確にしなければなりません。

広告販促部門は、商品・サービスを生み出したスタッフ（組織）

---

❷ ブランド資産
商品・サービスなどの「ブランド」を、無形資産としてみなすこと。ブランドの知名度、品質への信頼、ブランドイメージ、ロイヤルティなどの要素がある。また、「ブランド・エクイティ」ともいう。

のマーケティング基本戦略＝ブランド憲法をしっかりと把握し、物質価値と情緒価値を理解して、それに沿った広告販促活動を行えば成功する確率が高くなるということです。

　そして、ブランド憲法をさらに具現化したものとして、「マーケティングサークル」があります（図表1）。商品やサービスは様々なマーケティング要素で成り立ち、すべてがつながり、各々が成功した時に商品・サービスがヒットするという考え方をまとめたものです。特にマーケターは「マーケティングサークル」を常に意識して行動することが必要です。

図表1　マーケティングサークル

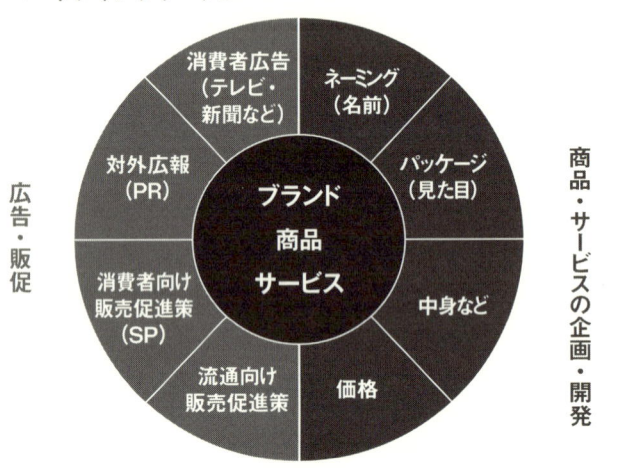

ビジネス・バリュー・クリエイションズ作成

縦割り組織か、ブランドマネージャー制か

　日本企業は「分業制＝縦割り制度」が多く、外資企業は「完全責任制度＝**ブランドマネージャー制度❸**」が多いのが実情です。日本企業でもまれにブランドマネージャー制度を採用している会社もあります。日清食品などは、かなり前から採用し、社内で競争原理を働かせたり、完全責任制度によって成功しています。それぞれメリット・デメリットはありますが、どちらにおいてもマーケティング基本戦略＝ブランド憲法がしっかり確立できていれば、広告販促や広報活動を担うのが異なる部署であっても機能しやすいのです。

　まれに、営業部門の下部組織に「マーケティング部門・企画部門」を位置づけている企業もあります。しかし、私の経験・体験では、営業組織の中にマーケティング戦略部門（＝顧客の気づいていない商品・サービスを考え、どのように伝え、ひきつけ、提供するのかを人間の頭で考える）という「企業活動の根幹」であり、「中央統括・戦略策定・指令部隊」を設けることは理論的にもマーケティング的にも、あまり得策ではないと感じます。それは他からの干渉作用があるからです。戦略策定部隊は、あくまでも自分たちが、顧客のために何ができ、何をすべきかを考え、行動する組織であり、社内干渉を受けた状態で、行動するべきではないからです。

「全体を見渡す」かつ「ピンポイントで分析する」この両眼を持つことが必要

　マーケティング関連部門が最も気を配らなければならないのは、

---

❸ ブランドマネージャー制度
特定のブランドについて、その企画・開発から製品の生産・マーケティングに至るすべてのプロセスを統合的に管理し、そのブランドの業績に職務上の責任を持つ管理責任者を置く制度。

顧客であり、社内ではありません。当然、企業であればステークホルダー全般への貢献となるのは当たり前ですが、顧客に喜んでいただき、その結果、利益をいただき分配することが前提です。

　そして、マーケティング部門は、全体を見渡す視点とピンポイントで分析する目も必要になります。昔から「木を見て森を見ず」と言われますが、分析ひとつ取っても、**集合調査（CLT＝セントラルロケーションテスト）**❹で1000人のターゲットから意見を集めようが、分析する目が曇っていたならば、新しい発想の商品やサービスは生み出されません。

　では、どのようにすれば画期的なアイデアがわきあがるのでしょうか。マーケティングに携わる人間であるならば、日々の生活の中で、コツコツと情報や分析を重ねて、自分自身の脳みそを戦略脳にすることが必要です。「通勤電車の中でスマホを操作している人は何割くらいだろうか？」「この道を歩いている人の男女比率は？」など、何でもいいので常に考え、分析する思考で行動していれば観察力、分析力が上がり、必然的に戦略脳になっていきます。

　私が採用している具体的手法の一例としては、顧客の潜在的な不満を無数に集めて分野ごとに分類して、つなげる「不満解決式ヒット商品開発法」というものがあります。顧客にどんなものが欲しいですか？　と聞くのは「マーケティング部隊」としては本業を投げ出す恥だと自覚しなければなりません。なぜなら、顧客の要望を聞くのは誰でもできることであり、顧客が気づいていないものを考え、提供するのが本来の「マーケター」だからです。

---

❹ **集合調査（CLT＝セントラルロケーションテスト）**
多数の対象者を、あらかじめ設けた調査会場に集め、そこで調査データを収集する手法のこと。

■「顧客を喜ばせたい」という発想がすべての基点

　ブランドコンサルティング会社のインターブランドによる、グローバルブランドの価値を評価した「Best Global Brands」で、1999年の調査開始時から13年連続で1位をとり続けていたコカ・コーラなどのグローバル企業は、世界規模での戦略があり、具体的な短中長期戦略策定があります。

　定期的に世界中のマーケティング担当者を1カ所に集めマーケティング概念の共有化がなされ、ポジショニングステートメント（ブランド憲法）を作成する方法の教育や、責任範囲の明確化が当然のように行われています。各人の業務は自発的な考えや行動によって起こされ、企業を通じてマーケターが自ら「顧客に喜ばれたい」「顧客の役に立ちたい」「自分が何かを変えたい」といった考えを持って働いている人が多いのも特徴です。

　日本企業もジョブローテーションがあろうとも、マーケター自らが自発的に「顧客を喜ばせたい」といった発想、自分が「役に立ちたい」というような気持ちで業務を遂行することが必要です。マーケティング活動は企業にとって生命線であるからこそ、そこで働く人間が"楽しんで"考え、顧客の"欲しかった"を生み出す喜びを味わうために働く。そういったビジネスパーソンや企業が多く出現すれば、もっと社会が豊かになるのだと信じています。それほど、「マーケティング」は重要だということです。

第 2 章

マーケティング課題、仮説の発見と広告計画の立て方

広告計画を立てるにあたって

広告計画を立てるにあたって

文／辻中俊樹（東京辻中経営研究所 マーケティング・プロデューサー）

Point

1. マーケティング課題における仮説の設定が広告計画の第一歩。

2. ネットの拡大で「生活動線」が変化し、商品やサービスに触れる機会が増加。広告運用は営業行為のサポートであり急速なリーチ（到達率）を稼ぐことが目標となる。

3. ターゲットの行動パターンの違いを踏まえ「関与度の向上」「満足の醸成」「リマインド（記憶再生）」という観点から、仮説を導き出す。

広告計画には「仮説」が必要

　広告計画を立てるにあたって、当たり前のことだが、対象となる商品やサービスの持つマーケティング課題を仮説化しておくことが必要である。その商品やサービスの広告計画に結び付けていくための仮説を抽出するには、古びた言い方だが、AIDMA❶（図表1）に代表される購買に向けた心理変容プロセスなどの整理法を用いるのは方法のひとつと言っていい。最終的なA（Action）に至るまでに、消費者の心理変容のどの部分が課題となっているのか。それは、当然ながら当該商品によって異なるはずだ。

　商品やサービスがまったくの新商品であるならば、いわゆる認知という意味での、最も軽い市場浸透力を目指すことになる。また、市場浸透力は一定のレベルに達しているものの、その基本価値が市場にあまり理解されていないのであれば、その理解の促進こそが、

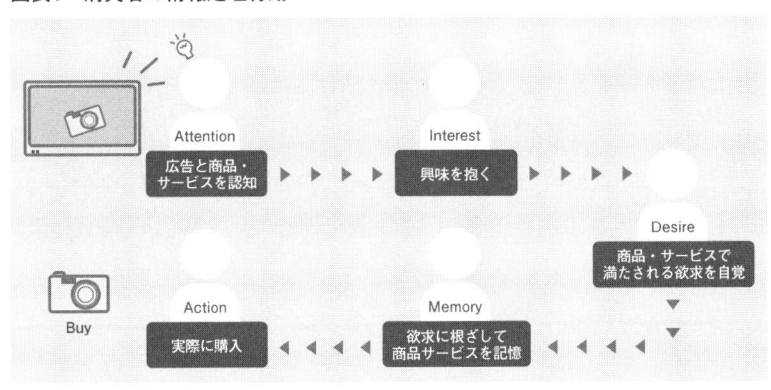

図表1　消費者の情報処理行動

Attention	Interest	Desire
広告と商品・サービスを認知	興味を抱く	商品・サービスで満たされる欲求を自覚
Action	Memory	
実際に購入	欲求に根ざして商品サービスを記憶	

Buy

❶ AIDMA
「Attention（注目）→Interest（関心）→Desire（欲求）→Memory（記憶）→Action（行動）」の頭文字を取ったもので、アメリカのローランド・ホールが提唱した。消費者が広告をどのように受け止め、情報を処理して購買行動に至るのかという消費行動のプロセスを示したモデル。

そこでのマーケティング課題の仮説となり得る。また、リニューアルや異なった側面の価値を訴求していくのであれば、やはり理解の促進に仮説の主眼が置かれることになる。

あるいは、ここまで出た課題に関しては、ある程度クリアしているが、購入意向が低く、実需が低位にある場合には、また異なった課題と仮説を設定する必要がある。その視点は、もはや広告計画の課題ではなく、その商品やサービスのマーケティング課題の仮説整理に差し戻すべきこともあるだろう。しかしながら、ここでも広告計画として仮説抽出すべきことは多々ある。

例えば、小さな実需であるかもしれないが、実際のロイヤルカスタマーの評判を重層化していくことにより、いわゆる評判の輪をつくり出していく、ということはあり得る。ここではブログやFacebookといったSNSの効果的な活用の検討が課題となるだろう。しかし、急速な実需の拡大は期待すべきではなく、できるだけ細やかな対応を通して、次の課題の発見へと利用した方がより有効なこともある。

と、いうように広告計画はマーケティング課題における仮説設定が、その第一歩ということができる。

加えて、広告予算がほとんどない、あるいはゼロであってもこのプロセスは同様に大きな意味を持つ。少なくともインターネットというツールがある以上、——これは企業側が独占するツールというよりも、お客さまの側が同様に保有し利用するツールであるのだから——ここでは情報の交換回路は必然的に開かれざるを得ない。企業が予算を投じメディア枠を買い、広告という形で発信しなくとも、

消費者の態度変容に影響を与える情報発信が何らかの形で行えてしまうのが今の時代だ。

広告計画にはリーチ（到達率）というものが、宿命的に優先すべきものとされる悪癖がある。しかし、もっと小さなコミュニケーションサークルを考えておく必要もある。その意味では、パンフレットなどの印刷物、あるいは展示会、商談会などの方策も、同様に仮説設定が必要なのである。

「生活動線」とその中での情報の取り方

これらの前提の上に立って、実際の広告計画を立案していくにあたって、次に重要なポイントは「生活動線」という視点だ。これはコミュニケーションサークルをつくっていこうとするターゲットの、24時間、365日の生活を繰り返していくにあたっての「動き方」のパターンのことだ。この「動き方」が動線である。さらに広告計画に必要なのは動線の理解だけでなく、「生活動線」のパターンの中での、商品やサービスとの接点のつくり方、加えてそれに関連する情報の取り方まで洗い出すことである。

日本社会は少なくとも1990年代以降は、小売店の出店が地域の購買力を上回る「オーバーストア」となっている。つまり、商品やサービスとリアルに接点を持てる場所が過剰にあふれているということだ。また、ネットの拡大によって、ネットショップに限らず、WEB上の何らかの接点で商品やサービスに接触する機会が明らかに過剰になっていると言える。

これは「生活動線」を見れば明らかだ。もちろん、ターゲットに

よって違いはある。一日の「動線」の中で、テレビ、新聞、雑誌、ラジオに一度も接点はないが、何らかの店舗には複数回以上来店している生活者は多い。またその逆もある。インターネット上の情報に触れる機会を加えれば、商品やサービスに触れる機会は多数にのぼる（**図表2**）。

　この変化は広告計画の実際の運用に多大な影響を与えていると言える。過剰接触の増加は、商品やサービスにとっての有益な位置取り、あるいは配荷の向上などといった営業行為の集積の結果にほかならない。つまり、広告効果の累積により店頭でお客さまとの結び付きをつくるよりは、先に店頭で商品やサービスとお客さまとの結び付きをつくることに主眼が置かれているのである。その点で見れ

図表2　20代後半男性の1日の行動サンプル

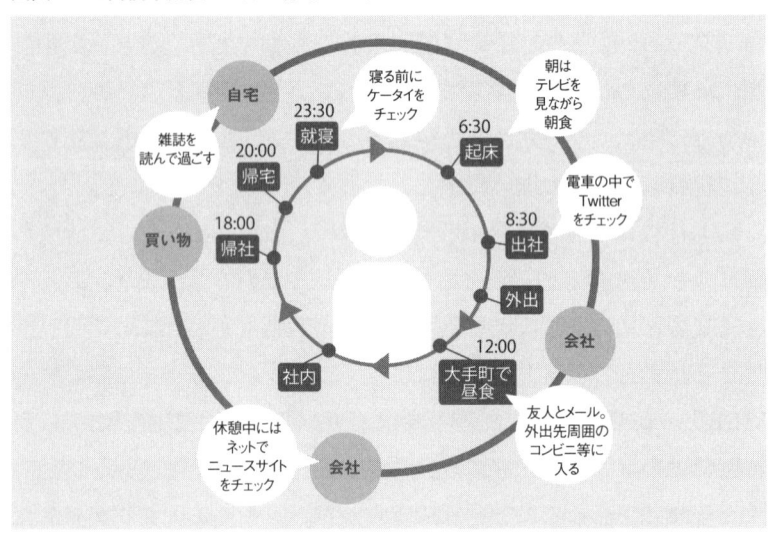

ば、広告運用は営業行為のサポートであり、配荷の促進のための手段となる。この視点に立てば、認知、理解という一般的な仮説に従って、できるだけ急速なリーチ（到達率）を稼ぐことこそが、広告計画の目標となることは自明である。そうなると、やはりテレビの有効性はある。

▍「インボルブメント」と「サティスファクション」

　広告はその商品を知らない人との新たな接点をつくることだけが目的ではない。すでに何らかのリアルな接点で、商品やサービスと接触している、あるいはすでに実際の購入者である場合もある。

　ここでの広告計画における仮説のキーワードは次のようになる。例えば「インボルブメント」、つまり関与度の向上だ。すでに知っていたり、買っていたりするターゲットに対して、常に気にしていただく、ということである。心理学的に、自分が顕在的、潜在的に気にしているモノや情報に対してこそが、より気になるものである。リアルな接点（購買）から情報へのループを開いていくこと。私たちはこのことを「店ループ」のコミュニケーションと呼ぶことがある。

　次のキーワードは「サティスファクション」、満足の醸成である。実は消費者は自分自身の購入選択行動に対して、絶対的自信、信念を持っているものではない。もっと言えば、常に不安を持っているのだ。つまり、その心理状態に対して「あなたの選択は正しい」という担保を差し出すことが有効だ。これは、車や比較的価格の高い商品、サービスの購入については古くから言われてきたことであ

る。現代のようにオーバーストアになり、均質化した商品があふれ（コモディティ化）、過剰な情報量になったことから、このことはあらゆる商品・サービスカテゴリーに言える。

　消費者は自分が購入し、使用している商品やサービスの広告、情報こそをより理解しようとし、より接触しようとすることは自明の理である。これを別の視点で言い換えれば、サードエンドースメント（第三者保証）ということになる。自分以外の人間の評価、評判によって自分自身の行動を正当化することだ。これはネットでの書き込みや評判にあたるものである。古くから口コミと言われてきたことだ。現在ではSNSのコミュニケーションがその機能を果たしていると言える。

　ただし誤解してはいけないのは、"第三者"という意味で、商品やサービスの提供者が除外されることではない。一般的に、メーカーやサービス提供主体の情報は手前勝手で信用されないと言われ、それを否めない面もあるが、必ずしもそんなことはない、ということに多くの人は気づくべきである。膨大なコストとリスクをかけているサプライヤーの正当な情報開示は、実は消費者を大いに助けているのである。これは広告やコミュニケーションの持つ社会的責任ということができる。

　社会的責任というと、社会還元をしていることやドネーション（寄付）をしていることと錯覚してはいけない。商品、サービスこそが最大の社会的責任である。これは一般的な広告やネット上のコミュニケーションであろうが共通である。その視点に立てば、よりSNSという手段は有効に活用すべきである。

個人的な好みもあるが、情報開示の例として日本航空（JAL）のFacebookページの展開はひとつのサンプルではないかと思う。システム化された中で機能しているJALというサービス提供主体が、お客さまにあらゆるサービスカテゴリーで行われている業務を適宜公開していくことは有効に働く。また、企業内の一人ひとりの顔の見えることと、システムとしての社会的責任は一様に結びつかないことから、企業人の様々な行動の重層性がシステムの柔構造をつくり出していることの訴求は大切だと言える。

もうひとつのキーワード「リマインド」

三つ目のキーワードはリマインドだ。適宜のタイミングで消費者に記憶再生してもらうことである。これも一般的な解のひとつであるが、トライアルよりもリピートの方がはるかに広告活動のコストパフォーマンスが高いことから重要視されている。しかし、広告計画を考える時の仮説として、むしろリピートを創出することに、より多くのコストと知恵を使うことの重要性を指摘しておきたい。これにより、広告表現の構成要素であるトーン＆マナーは明確になるといって良い。「What to say（何を言うか）」「How to say（どのように言うか）」と言われているポイントはここである。

ここでひとつの問題があるとすれば、常に市場を固定化させずに、ニューカマーをとっていきたいというマーケティング課題との整合性ということになる。もちろん、広告計画にとってこの課題は存在しているが、考慮しておくべきは、広告こそが一義的に解決すべきことではなく、マーケティング課題としての解があってこそである、

という理解だ。

　商品やサービスの基本的価値の見直しによってこそ、新しい市場は創造されていくものであり、広告だけがその機能として二兎を追えるものではないことを理解しておく必要がある。

ターゲットによってパターンの違いが存在

　最後にもう一度「生活動線」という視点に戻っておこう。現代的な「生活動線」の特性としての「店ループ」という視点から、いくつかの仮説としてのキーワードを整理してきたが、これはターゲットによってパターンの違いが存在している。

　例えば20〜30代の女性を考えれば、「生活動線」は当然想定できそうだが、シニア層ならばどうなのか。シニア層（ここでは55〜75歳を想定）の「生活動線」から見れば、「店ループ」はさらに強い特性であると言える。シニア層は、あまり外出もせず、一日中テレビを見ている層、というのを想像をしがちだ。もちろん、そのような人も当然いる。ところがひとつのパターンとして見れば、非常に頻度の多い外出行動をしているのである（**図表3**）。若年の男女が通勤、通学という「義務的」な外出行動の生活動線に固定化しているのに対して、「義務的」な生活動線から解放されている分だけ、シニア層の方が、多様で重層的に外出動線を持っているのである。

　その点で見れば、シニア層に対するコミュニケーションはより外出動線を意識したものにならざるを得ない。また、外出動線の増大はネットコミュニケーションの拡張を呼び起こしていくことになり、外出先で使うモバイルインターネットの価値が高まっていく。

そのほか、例えばポストマタニティ世代、出産子育て中の女性の「生活動線」を考えてみれば、シニア層よりもはるかに外出動線が少なくなってしまうのは自明だ。一種の情報閉塞とリアル接点の減少は、ネットコミュニケーションへの依存を高めていくことになる。

ところが、頻度が下がってはいるが、独特の外出動線も存在する。それは子育てママ同士のリアルコミュニティだ。そうしたターゲッ

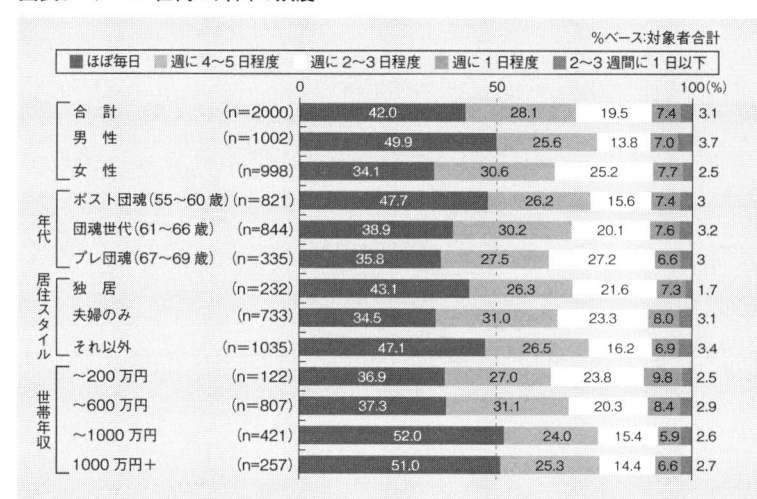

図表3　シニア世代の外出の頻度

%ベース:対象者合計

凡例: ■ほぼ毎日　■週に4〜5日程度　■週に2〜3日程度　■週に1日程度　■2〜3週間に1日以下

区分	項目	n	ほぼ毎日	週に4〜5日程度	週に2〜3日程度	週に1日程度	2〜3週間に1日以下
	合計	(n=2000)	42.0	28.1	19.5	7.4	3.1
	男性	(n=1002)	49.9	25.6	13.8	7.0	3.7
	女性	(n=998)	34.1	30.6	25.2	7.7	2.5
年代	ポスト団魂(55〜60歳)	(n=821)	47.7	26.2	15.6	7.4	3
年代	団魂世代(61〜66歳)	(n=844)	38.9	30.2	20.1	7.6	3.2
年代	プレ団魂(67〜69歳)	(n=335)	35.8	27.5	27.2	6.6	3
居住スタイル	独居	(n=232)	43.1	26.3	21.6	7.3	1.7
居住スタイル	夫婦のみ	(n=733)	34.5	31.0	23.3	8.0	3.1
居住スタイル	それ以外	(n=1035)	47.1	26.5	16.2	6.9	3.4
世帯年収	〜200万円	(n=122)	36.9	27.0	23.8	9.8	2.5
世帯年収	〜600万円	(n=807)	37.3	31.1	20.3	8.4	2.9
世帯年収	〜1000万円	(n=421)	52.0	24.0	15.4	5.9	2.6
世帯年収	1000万円+	(n=257)	51.0	25.3	14.4	6.6	2.7

シニア世代の外出の特徴
・毎日外出する人は42%。
・男性の約半数は毎日外出している（女性は34%）。
・年齢が高くなるにつれて毎日外出する率は低下する。
・夫婦二人で暮らす人たちの外出率がやや低い傾向がみられる。
・年収が高いほど毎日外出する人の率が高い（就労率との相関と考えられる）。

㈱ユーティル生活構造研究所調査

ト、世代独自の動線が重要なのである。それを考えれば、ベビーバギーママや、自転車の前後に子ども用補助を付けたママたちの独特の動線に沿って、タッチポイントを設定することもできるのだ。

　以上のように、広告活動を実施していくための計画は、このような仮説から目標設定して行っていけば良いということである。

第 3 章

企業の経営課題と宣伝に期待されること

今、宣伝部が果たすべき役割
日本におけるマーケティング機能のこれから

今、宣伝部が果たすべき役割

文／岡田秀美（富士通 宣伝部 部長）

Point

1 宣伝部の存在意義とは、立場や視点の違う人々の間を取り持ち「企業の言いたいことを、社会の聞きたいことに変える」こと。

2 宣伝購買の成果は「広告効果の発揮」という数値化しがたい"Q（品質）"である。コンプライアンスの確保には権限と責任の分担が必要。

3 「社会の聞きたいことを企業の言いたいこと」に進化させるため、「広聴」「広報」「宣伝」という3つの機能を連携させることが重要。

第3章　企業の経営課題と宣伝に期待されること

変わりつつある宣伝部の存在意義とは

　企業を取り巻く環境が変わっていく中、企業が宣伝部に期待する役割や機能も変化してきていると感じます。
　今、そしてこれから、企業は宣伝部に何を期待し、そこで働く宣伝部員はどう変わっていく必要があるのか。
　宣伝部の現場で、今、直面していること、感じていることをお話したいと思います。

　宣伝部の仕事でよくある風景ですが、広告制作を依頼してくる事業部の担当者は、とにかく商品のスペックを言いたがるものです。「今回の商品は、この部品のココがすごいのだ」「この機能はこんな特殊な技術で実現しているのだ」などなど、それがいかにすごいことなのかは、同じ会社にいても専門的過ぎて理解できない場合も少なくありません。
　一方、広告会社がつくってくる広告案は、とにかく社会の受けを狙ったものに寄った「社会受け案」か、まったく逆に、企業の都合にすり寄った「社内受け案」のどちらかに偏ることが多い気がします。
　「社会受け案」とは、面白い案、笑える案ということではありません。今の社会が聞きたがっていることを企画した案と言えば良いでしょうか。広告として世に出た時、広告自体は世の中に受け入れてもらえますが、企業の言いたいことは何も伝わらないような案のことを指します。よく、広告会社のクリエイターが広告案のことを「作品」と呼ぶことがあります。確かにクリエイターにとっては作

39

品でしょう。しかし、広告は芸術作品のように美しいとか、楽しいということが価値ではないはずです。企業が自社の商品を売るためにやっているのですから、美しい以上に、商品のことが伝わらなければ意味がないのです。

　反対に、「社内受け案」は、先の事業部の担当者のような視点で企画した案で、社内の理解は得やすいので採用される可能性は高いですが、企業都合の内容に寄りすぎで、社会には受け入れてもらえないような案になっているものです。付き合いの長い広告会社にありがちで、企業の内部事情まで分かりすぎてしまうため、良く言えば、相手をおもんばかった案として出てくるのですが、手っ取り早くこうした案に飛びついてしまうと、広告としての結果は芳しくないものになります。

　企業の視点しか持たない事業部門、それに同調するかのような案を提案してくる広告会社。あるいは、社会に受けることに意識がいき過ぎてしまう広告会社。こうした言動の違いは、立場や視点の違う人たちがそれぞれの立場で責任をまっとうしようとした結果生まれるのですから、それ自体は責められるものではありません。むしろ、当然のことであり、それが彼らの役目なのです。そうした相反する人たちに挟まれて仕事をする宣伝部の存在意義とは、立場や視点の違う人々の間を取り持つ蝶つがいの役目を果たし、「企業の言いたいことを社会の聞きたいことに変える」ことなのだと感じています。

コンプライアンスへの対応
求められるのは透明性

あらゆる仕事において、QCD（品質、コスト、納期）はその基本となります。ましてや、良いものを、より安く、納期通りに購入することをミッションとする購買部門としての側面を持つ宣伝部にとっては、基本中の基本とも言えるでしょう。しかし、一般的な購買業務におけるQCDと、宣伝部の購買業務におけるQCDでは、Q、C、D、3つの関係性が異なるという特性があります（**図表1**）。

一般的な購買業務においては、依頼元から購買部門に購入依頼が来る時点で、QとDは満たすべき条件として固定されています。一

図表1　一般的な購買と宣伝購買のQCDの違い

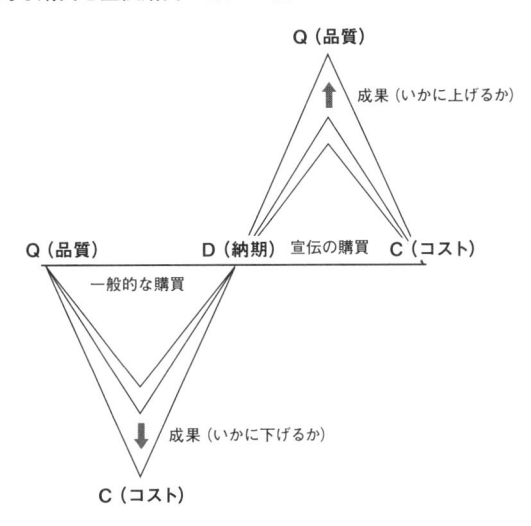

```
                    Q（品質）
                      ↑ 成果（いかに上げるか）

  Q（品質）      D（納期）  宣伝の購買  C（コスト）
         一般的な購買

                      ↓ 成果（いかに下げるか）
                    C（コスト）
```

定の品質（Q）と納期（D）を守った上で、いかに安くコスト（C）を押さえた購買をするかが一般的な購買業務です。これに対し、宣伝部の購買業務で固定されているのは、CとDです。ある一定の予算内（C）、納期（D）内で、最大限の効果を発揮するであろう品質（Q）のものを購買する業務なのです。

　この違いが、購買業務の「成果」の違いを生んでいます。つまり、一般的な購買部門では、コストダウン額（または率）という数値化できる指標が購買業務の成果となりますが、宣伝部の購買業務では、広告効果を最大限に発揮する品質のものを購買したという数値化しがたい（証明しがたい）ものが購買業務の成果となります。

　こうした特徴がある一方で、日経広告研究所が国内主要企業525社に対して行ったアンケート調査によれば、実に半数以上の企業で広告効果調査が定期的に実施されていません。また、8割近い企業で取引する広告会社が見直されていないという現状もあります。これでは、宣伝部の業務に対するコンプライアンスが不安視されてもおかしくはないかもしれません。では、コンプライアンスの観点から、宣伝部はどのように進化すれば良いのでしょうか。解決の糸口は、宣伝部における購買業務のプロセスにあると考えます。

　一般的に購買業務のプロセスは、依頼元部門→購買部門→検収部門という3つの異なる部門によって権限と責任が分離されることで透明性を保っています。しかし、宣伝業務における購買では、宣伝部が購買部門と検収部門を兼ねてプロセスを構成しています。

　なぜ、こうした流れになっているのでしょうか。それは、宣伝業務における購買と一般的な購買とでは、依頼元から来る「依頼の位

置づけ」がまったく異なるからなのです。一般的な購買業務では、依頼元が具体的な購入対象物を決めて購入依頼をしますが、宣伝業務の購買で依頼元から提示されるのは、特定の購入対象物ではなく、依頼元が抱える「課題」そのものです。その課題を受けて、購買部門としての宣伝部が解決策となる購入対象物を決めて購買しているのです。例えるなら、**セオドア・レビットの「ドリルの穴」**❶の話に出てくる「穴を開けるドリルが欲しい」という依頼と、「穴が欲しい」という依頼のような違いでしょうか（**図表2**）。

図表2　一般的な購買と宣伝購買の役割の違い

	依頼元 依頼内容	購買部門 購入の選択肢
一般的な購買	ドリルが欲しい （解決策）	ドリルの中から
宣伝の購買	穴を開けたい （課題）	穴を開ける 道具の中から
宣伝の購買	学生にリーチ したい	学生にリーチする あらゆる手段から

❶「ドリルを買いに来た人が本当に欲しいのはドリルではなく、穴である」というマーケティングの格言。「顧客は製品そのものが欲しいのではなく、その製品によって顧客が成し遂げたいこと、解決したい課題に注意を向けよ」という意。セオドア・レビット氏が著書で引用した。

図表3　宣伝購買業務の役割分担

	依頼元	購買部門	検収部門	
担当部門	事業部門など	宣伝部	事業部など (依頼元と同部門)	(宣伝部門以外の) 購買部門
役割	課題の提示	解決策の選択 と購買	解決策の適正と 品質の検収	価格適正の 検収

　一般的に、検収部門は依頼元の依頼内容と実際の購入品を照合して合否判定を行いますが、宣伝業務における購買では依頼内容が特定の対象物ではないため、依頼内容と購入品を照合する検収が成立しません。では、どうすれば良いのか。解決策の選択自体まで購買部門に委ねられているという特殊性がある限り、その購買業務に対して合否を出し検収できるのは、選択を委ねた依頼元以外にはありません。依頼元だけが、購買部門の選択した解決策で自身の課題が解決できたかどうか合否を判定できるのです。

　しかし、依頼元が判定できるのは、「解決策の適正と品質」だけで、その購買に費やされたコストが適正かどうかは判定できません。「価格の適正」は宣伝部以外の購買部門の知見に頼るほかないでしょう。一般的な購買部門が購入するものと宣伝部が購入するクリエイティブや媒体では、査定に要する知識やノウハウが異なるため、

購入品自体の価格査定は困難です。

　そこで、その価格で購入するに至ったプロセスすなわち価格決定の「業務の査定」を購買の専門家としての購買部門に頼るのです。宣伝部の行う購買業務の過程には「競争原理が働いているか？」「一括発注や分割発注など発注方法を工夫しているか？」「契約方法や発注ロットの見直しはされているか？」といった然るべきコストダウン手法や価格を適正に保つための努力が実行されているかどうかを価格検収部門としてチェックするのです。そして、依頼元部門による「解決策の適正と品質の検収」、購買部門による「価格適正の検収」で総合的な検収合否を出します。

　これにより、宣伝業務の購買は、依頼元＝課題の提示、宣伝部＝解決策の選択と購買、検収部門（依頼元、購買部門）＝品質、価格の適正判断、という権限と責任の分担が明確な業務フローになり、コンプライアンスの観点から宣伝部の社内評価を高めることができるでしょう（**図表3**）。

受け手に戸惑いを与える、広告を生む事業部制の功罪

　景気が低迷し、企業の業績が悪くなると、徹底した経費削減が行われ、広告予算もこの影響を受けます。電通発表の「日本の広告費」はリーマン・ショックのあった2008年以降、2011年まで減少の一途をたどっていました。このように広告予算の縮小が長引くと、単に予算を縮小するだけでなく、予算のあり方そのものを見直す動きが出てきます。日経広告研究所では、事業部制を採用する企業を経年で調査していますが、この事業部制を採用する企業と非採用企業

の比率は経年で大きく変化することはありませんでした。しかし、リーマン・ショックのあった2008年に、採用企業の率が前年比108％と急激に増加したのです。

　事業部制の下では、事業部がその損益の中から宣伝費を拠出しますので、投資に対する説明責任の所在が明確になるという長所があります。しかし、この事業部制は広告効果を考えたときに問題がある制度と言えます。なぜなら、広告投資が可能な事業部と広告投資が必要な事業部は必ずしもイコールではないからです。

　損益好調だからといって広告を投じても売上に影響しにくい事業がある一方で、損益不調だが広告投資すれば好調に転じられる可能性のある事業も考えられます。しかし、広告に投資する体力のない事業部が無理をして投資するというリスクを抑制し、経費を抑える上で便利に働くことから、景気低迷時には採用する企業が増えるのです。

　事業部が予算負担を行う事業部制の下では、予算額の決定権を事業部が持っています。そして、宣伝部がこの予算を一旦預かり、広告活動に必要な購買を行います。このように、双方の権限と責任が分離された関係が適正に成立している上では、コンプライアンスを高める方向に働きますが、一旦、このバランスが崩れ、予算を決める決定権を持つ事業部が購買にも介入し、取引価格決定権や取引先決定権まで持ってしまうと、一転してコンプライアンス上、最悪の状態に陥ってしまいます。なぜなら、自分で決めた予算を、自分で決めた単価で、自分で決めた取引先に発注することになり、不正な取引が行われるリスクが高まるからです。

購買には、購買三原則(五原則と言う場合もある)という基本原則があります。

①購買部門は購買対象物について知る権利と責任がある。
②購買部門は調達先を決める権利と責任がある。
③購買部門は購買金額を決める権利と責任がある。

つまり購買部門とは、依頼元部門から、何のためにそれを買うのかを良く聞き(知る権利)、どこから(調達先決定権)、いくらで買うか(購買金額決定権)を決める権限を持ち、同時にそれらに責任を負う部門なのです。当然、お金を持っている人と別の人がこうした権利を行使するからコンプライアンスが適切に保たれるのです。

また、解決策を選択する権利(=広告表現を決める権利)を完全に事業部が握ってしまうと、事業部の都合が前面に出た広告ができ上がりがちです。すなわち、企業の言いたいことが強くなりすぎて、社会の聞きたいことと乖離した広告になっていく結果を招くのです。こうした広告が事業部ごとにバラバラといくつも露出される事態になると、企業の見え方としては最悪の状態です。事業部制という企業側の都合でしかない仕組みは、社会からはまったく見えない裏事情です。目に見える広告が同じ企業のものであるにもかかわらず、事業部ごとにバラバラなものになってしまったら、広告の受け手は戸惑いや混乱を感じるでしょう。

広告効果の観点から、事業部制を上手く運用するには、予算決定を事業部判断だけにせず、宣伝部が事業部側へ予算化を促す仕組み

を設けることが必要だと考えます。広告に投資できる事業部が出稿するのではなく、広告に投資すべきで、かつ、できる体力がある事業部が出稿する仕組みにするということです。また、コンプライアンスの観点では、予算を握る事業部と購買部門としての宣伝部の権限と責任の分離を明確に保って運用することが肝要となることは言うまでもありません。

■「広聴」「広報」「宣伝」機能の組織的位置づけが重要に

　広告が効かなくなった、と言われて久しくなります。宣伝部は従来の広告業務の領域に固執することなく、新たな手法にも着手しなければならなくなってきました。

　例えば、広報業務との境目にあるような「戦略PR」。この手法は、消費者を買いたい気分にさせる「空気づくり」と表現されますが、この空気づくりのために、広告でも、広報でもない、その境目にある様々な手段やメディア露出も駆使して、戦略的に世の中に空気や気分をつくり出していきます。こうした空気ができ上がったところへ広告を投下すれば、広告が効かなくなったと言われる現代でも、大きな成果を上げることができるのです（➡第12章「マーケティングとPR」にて詳述）。

　この空気というのは、従来は見えないものでした。しかし、インターネットの普及、ソーシャルメディアの拡大に伴って、今まで見えなかった世の中の空気、すなわち人々の心の有り様が、つぶやきとなって見えるようになったのです。

　空気を変えていくには、まず、空気を読むことが必要となります。

企業の中で、世の中の空気を読むアンテナの役割を担うのは、広報部門の「広聴機能」です。「広聴」が企業における目であり耳であるアンテナ機能ならば、「広報」や「宣伝」は、企業で一番大きな声を出す左右のスピーカーと言えるでしょう。世の中の空気を読み、空気を変えてから、広告を打つという戦略PRが上手くいくためには、この「広聴」「広報」「宣伝」の3つの機能の組織的位置づけが重要になります。この3機能を、従来の「活動レベルのIMC❷」から「組織構造そのもののIMC」へ発展させた統合組織として位置づけ、刻々と変化する空気のスピードに負けないくらい機能間の距離を縮めるべきです。この3機能が上手く連携すれば、広告の内容が企業側のひとりよがりになってしまったり、世の中の空気と乖離したりすることはなくなり、さらに、統合された組織の中でひとりの責任者が意思決定を行うことで一貫したコミュニケーションが実行できる環境が整うでしょう。

　広告を投下する前の下地処理とも言える戦略PR。広告が効かないなら、効く状態をつくり出すことから始めようという現代ならではの活動です。こうした時代になると、「企業の言いたいことを社会の聞きたいことに変える」というこれまでの宣伝部の存在意義は、「社会の聞きたいことを企業の言いたいことに変える」というレベルにまで進化していくのかもしれません。

---

❷ IMC（Integrated Marketing Communications、統合型マーケティング・コミュニケーション）
1980年代末に米国ノースウェスタン大学教授のドン・シュルツらが提唱した概念。企業主導型のコミュニケーションから、顧客主導のコミュニケーションへ転換するためのひとつの考え方。マス広告だけに限らず、広報活動やセールス・プロモーション、デジタル、イベント、ダイレクトマーケティングなどを統合的に組み合わせて展開する。

日本における
マーケティング機能のこれから

文/馬渕邦美(オグルヴィ・ワン・ジャパン 代表取締役/ネオ・アット・オグルヴィ 代表取締役)

Point

1 デジタル化やチャネルの増加、「戦略PR」への注目により、企業における「CMO」という役割に注目が集まっている。

2 日本企業の海外進出とともに、グローバルブランディングのためのマーケティング統括機能が本社に必要とされている。

3 縦割り組織の日本企業では現状、CMOの実践は難しいとされているが「CMO」に代わる機能を持つチームなどを置くという選択肢もある。

第3章　企業の経営課題と宣伝に期待されること

■「縦割りの組織構造」がCMO機能の成熟を困難に

「CMO」とはChief Marketing Officerの略で、文字通り、マーケティング部門の最高責任者です。役員として、全社の戦略に基づきマーケティングの戦略を策定し、さらに投資する予算配分の最適化を行います。日本で言うと、広告や広報を管轄する宣伝部長が比較的近い役割を担っているといえます。

CMOの役割、および機能については、神岡太郎氏の著書より引用させていただきます。

企業において、一層高いレベルでのマーケティング活動を実践するために、従来、部門で分かれていたマーケティング業務（店舗、商品、サービスなど事業部単位のマーケティング、地域毎のマーケティングなど）を、機能的に連携し統括するマーケティング責任者であり、主な役割は以下の3点である。

①マーケティング活動の最適化と効率化
　（マーケティングROIの最大化を図り、
　そのための機能統合を進める）
②経営とマーケティングの融合を進める
　（各単位のマーケティング業務と経営戦略、
　IT業務とを有機的に連動させる）
③企業マーケティングのアカウンタビリティを担う

神岡太郎『CMOマーケティング最高責任者』(2006年、ダイヤモンド社)

海外の企業には当たり前のようにCMOが存在していますが、日本では、CMOという肩書を持つ人は少ないと言われています。IBMが2011年、全世界のマーケティング担当役員を対象に行った調査では、世界64カ国の18業種中1734人もの対象者がいましたが、このうち日本での対象者はたったの68人です。このように、日本企業でCMOを置く会社はほんの数％で、CMOは外資系企業にしか存在していないのが実情です。

では、なぜ日本にはCMOが浸透していないのでしょうか。大きな要因としては、日本系企業の縦割りの組織構造があげられます。縦割り組織が障害となり、横串で組織を横断する機能がなじみにくいのです。加えて、トップダウン型で物事を進めるというのが企業文化として受け入れられにくいということもあるのだと思います。

なぜいま日本でも重要視？　企業を取り巻く環境変化

しかし、なぜ今CMOという役割が注目されているのでしょうか。

複数の理由があると思いますが、一つは、デジタルの時代に入り、データ量が飛躍的に増加したことがあげられます。インターネットやスマートフォン、ECサイトの普及により、消費行動がデジタルプラットフォームに移行しました。このことにより、消費者の嗜好や購買行動に関するデータが、昔とは比較にならないほどに増えています。企業はこれらのデジタルデータを分析することで、消費者をより深く知ることが可能になり、広告はもとより、製品サービスを消費者ニーズに沿って効率的にカスタマイズできるようになりました。

第3章　企業の経営課題と宣伝に期待されること

　しかし、企業はそのデータを十分にマーケティング戦略に活用しているとは言えない状況にあります。ソーシャル・ネットワークから何らかの傾向を示す分析結果を得られても、「その分析データを、どのようにマーケティング戦略策定に活用し、売上につなげるかが導き出せない」という声を多く聞きます。各企業は情報過多の中で、他と差別化を図りながら、自社のブランド、サービス、商品を消費者に知ってもらわなければなりません。どう見つけ出してもらうのか、それを効率化するために膨大な量のデータをコントロールし、分析していく必要性が出てきています。(**図表1**)

　二つ目に、チャネルの増加と複雑な相関関係があげられます。テレビの視聴スタイルが変化し、これまでのようにマスマーケティングが効かなくなっています。そんな時代に、これまでと同様に何と

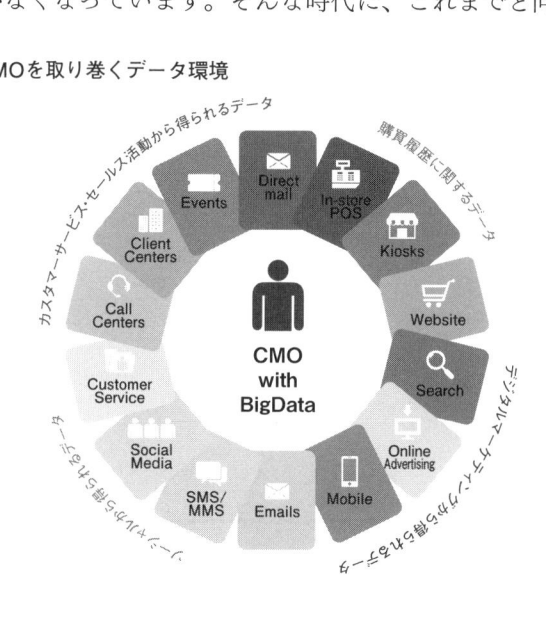

図表1　CMOを取り巻くデータ環境

なく格好の良いテレビCMを制作し、商品の良さを伝えているだけでは、購買行動を促すことはできません。それぞれのチャネルの特徴と相関関係を理解し、適切な話題を適切なチャネルとタイミングで提供する必要があります。

加えて、「戦略PR」への関心の高まりがあります。企業が発信する情報よりも、第三者が発信する情報を消費者が求める傾向が強くなり、「戦略PR」と呼ばれるような手法の重要性が高まっています。

データ活用の戦略策定が必要なだけでなく、これまで独立していた「PR部門」「広告宣伝」「事業部のマーケティング機能」といったすべてを統合する機能が望まれています。適したチャネルを見定め、企業のマーケティング全体を策定し、指揮する役割として改めてCMOが見直されているのです。

また、国内市場の限界、新興国市場の拡大といった世界市場の構造変化により、日本企業のグローバル進出が進んでいます。そのことにより、組織の考え方を抜本的に見直す必要性が出てきたことも、CMOに注目が集まる別な要因としてあげることができるでしょう。例えば韓国メーカーが順調な裏にはグローバリゼーションを意識したマーケティング活動があります。マーケティング機能を本社に集中させ、WEBサイト運用ひとつとっても、**コンテンツマネジメントシステム**❶を導入し、本社がすべてコントロールしています。各国からバラバラなイメージで発信されている情報を、世界共通のイメージの下に共有するとともに、その国独自の情報も、グローバルのブランドイメージを損なうことなくリアルタイムに各国語で紹介しているのです。

❶コンテンツマネジメントシステム（Contents Management System, CMS）
コンテンツ管理システムとも呼ばれる。WEBコンテンツを構成するテキストやグラフィックなどのデジタルコンテンツを体系的に管理、更新、配信を行うシステムの総称。

一方、日本企業の多くは、WEB運営などもそれぞれの国の販社などに委譲しているため、発信される情報やイメージはバラバラになっています。加えて対応スピードも遅く、多くの課題を抱えている状態です。本社にマーケティング統括機能がないというのは、グローバル化が進み情報スピードが速くなっている現在、大きく遅れをとる要因となります。海外のグローバル企業は、ここが仕組みとして上手くでき上がっています。

理想に捉われずCMO機能を定着させる
日本型に合った形を考える

押し寄せてくる膨大なデータの大きな波を乗りこなし、力に変えていくには、CMOのような存在が今後さらに求められるようになると思います。

日本では、ファーストリテイリングの柳井正・代表取締役会長兼社長のケースのように、社長がCMOとしての役割も担うというような形で補っているケースがよく見受けられます。しかし、今後は経営者の勘に加えて、データに基づいた戦略策定の両方がセットになっていなければなりません。そして、それらを統合し、デジタルや多様なチャネルを駆使して、企業経営に活かすためにCMOは重要な存在といえます。

ただ現在の日本において、ひとりでマス広告からデジタルまで把握し、データも分析できる人材を見つけることは非常に困難です。ならばCMOに代わる機能を会社で持ち、会社の企業戦略に照らし合わせたマーケティングのあり方を定める、チームのような形を経

営の中に位置づけてスタートさせてみても良いのではないでしょうか。

　今、時代は転換期です。これまで宣伝部を率いてこられた方から世代交代が進み、最近ではインターネットと共に成長してきたデジタルエイジの方々が徐々に役職に就き始めています。あと数年経つと、デジタルマーケティングもマスマーケティングも理解している人材が、CMOへと成長していくでしょう。

第4章

マーケティング・リサーチの実務

マーケティング・リサーチの
意義、種類とその特性

リサーチ計画の立案と実行

マーケティング・リサーチの意義、種類とその特性

文／梅山貴彦（クロス・マーケティング リサーチプランニング部 部長）

Point

1 マーケティング・リサーチは、情報の「要約」である。膨大な調査結果の中から、データの要点を導き出すことが重要。

2 仮説を検証する「検証的リサーチ」は定量調査が適しており、インサイトなどを探る「探索的リサーチ」は定性調査が適している。

3 「Top of Mind分析」による商品のポジショニングの把握や、「顧客満足度調査」など様々な方法から次のアクションを探る。

情報の要約こそマーケティング・リサーチ

マーケティング・リサーチとは、企業や組織における商品・サービスのマーケティングに関する課題を解決するために、収集した資料やデータを、ある視点に沿って整理し、分析することです。

では、「マーケティング・リサーチ」の定義とは何でしょうか。社団法人 日本マーケティング・リサーチ協会（JMRA）による定義を見てみましょう。

「マーケティング情報全体の中の重要な要素であり、情報を通じて消費者、顧客および公衆とマーケターをつなぐ機能」（JMRA・1996）

その情報は、次の目的で使用される。
①マーケティングに関する様々な機会と解決すべき問題を明確にし、定義すること。
②マーケティング活動を創出し、洗練し、評価すること。
③プロセスとしてのマーケティングの理解、およびマーケティング活動をより効果的になし得るための方法の理解を深めること。

「マーケティング・リサーチとは何か？」と聞かれたとき、"教科書"的な答えでこの定義について答えることは正解です。ただ、別の答えを用意すると、「マーケティング・リサーチは、情報の『要約』だ」ということになります。

実際、調査で得られるデータは膨大です。例えばある質問調査に

対する回答が100通りあったとして、それをどう使えば良いか。調査会社に依頼したその結果をそのまま渡されても、どう使えば良いか分からないでしょう。企業のマーケターが自分たちで行った場合も同様で、データの何が大切なのかを導き出すのがマーケティング・リサーチの中では最も重要です。

要約されてひとつの問題解決策を導き出して、ある商品が売れるようになった方が良いはずです。調査結果を求める側は多くの場合、膨大な情報を欲しているわけではありません。欲しい情報は、アクションの方向を示してくれるもの、それが求めている結果です。得られた情報を、求めていた問いに答えるかたちに要約する。これがマーケティング・リサーチの目的のひとつです。

▍問題が解決されてこそ実施した意義がある

調査には大きく2つの種類があります。ひとつは定量調査、もうひとつは定性調査です。結果を量として把握する調査が定量調査で、アンケート調査が代表的な方法です。定性調査は、座談会やグループインタビューのように人の言葉を通じて問題解決、商品開発をしようという方法です（図表1）。

これらの調査は、先に触れたように、結果を要約する必要があります。定量調査の場合は得られたデータを「統計」で要約します。その方法には「集計」や「多変量解析」などがあり、集計は文字通り、データを集めて計算することです。多変量解析はある数字とある数字との関係性を分析する方法で、それぞれの数字がどれだけ関連しているのかを調べるというものになります。例えば20代女性

や30代男性に、Aという商品の好き嫌い、Bという商品の好き嫌いを調べ、その関係を分析すると、ある傾向が導かれます。

このように定量調査の場合は、統計学的な処理により、何十、何万というデータを要約することができるのです。

一方の定性調査は、例えば6人の座談会を「あるファンデーションについて」というテーマで開催した場合、得られるデータ（ここでは文章）は大量です。その結果をそのまま活用しようとしても、なかなか難しい。そこで「コンテクスト（文脈）」で分類し、要約していきます。この座談会で、ある人が「このファンデーションは"良い"」という発言をしたとしましょう。その"良い"の中身を分類していくのが、要約の方法です。それは「パッケージ」かもしれないし、「肌へのノリの良さ」かもしれない。その中で主要な意見は何か、とコンテクストを分析していくのです。

図表1　調査手法

定量調査	オンライン調査	ネットリサーチ	モバイルリサーチ	アンケート画面提供（ASP）
	オフライン調査	会場調査（CLT）	電話調査	郵送調査	訪問面接調査
	訪問留置調査（HUT／日記）			

定性調査	インタビュー	グループインタビュー	デプスインタビュー	有識者ヒアリング
	行動観察	アイトラッキング	エスノグラフィ	タウンウォッチ
	その他	ショップアロング	ホームビジット	

その他	海外調査	在日外国人調査	ミステリーショッパー	店頭調査
	デスクリサーチ	リクルーティング（WEB）	リクルーティング（機縁）	
	モニター誘導	学術調査		

以上のような枠組みの中でマーケティング・リサーチは進められ、結果が要約されていきます。

一方、要約されたらそれでおしまいか、と言うとそうではありません。マーケティング・リサーチを実施する意義は、結果的にそれが本当に使えるかどうかにかかっています。具体的には、マーケティング・リサーチの結果を利用する企業の事業アクションにつながるか、ということになります。仮に、調査の結果、「空飛ぶ自動車を開発したら売れますよ」という結果に要約されたとしましょう。確かにそれは売れるかもしれませんが、開発費はいくらかかるのか。どのぐらい期間がかかるのか。現実的ではない結果に要約されても、どうしようもないのです。

マーケティング・リサーチの意義は、結果によって、問題が解決されたり、事業が拡大したり、つまり何らかの目的が達成されることにあります。アクションにつながる調査結果でないと、意味が薄れてしまいます。

課題に適したリサーチ方法を選択する

次に調査の流れを説明します。まずは課題の明確化が必要。具体的には、「商品が売れなくなってきているから売上を上げたい」などが課題としてあげられるでしょう。そうした課題を明確化するためには、「質問文形式」か「仮説形式」によって整理していく必要があります。前者は、「なぜ売れないのか？」などの質問形式で問題点を整理していく形式。後者は質問に対する仮説をあげて、例えば「強力なライバル商品が出てきた」などのようにマーケティング

上の問題点を洗い出す形式です。その上で、リサーチの必要性と適合性を判断していきます。

課題が明確になったら、次に、調査の目的を決める必要があります。ここでも2つのパターンがあり、ひとつは「検証的リサーチ」、もうひとつは「探索的リサーチ」です。前者は仮説の検証、因果関係を調べるのが目的、後者はアイデア、消費者のインサイトを探るのが目的になります（**図表2**）。どちらの調査をするかによって、実際の具体的な調査の手法が分かれていきます。最近はこの目的によって分かれない複合的な調査も出てきていますが、本項では複雑になりすぎるので割愛します。

ちなみに、一般的に定量調査が検証的リサーチに、定性調査が探索的リサーチに適していると言われています。

図表2　調査目的によるリサーチデザイン

	検証的リサーチ 「記述的リサーチ」 (Descriptive Research)	検証的リサーチ 「因果的リサーチ」 (Causal Research)	探索的リサーチ (Exploratory Research)
目的	市場特性や機能の記述	因果関係の決定	アイデアと洞察の発見
用途	ある特定の集団の特性を記述するある母集団の中で特定の行動パターンを持つ集団の割合を推定する	変数間の因果関係に関する証拠を提供する	●問題をより正確に捉える ●仮説を設定する ●次に行うべきリサーチを特定する ●実行不可能なアイデアを取り除く ●コンセプトを明確にする
方法	●サーベイリサーチ ●パネル調査 ●観察法 ●二次データ分析 　　　　　など	●サーベイリサーチ ●実験室実験 ●フィールド実験	●文献調査 ●エキスパートサーベイ ●二次データ分析 ●定性的リサーチ 　　　　　など

出典：Malhotra（2002）p.87 と Churchill and Iacobucci（2002）p.123 より要約

マーケティング・リサーチの意義、種類とその特性

　以上を踏まえて、売上拡大を目的とした調査の場合の例を見ていきましょう。基本的に、売上を高めるためには「**現在の顧客の維持**」「**新規顧客の獲得**」「**競合顧客の獲得**」「**旧顧客の再獲得**」の4つの施策が必要となり、それぞれを実行するためにどうすれば良いかを、「**ロイヤリティの獲得**」「**潜在顧客へのターゲティング**」「**他社顧客へのターゲティング**」「**顧客減少理由の解明と対応**」という4つの調査によって明らかにしていきます。

　これはひとつの例ですが、マーケティング課題とそれを解決するためのリサーチ手法はそれぞれ適切なものが対応しており、**図表1**のように分類することができます。

マーケティング・リサーチから次のアクションを導くプロセス

　リサーチ手法は多岐にわたりますが、ここではたくさんある調査の中から、いくつかを取り上げ、具体的な調査分析事例を示していきます。

　ひとつ目に挙げるのは「Top of Mind分析」という方法。これは、対象者が最初に思いつく商品名やメーカー（第一想起／Top of Mind）と**助成想起**❶の認知との比較分析を行うことで、商品やメーカーのポジショニングを把握する分析手法です。ここでは、実際に調査実績を紹介しましょう（**図表3**）。

　アルコール飲料（RTD）商品は従来の缶チューハイだけでなく、新フレーバーやノンアルコール飲料など、メーカー各社から次々に新商品が発売され、商品バリエーションは多岐にわたっています。

---

❶ 助成想起
選択肢などを提示し、知っているブランドや商品名を回答してもらう方法。

第4章　マーケティング・リサーチの実務

図表3　Top of Mind分析

Top of Mind 分析とは…	対象者がまず最初に思いつく商品名やメーカー（第一想起/Top of Mind）と助成想起の認知との比較分析を行うことで、商品やメーカーのポジショニングを把握する分析手法。

■ **アウトプット例**

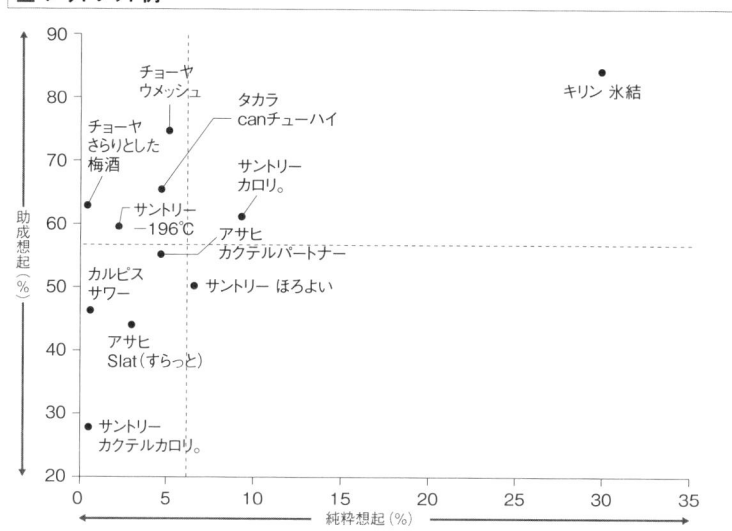

縦軸：助成想起（%）　横軸：純粋想起（%）

プロット点：
- チョーヤ ウメッシュ
- チョーヤ さらりとした梅酒
- タカラ canチューハイ
- サントリー カロリ。
- サントリー −196℃
- アサヒ カクテルパートナー
- キリン 氷結
- カルピスサワー
- サントリー ほろよい
- アサヒ Slat（すらっと）
- サントリー カクテルカロリ。

データの見方

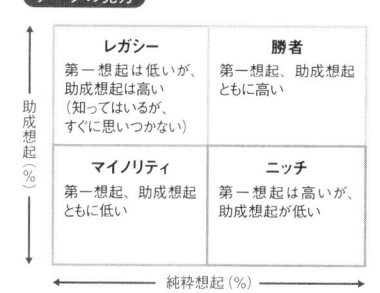

	レガシー 第一想起は低いが、助成想起は高い （知ってはいるが、すぐに思いつかない）	勝者 第一想起、助成想起ともに高い
助成想起（%）	マイノリティ 第一想起、助成想起ともに低い	ニッチ 第一想起は高いが、助成想起が低い

横軸：純粋想起（%）

マーケティング・リサーチの意義、種類とその特性

競争が激しく、消費者のブランドスイッチの多い市場において、消費者はどのような飲み方をしているのか。Top of Mind分析で調査した結果、ブランド別では「キリン 氷結」が**純粋想起❷**で30%近いスコアを獲得しました。助成想起ともにスコアが高く、アルコール飲料商品市場において"定番のアイテム"であると言えます。

一方、「サントリー」は、複数ブランドを展開、かつ各ブランドの認知度が高いため、メーカーとしての定着度が高いという結果になりました。

このように、Top of Mind分析によってアルコール飲料商品市場の実態の一端を明らかにすることができるのです。

図表4　顧客満足度調査

満足度と重要度の比較
＜結果の分析例＞
各項目の満足度と飲用時での重視点の関係について、ポートフォリオ分析を行った
・満足度が高く、かつ重要度も高い項目を維持点として「ほどよく酔える」「ほのかに甘い」
・満足度が低く、かつ重要度が高い項目は改善点として「味わい深い」「キレがある」「発泡感が気持ちいい」があげられる

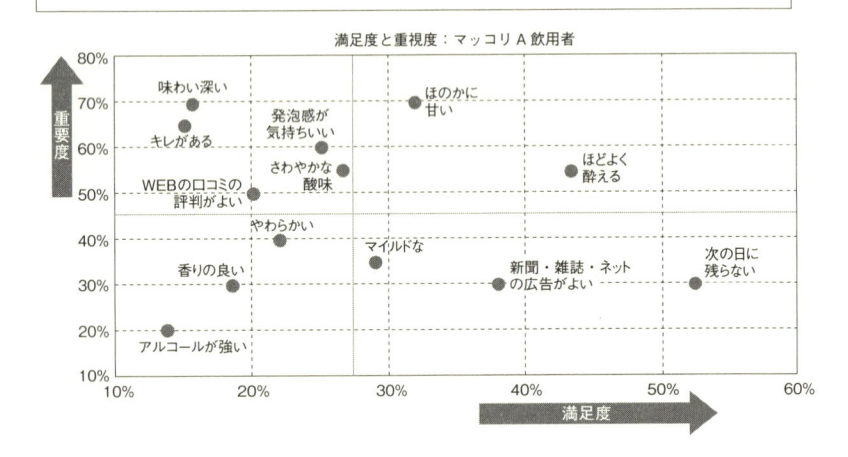

満足度と重視度：マッコリA飲用者

❷ **純粋想起**
何の手がかりも与えずに、思い出したブランドや商品名を回答してもらう方法。

次に「顧客満足度調査」を紹介します（**図表4**）。この調査では、ただ単に満足度を把握する以外にも、「満足度と重要度の比較」によって、商品やサービスの改善点を可視化することができます。

例えば、図表では、「マッコリA」の満足度と重要度の比較を行いました。その結果、「味わい深い」「キレがある」「発泡感が気持ちいい」という項目について、満足度が低く、かつ重要度が高いことが示されました。この結果を受けて、企業がどのようなアクションをとれば良いかというと、先にあげた項目に満足度を感じていただけるように商品を改善するか、あるいは広告表現でそれを訴えるかのどちらかになります。

事業への活用を実現するスキルが必要

以上、マーケティング・リサーチの意義、種類とその特性について、簡単にまとめました。本稿は、マーケティング・リサーチの基本的な考え方のひとつです。

繰り返しになりますが、マーケティング・リサーチとは要約であり、その結果を企業が自らの事業において活用できるかが重要になります。そのエッセンスを感じていただければと思います。

リサーチ計画の立案と実行

文／鈴木敦詞（りんく考房）

Point

1 マーケティング・リサーチの企画は
「実務の流れと逆に」考えることが重要。
リサーチ計画は仮説ありきで
「誰に、何を、どのように」を検討する。

2 定量調査で厳密な結果を求めるなら、
1グループに対して50サンプルは必要。
調査票は精度の高い回答を得るため、
回答者が迷わないよう作成する。

3 定性調査は一般的なユーザーではなく、
ヘビーユーザーやノンユーザーを
対象にした方が多くの仮説を得られる。
その際、直接的な問いにならないよう注意。

マーケティング・リサーチの企画の流れ

　マーケティング・リサーチの企画で重要なのは、「実務の流れと逆に考える」ことです。リサーチ実務の流れは、調査設計をし、調査票やインタビューフローを作成し、実査を通じてデータを収集し、集計・分析を行い、報告書にまとめ、結果を元に具体的な施策に展開するというものです。

　しかしリサーチ企画は、結果をどのように使うのかを最初に考え、そのために必要なアウトプットは何か、そのアウトプットのために必要な集計や分析の方法は、その集計や分析に必要なデータは、そして、そのデータを集めるために必要な手法は何かを考えて設計を組み立てる、という流れになります(**図表1**)。

　もう少し具体的に見ていきます。最初に確認しなければならないのは、リサーチ結果をどのように活用するのか、そのために明らかにすべきことは何か、です。まさに、マーケティング課題から導き出したリサーチ目的と課題を確認することですが、もう少し具体的に求められるアウトプットを想定します。

　例えば、製品開発の最終的な意思決定であれば、実験計画に則って集められたデータを統計的仮説検定にかけることで、自信を持った判断が可能になります。あるいは、新たな市場機会を求めて現市場の構造を明らかにしたいということであれば、ポジショニングマップを描くことが役立つでしょう。新たな市場創造に向けて、より多くの仮説を得たいのであれば、質的なリサーチを通じて、インサイトを得ることが重要になるかもしれません。

リサーチ計画の立案と実行

　そして、結果をどう使うのか、そのためにどのようなアウトプットが必要なのかによって、必要となる分析や集計が決まりますし、分析や集計計画が決まれば、求められるデータも決まっていきま

図表1　リサーチ企画の流れ

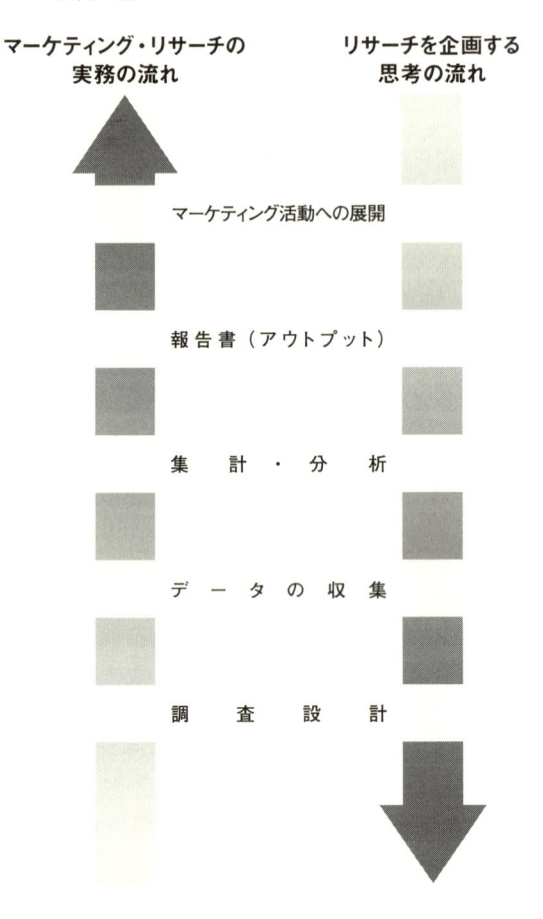

マーケティング・リサーチの実務の流れ		リサーチを企画する思考の流れ
↑	マーケティング活動への展開	
■	報告書（アウトプット）	■
■	集　計　・　分　析	■
■	デ　ー　タ　の　収　集	■
■	調　査　設　計	↓

す。それは、どんなデータ項目なのか、どのようなデータ形式なのか、どの程度のサンプル数が必要なのか、などです。

さらに、求められるデータ項目やデータ形式などが決まれば、そのデータを集めるにはどのような手法が適しているのか、どのような質問が良いのか、データ収集上の課題は何か、も明らかになるでしょう。ここで初めて、具体的なリサーチの設計ができるようになります。

リサーチ計画は「誰に、何を、どのように」を決めること

マーケティング・リサーチ計画の骨子は、「誰に、何を、どのように」について決めることです。「誰に」は調査対象、「何を」は調査項目、「どのように」は調査手法の決定です。ここで、調査という言葉をコミュニケーションという言葉に置き換えると、リサーチ計画はコミュニケーション計画と、ほとんど同じ考え方であることに気がつきます。コミュニケーションの基本が「誰に、何を、どのように伝えるか」だとしたら、リサーチの基本は「誰に、何を、どのようにきく（聴く、聞く）のか」になります。マーケティング・リサーチとコミュニケーションは、まさに表裏の関係にあることが理解できるでしょう。

そして、リサーチにおける「誰に、何を、どのように」を検討する際には、「仮説」が重要なポイントになります。第2章の「広告計画の立て方」でも仮説の重要性について触れられていましたが、これはマーケティング・リサーチにおいても、まったく同様です。リサーチ計画を立案するためにも、仮説の検討が欠かせません。

例えば、ある既存商品の売上が振るわず、立て直しを検討するための資料を得ることがリサーチの目的だったとします。この際に、原因として考えられる仮説は様々です。マーケティングの基本要素である4P（Product、Price、Promotion、Place）に沿って考えるだけでも、商品そのもの、価格設定、コミュニケーション、流通過程、それぞれに課題が考えられます。

さらには商品そのものの問題だとしても、例えば味、香り、パッケージの形状、パッケージのデザインなど、様々なポイントが考えられます。いずれに焦点を絞るかによって、当然、「何を」＝調査項目が異なります。

また、既存商品が振るわないのは、どのような人が離れたからなのかという仮説も必要でしょう。デモグラフィック属性（性別や年齢、職業など）を見れば分かるのか、あるいは行動属性（ヘビーユーザー、ライトユーザーなど）や心理的属性（健康志向、価格志向など）が必要なのか、いずれの軸で差が出るのかという仮説を持つことによって、「誰に」＝調査対象者設定の視点は異なります。

このように、マーケティング上のどの領域の、どのような点が課題となりそうか、どのような人での確認を行うのか、などの検討が重要です。これらは、今後の戦略にも通じるので、戦略仮説とも言えます。

この点の検討をおろそかにすると、聞くべき人に聞いていなかった、確認事項や対象者が膨大になった、あるいは広く浅いポイントだけをなぞるリサーチになった、ということに陥る可能性があります。結果として、必要のないデータばかりが集まる、得られるデー

タの精度が低い、深い分析ができない表層的なデータばかりが集まるなど、使えないリサーチ結果になります。

特に調査票によって回答を得る定量調査においては、仮説の重要性がより高くなります。なぜなら、定量調査はあらかじめ質問と回答がリサーチ計画者によって設定されており、その範囲でしか回答が得られないからです。

例えば、ある商品の選択理由としてAという理由があったとします。ところが、リサーチ計画者がこの理由を想定していなかった場合、調査票にAという選択肢を含めることはできないので、市場の実態としてAという理由が重要だったとしても、データとして表れることはないのです。この場合は、選択理由という実態に対しての仮説の検討ということで、実態仮説とも言えます。

これまで述べてきたように、リサーチ計画において仮説の検討は、とても重要なポイントになります。さらに、「戦略仮説」と「実態仮説」の2つの方向から、仮説を検討することが求められます。そして、定量調査では仮説の優劣がリサーチ結果に直接の影響を与えることはすでに見てきたとおりです。一方で定性調査においても、仮説を検討することが重要であることは、言うまでもありません。

マーケティング・リサーチにおける定量調査の設計

では、定量調査の設計について、もう少し具体的なポイントを見ていきます。

「誰に」を決定する時は、地域や性別・年代・職業などによる特定は必要なのか、認知・検討・使用状況はどの程度の人を対象にす

るのか、ユーザーは自社だけで良いのか、競合ユーザーも含めるのか、利用頻度（ヘビー、ライト）はどう考えるのか、ノンユーザーはどうするのか、あるいは価格志向や健康志向といった心理的属性による絞り込みを行うのか、などの検討が必要になります。

　設定された対象者を集めるには、スクリーニング（予備調査）が用いられます。まず、できるだけ偏りのない人たちに対して、設定された対象者条件に合致する人を絞り込むための質問を行い、条件をクリアした人を本調査の対象者とするという方法です。対象者条件が複雑になったことや、インターネット調査が普及したこともあり、調査会社が保有する調査協力者パネルからスクリーニングを通じて、対象者を集めることが一般的になっています。

　また、サンプル数の決定も重要です。絶対的な基準はありませんが、質問項目をかけ合わせたクロス集計を行う際に、ひとつのグループに対して、できれば50名は欲しいところです。

　例えば、男女別×20〜60代の年代別でのクロス集計を考えているのならば、50名×10グループで500名が必要になります（10グループを均等に設定する場合）。ただし、製品テストなど、もっと厳密に結果を検討したい場合などは、ひとつのグループで100名は集めたいところです。

　次いで「何を」。何を聞くのか（調査項目）については、企画の段階で検討していますので、ここでは具体的に聞くためのツールである調査票の設計について考えます。調査票作成のポイントは**図表2**で整理しましたが、これらの背景には調査対象者と良好なコミュニケーションを形成する、そして精度の高い回答を得るという視点

があることを忘れないようにしてください。

　例えば、アイスクリームの購買頻度を問う質問を設定したとします。もしも時期の設定を質問文に入れないと、ある人は夏場の暑い時期を思い出して答え、ある人はいまの時期について答えるかもし

図表2　調査票作成のポイント

質問文（ワーディング）作成のポイント

1. 聞きたいのは、事実か、意識（態度）か
2. 聞きたい場面・時間・人・範囲などを明確に
3. 主語を明確に（誰に対する質問なのか）
4. 曖昧な表現（人によって解釈が異なる表現）は使わない
5. ダブルバーレル＊に気をつける　＊2つの質問が1つの質問に混ざること
6. 誘導質問に気をつける
7. 専門用語を使わない

選択肢作成のポイント

1. 選択肢のモレ、重複がないように
2. すべての回答者が答えられるように（「その他」「あてはまらない」などの活用）
3. 選択肢が多すぎないようにする（あるいはローテーションをかける）

設問構成のポイント

1. 一般的な質問　　→　限定的な質問
2. やさしい質問　　→　難しい質問
3. 事実に関する質問　→　意識に関する質問
4. 純粋想起　　　　→　助成想起
5. プライベートな質問は最後にする
6. 関連のある質問はまとめる
7. キャリーオーバー効果＊に気をつける　＊前の質問が後の質問の回答に影響すること

れません。また、「時々」や「たまに」という程度を表す言葉で回答を得ると、人によって捉え方が異なります。対象者や時期、範囲を限定する、程度を表す言葉はできるだけ使わないというのは、このように回答者が迷わないように、そして同じ基準で回答することができるようにするための工夫です。また、聞くべき人に聞くという視点も、回答者の気分を害さないために、またデータにノイズが入ることがないようにするために、重要です。

　最後に「どのように」。調査手法の選択の問題です。これも、リサーチ目的に大きく依存します。例えば、カップラーメンなどの味覚評価などでは、一種の実験室のように、お湯の温度や調理時間に厳密さが求められます。この場合は、現場での温度や時間の管理を厳密に行うことができるCLT（セントラル・ロケーション・テスト＝あらかじめ設けた会場での集合調査）という手法が選ばれます。しかし、現実に家庭で食べるときは温度も時間もアバウトかもしれません。このような、実際の食環境での評価を確認したい場合は、HUT（ホームユーステスト＝家庭で試してもらう調査）という手法が選ばれます。

　また例えば、インターネット調査でパソコンの利用率を調査したら100％になるはずで、偏りが大きすぎるのは明らかです。このように、どの手法を選ぶのかについても、それぞれのリサーチ手法の特徴を理解した上で、適切な方法や、最も偏りが発生しない手段の選定が必要になります。

マーケティング・リサーチにおける定性調査の設計

　定性調査でも、基本的な考え方は定量調査と同様です。ここでは、特に定性調査を検討する際に留意すべきポイントについて、考えてみます。

　まず「誰に」についてです。定性調査は、仮説を探索したり、より多くの仮説を得るために行われることが少なくありません。この場合、一般的なユーザーではなく、ヘビーユーザーやノンユーザーを対象にする方が、多くの仮説を得ることができる可能性が高まります。なぜなら、ヘビーユーザーは人よりも対象となる商品やサービスを使う機会が多く、問題点や良い点を認識している場合が多いからです。あるいは、何らかの工夫を施して、自分流のアレンジをしているかもしれません。

　一方でノンユーザーは、なぜ使わないのかを検討するために重要な情報を提供してくれる可能性があります。ところが、一般的なユーザーは、調査テーマについてあまり意識せずに使う、あるいはごく一般的な使用方法にとどまることが少なくないので、あまり語るべき言葉を持っていないことが危惧されます。

　「何を」についてですが、定性調査で特に注意をしたいのが、直接的な問いかけです。先ほど、ノンユーザーでは使わない理由を得ることができると言いましたが、「なぜ使わないのですか」という直接的な問いは意味を持ちません。使わない理由は、結構難しいものです。過去に使って、明らかに気に入らないところがあれば別ですが、基本的には「なんとなく」「理由がない」ということが少な

くありません。ダイレクトに、使わない理由や気持ちを聞くのではなく、テーマに沿った周辺情報を確認していくことが大切です。

「どのように」の選択も重要です。グループで話をすると、ふだん意識していなかったことが触発されて気づくということがあるかもしれません。一方で、人前で話すことの恥ずかしさや遠慮から、本当のことを言わない危険性もはらみます。その点、1対1のインタビューでは、周りを気にしない本音が聞けるかもしれませんし、ひとりあたりの時間も十分に取れますので、深い話をすることができます。また、自分では意識していないことでも他人が行動を観察することで、気づきを得ることもあります。このように、どのような点に焦点を合わせるかで、選ぶべき手法が決まっていきます。

今回はリサーチ計画の立案についての基本的な考え方について整理しました。ただ、すべてに共通し、覚えておいてほしいことはひとつに集約できます。それは、マーケティング・リサーチは、すべからく目的志向であることです。リサーチ計画の骨子である「誰に、何を、どのように」聞くのか。これらの検討においては「リサーチ結果をどう使うのか」が、すべての出発点であり、リサーチはマーケティング課題の解決に寄与するために行われるものです。

第 5 章

広告キャンペーンの企画から実現まで

■

オリエンテーションからプロジェクト運営まで
宣伝におけるクオリティ&コストコントロール

オリエンテーションからプロジェクト運営まで

オリエンテーションから
プロジェクト運営まで

文／岡野 宏（キヤノンマーケティングジャパン コミュニケーション本部 主席）

Point

1 広告はオリエンテーションがすべて。ターゲット想定や目標数値、予算などキャンペーンの達成目標を明確化し、1枚のA4シートにまとめる。

2 クリエイティブを変えたからといってビッグアイデアが出てくるわけではない。競合プレゼンは市場導入時には必要だが、常態化することによる弊害を考慮すべき。

3 広告は「消費者にとっては好きか嫌いか」「企業にとっては得か損か」に尽きる。消費者の感情まで配慮するしなやかさ、実をしっかり取るしたたかさが必要。

「マーケティング3.0」時代
消費者・生活者視点のコミュニケーション

　広告はコミュニケーション手法のひとつである。今日では様々な手法が開発されているが、今でも広告はマーケティング・コミュニケーションの中核に位置するといっても過言ではない。マーケティング・コミュニケーションはE．J．マッカーシーのいわゆる「4P理論（Product、Place、Promotion、Price）」の枠組みを包括し、マーケティング全体としてオーバーラップする機能として展開される。

　具体的には商品広告、販売促進、人的販売、商品パブリシティおよびダイレクト・マーケティングの5つの基本的要素に加え、それぞれの要素がクロスされていることを考えてみると、その重要性は語る間でもない。

　そして、広告を任されている組織としての宣伝部は限りある宣伝予算を合理的に、しかも効果的に運営することを託されている。その重みを真摯に受け止め、マーケティング・コミュニケーションのプロフェッショナルになることが必要不可欠である。本稿の内容はその前提として、自社にクリエイティブ部門をもたない一般的な企業の宣伝部門を想定して論述する。

　ここではマーケティングそのものについては説明しないが、マーケティング・コミュニケーションの基本は押さえないといけない。マーケティング要素の基本は4P。プロダクト・アウトかマーケット・イン（➡9、10ページ）か意見が分かれるところだが、まずは

「Product」。当然、商品そのものにどんな特長があり、どんな差別化ができているかなどを徹底的に議論している必要がある。商品が良ければ広告で、より多くの売上を見込むことが可能になる。逆に、いくら良い広告ができても商品が悪ければ売上を見込むことは難しくなる。マーケティング・コミュニケーションの基本はあくまでも商品なのだ。

次に「Place」。その商品をどこで売るか、どのルートに流すか、ネット販売はするのかなど消費者との直接的な接点になる店頭やスペースは大事な位置付けになる。そして「Price」。価格はソーシャルメディアの時代に入り、誰もが気軽に情報を得ることを可能にした。量販店でも「当店より安いところがあれば相談に乗ります」と当たり前に書かれている。最後に「Promotion」。消費者に何らかの行動をさせるために働きかける広義の販売促進には狭義の販売促進(sales promotion)、人的販売、パブリシティ、そして広告がその範疇に入ってくる。

そして、これらの要素を詰めていくプロセスの中で各種分析を実施する。メジャーな分析方法として「STP」が良く知られている。これは「Segmentation」により、市場を細分化するための軸(特徴)を探し出し、その上で狙うべき市場を定め「Targeting」をし、そしてターゲットセグメントにおいてどのような優位性を提案するか「Positioning」するというもので、各々の頭文字をとって「STP」と呼ばれている。

また、マーケティング戦略立案の際に必要なもうひとつのプロセスとして「**SWOT分析**」❶も誰もが知っている方法である。これら

---

❶ SWOT分析
マーケティングのミクロ環境分析手法としては有名な古典的フレームワーク。SWOTとは、企業の強み(Strength)、弱み(Weakness)、機会(Opportunity)、脅威(Threat)の頭文字を組み合わせたもの。

の分析をした上で、ひとつの仮説を打ち立て商品の市場導入を行う。重要なのはマーケティングだから該当セクションに任せるというのではなく、コミュニケーションセクションもその決定プロセスに関わることだと考える。そもそも、分析による結果は2つのセクションの総意として納得のいくものでなくてはならない。責任の所在を明確化しながらその意思を両セクションの答えとして発信していくことが望まれる。コミュニケーション部門が大いにマーケティング戦略の構築に首を突っ込むことで、良い結果を生み出す原動力になると考える。

マーケティング戦略が決定し、いよいよコミュニケーション戦略に落とし込んでいくプロセスだが、ここで良く言われる「What to say（何を言うか）」「How to say（どのように言うか）」を絞り込んでいくことになる。商品の特長は何か、この商品ならではの差別化ポイントは何か、コミュニケーションターゲットは誰か、そのターゲットにどのようにアプローチするかなど、関係者間で議論を交わす。そもそもマーケット・インの発想で商品化されていれば、結論を導きやすいがそうでない場合はなかなか苦労する。

マーケティング要素「4P」に対して「4C」という考え方がある。Product（商品）ではなくCustomer value（顧客にとっての価値）であり、Price（価格）ではなく、Cost（顧客にとっての経費）。Place（流通）ではなく、Convenience（顧客にとっての利便性）。そして、Promotion（販促）ではなく、Communication（顧客とのコミュニケーション）という考え方である。

つまり、簡単に言うと「マーケティングの判断基準をターゲット

セグメントに置く」という原点回帰の時代になったということだ。

　2010年9月に『コトラーのマーケティング3.0』が発刊された。デジタルメディアの普及がここまで進み企業と消費者の関係がフラットになった今、生活者は商品を見ているだけではなく、むしろその先にある「企業」そのものを見ている。第一段階の「マーケティング1.0」は製品の機能的価値を求めていた。次に「マーケティング2.0」は機能的価値に加えて情緒的価値を重視するということになった。そして、今は商品・サービスを通じた社会的価値を重視する。すなわち、「マーケティング3.0」に向かっていると提言している。

　このように、時代は刻々と変化してきているわけだが変わらないことはひとつ。消費者・生活者の視点でマーケティング・コミュニケーションを考えることだ。

　広告は消費者が何を考え、何を思い、何を感じて心を動かすかを検証し、財布の紐を緩めさせることが目的だ。正直、簡単に答えが出るようなものではないと落胆することさえある。それでも我々、宣伝セクションは多額の予算をかけ（少額の場合ももちろんある）、規模の大小は問わずキャンペーンを仕掛けなければならない。キャンペーンが成功するか否かを左右するのは、納得のいくコミュニケーション戦略に落とすまでのすべての活動だ。商品を誰よりも研究し理解しているマーケティング担当と、消費者と社会まで俯瞰した目を持つことができるコミュニケーション担当がぶつかり合う。「木を見て、森も見る」組織の上下は関係なく、自由な意見を言い合える環境をつくることができるリーダーがいれば第一段階は成功したと言えるだろう。

宣伝部が付き合う外部企業の種類と特性

　コミュニケーション戦略をいよいよ外部に発注する段階に入る。広告業の種類はどのようなものがあるのか。まず初めに、広告会社。日本の広告会社はそもそも、"メディアの代理店"という意味合いの「広告代理店」として活動してきたが、広告を取り巻く環境が変化し、今はサービスをした分だけ対価をいただく方針（フィー制度）に切り替えてきている。例えば、マーケティング作業の対価も広告主からフィーを受け取るビジネスに転換しつつある。

　広告会社には様々なスタッフがいるが、それらを束ねクライアントに対峙するのは営業の仕事である。ここでは、広告会社への発注に関する一般的な仕事の流れを記述する（**図表1、2**）。

　初めに、営業を通してキャンペーンの概要を説明する。営業は、その内容を考慮して今回のキャンペーンに必要なスタッフィングをする。キャンペーンの目的、予算、期間などを踏まえ、ストラテジック・プランナーが基本戦略をまとめ、それを達成するためにどんなコミュニケーションが適切かクリエイティブにつなげる。広告だけの検討ではなくSP、PRなどのコミュニケーション全体を考えいくつかの解を出す。

　同時にメディアプランニングの担当者が媒体を検討し、そのコミュニケーションが最大限に効果を発揮するための媒体戦略を考える。昨今はクリエイティブが先か、メディアが先かということではなくIMC（➡49ページ）の発想でコミュニケーション全体を考え

るようになった。

　もちろん、コミュニケーションを展開する前と後に、今回のキャンペーンは成功したのかしなかったのか。目的は達成できたのかといった成果を実証する調査もかける。今時、やりっぱなしのコミュニケーションが許されるわけはなく、常にROI（Return On Investment＝投資収益率）を意識することが期待されている。

　次に、広告会社を通さないで直接、制作会社すなわちプロダクションに広告制作を依頼する方法がある。マーケティング戦略が決定しコミュニケーション戦略も企業側で十分整理されていれば、この方法は良くも悪くもダイレクトに結果が出る。コミュニケーションの目標を達成するために好きなクリエイターを選び、イメージに近いクリエイティブを決めていく。もちろん、プロダクションにも営業がいて全体の仕切りをする。制作予算まで含め対応するのでプロデューサーとも呼ばれている。

　ただし、全体管理という意味では企業側の責任も増えてくる。成功しているコミュニケーションがあり継続性を尊重するのであれば、わざわざ広告会社に仕事を依頼する必要はないかもしれない。

　最後に、個人のクリエイターに広告制作を依頼する場合もありえる。コミュニケーションの規模が小さければ、その個人事務所に所属するコピーライター、デザイナーが広告制作をする。前述の制作会社よりフットワークは良いし、価格的にも合理的な金額で仕切れると考えられる。もちろん、コミュニケーションイメージもダイレ

第 5 章　広告キャンペーンの企画から実現まで

図表1　制作発注とその流れ

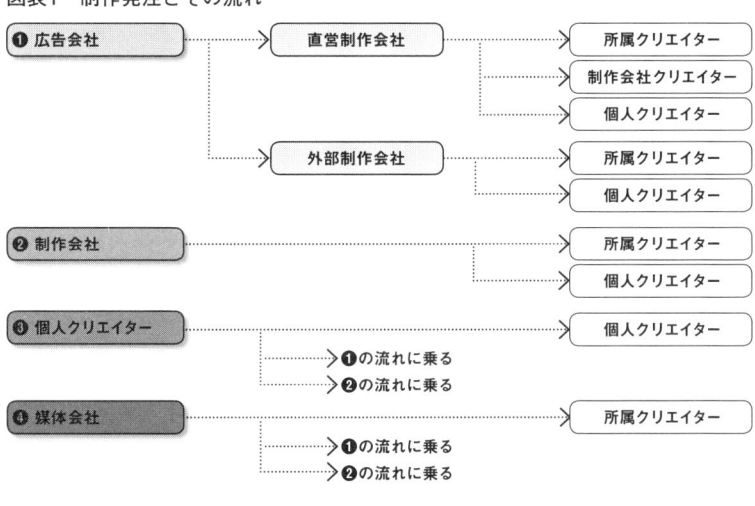

❶ 広告会社
- → 直営制作会社
  - → 所属クリエイター
  - → 制作会社クリエイター
  - → 個人クリエイター
- → 外部制作会社
  - → 所属クリエイター
  - → 個人クリエイター

❷ 制作会社
- → 所属クリエイター
- → 個人クリエイター

❸ 個人クリエイター
- → 個人クリエイター
- → ❶の流れに乗る
- → ❷の流れに乗る

❹ 媒体会社
- → 所属クリエイター
- → ❶の流れに乗る
- → ❷の流れに乗る

図表2　制作依頼先の特性・メリット・デメリット

	<特性>	<メリット>	<デメリット>
❶ 広告会社	・総合的、大規模キャンペーンを中心に依頼 ・すべての依頼に対応	・マーケティング全体を統括 ・リスク管理を徹底 ・企業の人的負担を軽減	・コストは高め
❷ 制作会社	・中規模、小規模キャンペーンを中心に依頼 ・ほとんどの依頼に対応	・専門性、特徴を活かした展開	・企業の人的負担はやや増える ・コストは中間
❸ 個人クリエイター	・小規模キャンペーンを中心に依頼 ・依頼内容に制限あり	・個人ならではの迅速対応 ・個性を活かした展開	・企業の人的負担は多い ・コストは低め

＊チャートの内容はあくまでも一般論で区分けしたもので、必ずや区分け通りになるものではない。

クトに伝えられるので、あうんの呼吸でのやりとりが通用する。ただし、全体管理は企業側が責任を負うことを前提にしなければいけないし、リスクの分散はできないものと思うしかない。

　方法論ではあるが個人クリエイターに依頼し制作会社の仕切りの中で対応してもらうとか、制作会社にも全体キャンペーンの中で広告会社の仕切りの中で対応してもらう方法もある。
　また、視点を変えると媒体会社に制作機能を持つところがあり、直接媒体会社に制作を依頼することも可能だ。この場合、そのメディアならではの使用方法、メディア特性に合わせたオリジナルアイデアを求める場合に効力を発揮することがある。コミュニケーションの規模や目的に合わせ、セレクトした依頼方法のメリット・デメリットを総合判断して決めていくことを勧める。

広告はオリエンがすべて

　マーケティング戦略が決定しコミュニケーション戦略を構築すると、いよいよ広告会社・制作会社へ発注することになる。新製品の市場導入など大きなキャンペーンになればなるほど企業側も依頼先も緊張のプロセスに入る。前述したようにキャンペーンの規模・内容を踏まえ依頼先を決めオリエンテーションをする。
　大切なのは市場背景、商品の位置づけ、他社との差別化ポイント、ターゲット想定、目標数値（売上・シェア）や期間、宣伝予算など、キャンペーンの達成目標を明確化すること。さらに、コミュニケーションの目指す方向、トーン＆マナーのベクトル合わせをした上で

依頼する。

　そして、当社ではこの一連の内容をA4、1枚のシートにまとめる。もちろん、市場背景、商品内容などマーケティング戦略上の資料はパワーポイント30枚にもなることはあるが、あくまでも1枚のオリエンシートに集約することが重要だと考える。この1枚のシートは「神の1枚」。よく言われる「広告はオリエンがすべて」の意味合いの根本になる。

　また、1枚のオリエンシートには何を言うべきか、企業から言いたいことを究極的にひとつのメッセージにまとめる。ここまで来れば、あとは全体のコミュニケーション、クリエイティブでひとつのメッセージをどのように伝えていくかを決定するプロセスになる。まさに、これが「What to say（何を言うか）」「How to say（どのように言うか）」の意味するところだ。

　次に、オリエンテーションの実施になるがオリエンテーションにかける時間は理想的には60分。大型キャンペーンでも長くて90分が限界だろう。それ以上時間をかけても内容が希薄になるだけで、決してオリエンは充実しない。継続的なキャンペーンで商品もマイナーチェンジくらいならオリエンそのものに時間をかけるより、実施したコミュニケーションの内容、プロセス、結果の検証に時間をかけると良い。コミュニケーションをやりっぱなしではなく、成功したところ、失敗したところをプロジェクトスタッフ全員によって情報共有することが、次回の展開に活かせる貴重な情報源になるからだ。

　近頃では競合プレゼンになることも多いかと察する。当社では大

きな商品の市場導入時、大きなキャンペーンの転換時にタイミングに合わせて実施することがある。そもそも、コミュニケーションの評判も良くシェアアップ、売上・利益に貢献しブランド価値を高めているならばなんら競合をお願いすることもない。

　むしろ、競合オリエンの弊害を考慮すべきだ。せっかく築いてきた信頼関係を崩すことにもなりうるし、クリエイティブを変えたからといってそう簡単に画期的なビッグアイデアは出てくるものではない。同じクリエイティブの方々と一緒に考え、一緒に答えを出し、一緒に美酒を味わいたいというスタンスは新しいクリエイティブの創出にもつながると思う。コミュニケーションの実施が売上・利益の貢献につながることはもちろんだが、それ以上にその商品のブランド価値向上に結びつけることが大切で、それを成し遂げる大きなアクションが各種コミュニケーションにほかならない。

企画実現に至るまでのプロジェクト運営のポイント

　市場導入する商品の位置づけ、規模にもよるが企画実現までには相当の時間を費やすことになる。宣伝スタッフを中心にその役割と心構えを記すが、一番大切なことは自らの結論を常に持ってすべてのプロセスに臨むことである。宣伝スタッフの基本の仕事は、決定プロセスにおける日程管理。会議に出席するスタッフ・管理者のスケジュール調整に追われ、いつまでに答えを出すか、そのためにはいつまでに社内調整するか大忙しの毎日を送ることになろう。円滑な会議を推進するために下準備も欠かせない。その意味では黒子に徹することも大切だ。

第 5 章　広告キャンペーンの企画から実現まで

　ただし、常に自分の結論を持ち自分の判断をしていくことを忘れてはいけない。マーケティング戦略構築時もコミュニケーション戦略構築時も常に最前線にいる宣伝スタッフはコミュニケーション部門の中で誰よりも商品を知り、誰よりも商品に思い入れがあるべきで、その気概を持って臨むことこそがキャンペーン成功の原動力になるからだ。

　広告は「消費者にとっては好きか嫌いか、企業にとっては得か損か」に尽きる。企業にとって得か損かは当たり前として、消費者の立場に立って好きか嫌いかまでを考慮するのは案外難しいものだ。
マーケティングのそもそもの意味はターゲットに"矢を射る"こと❷。ターゲットの気持ちが分からなければ矢が当たるはずはない。常に、消費者を見据えて、消費者の目で判断することが望まれる。良い広告を制作するしなやかさと、実をしっかり取るしたたかさを兼ね備えることができた時、真の宣伝担当者になったと言えよう。

---

❷「マーケティングとはターゲットに矢を射ること」
Marketingの単語を分解すると「Mark」すなわち「的」。その的がいくつかある状態を「Market」。つまり「市場」になり、Marketが動いている状況にすることを「Marketing」ということになる。すなわち、Marketingとは「的を射ること」。ターゲットを決め、そのターゲットを射ることがマーケティング活動の基本になる。

宣伝におけるクオリティ＆
コストコントロール

文／後藤哲也（パルコ　エンタテインメント事業部/プロデューサー）

Point

1　「選ぶ仕事」は誰でもできる。
最大公約数的な企画ではなく、
「おもしろいもの」を追求するとともに
自分の仕事をトコトン愛すること。

2　予算がない時こそ、クリエイターに
「プロジェクトのおもしろさと
クリエイティブの自由さ」を
最大限、提示できるようにする。

3　クオリティとコストのバランスから
表現や工程の優先順位をつける。
同時に外部スタッフとの信頼関係を築くことが
より良いクリエイティブにつながる。

ソーシャルメディアの台頭が
宣伝費に対する価値感を変えてきた

　宣伝会議の講座（デザインディレクション講座）を担当させていただいて、早4年目になりました。講座には、いろんな企業や業種の方々が集まるので、ひとつのキャンペーンに何億円も使える企業もあれば、それこそ宣伝担当者がひとりという企業まで……様々な方にご参加いただいています。

　もちろん会社から「受講してこい！」と言われたから渋々来たという方もいらっしゃるでしょうが、お話をさせていただくと、ほとんどの方が「クオリティとコストのバランスをどのようにコントロールしていけばよいのか？」という問題点に当たることが多いようです。宣伝・広告における「クオリティとコストのバランス」は恐らく担当者にとって永遠のテーマです。「クオリティ」という数値化しにくいものと、「コスト」というお金に換算できるものが合わさるため、明確に「これだ！」という答えを出すことはできません。結局のところプロジェクトごとに両者のバランスを取っていくしかないのですが、このことを自分の経験してきたところから掘り下げてみたいと思います。

　自分は、いまの会社に入社して3年間は宣伝費を"つかう立場"の仕事をしていましたが、その後の10年以上、クライアントからプロデュース費を"いただいて"、クライアントと世間で一流と呼ばれるクリエイターとの間に入るコーディネーター的な仕事をさせてい

宣伝におけるクオリティ＆コストコントロール

ただいています。自分のクライアントのみなさんは、なぜかクリエイティブに対してこだわりのある方が多くて、決して安かろう悪かろうは許さない、でもだからといって「お金はいくらかかってもいいよ」なんてことも、これまた絶対に言わない面倒な方々（笑）が多いのが特徴です。正直な話、自分のお仕事で潤沢にクリエイティブにお金を掛けられた仕事なんて一度もないです。

　2000年代に入って、急速にインターネットやソーシャルメディアが台頭してきたことにより、「ネットの口コミは基本的にタダなのだから、これからの宣伝費は少なくて済むだろう」みたいなことを言う経営者が出てきたように思います。どこからそんな発想になるのか、いま考えてもよく分からないのですが、このあたりから増えてきた気がします。

　たしかに、ソーシャルメディアを上手く使って、宣伝費をさほどかけずに訴求できている方もいます。しかし、音楽シーンを見てもインディーズから自分たちの力だけで、突然売れたアーティストなんて本当に皆無で（ごく稀にいますが）、結局のところメジャーレーベルがそれぞれ宣伝費と知恵をかけてブレイクさせています。

　宣伝会議を読んでいる宣伝担当者ならみなさん同じ気持ちでしょうが、担当者的には、やはり宣伝費はあるに越したことがないと思います。ただ、前述の通り、また景況感に左右されやすい宣伝費は、バブル期のような大盤振る舞いに戻ることは今後も恐らくないと思われます。だからこそ、宣伝担当者は、常にクオリティとコストのバランスを考え、そしてコントロールしながら、制作していかなければなりません。

余談ですが、残念ながら筆者はバブル崩壊後入社組なため、社内にあったような武勇伝を経験したことはありませんが……。

「師匠に教わった大事なこと」

　自分には、入社したときに宣伝のイロハを教えてもらった師匠がいます。見た目も仕事のスキルもあまりにすごい先輩で、いまでもこの師匠（すでに退社してフリーランスで活躍中）には勝てない。この師匠に仕事を叩き込まれたのが、僕にとってはとても幸運でした。残念ながら今の社内を見渡しても、この師匠並みにできる人が会社にはいない、それくらいすごい人です。この先輩は口癖のように、「話をしているだけで、その企画がおもしろいと思ってもらえるようにするのが自分たちの仕事である」と言っていました。広告代理店お得意の立派な企画書を作らなくても、立ち話程度で「それおもしろそうじゃん！」と思えるようにするのが宣伝担当者の仕事なんだと。

　それと、もうひとつ師匠の口癖が、「選ぶ仕事は誰でもできる」ということでした。広告代理店にオリエンして、プレゼンさせてその中から選ぶ仕事なんてことは、師匠に言わせれば「新入社員でもできる仕事」だと。そんな誰にでもできる仕事の仕方は、カッコ悪いから絶対にするなと教え込まれました。

　そうなんです。宣伝・広告における「クオリティとコストのバランス」をうまく取るためにも、まずはつくる広告の企画自体を「おもしろいもの」にすることがとても大事なんです。もちろん安近短に「おもしろくなる」ものでもないのですが、少しでもそうなるべ

く努力することが大事です。

予算がない時こそ「おもしろさ」を追求する道へ

仕事でなんとなく決めているルールが自分の中にあります（**図表1**）。4つに分けていて、すごく単純に「予算があるか」「おもしろそうか」の縦軸と横軸でプロジェクトを分けています。残念ながら（当然!?）、予算はないにほぼ固定化されてしまうのですが（笑）、それをおもしろいと思えるプロジェクトにする（つまり左下から右上・右下へと企画を持っていく）。これができるとものすごく楽になります。なぜなら、おもしろいと思える仕事は、誰だって担当したいものです。恐らくサラリーマンであれば、儲かる仕事とおもし

図表1　プロジェクトの仕分け方

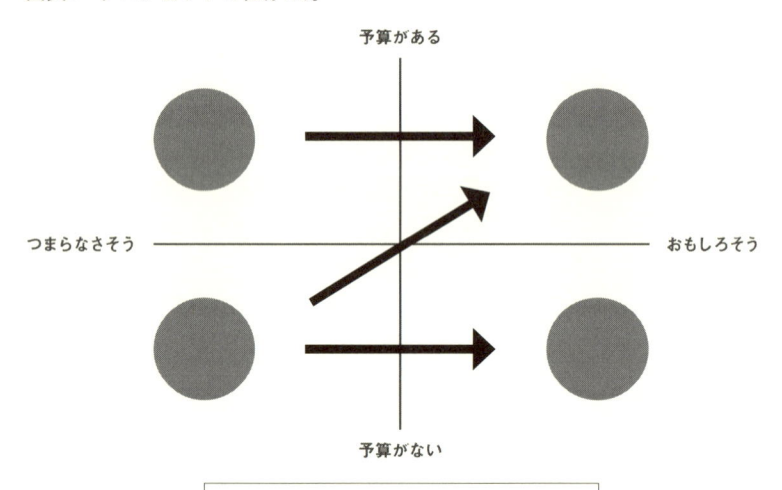

　　　　　　　　予算がある

つまらなさそう　────────　おもしろそう

　　　　　　　　予算がない

できる限りおもしろくする（右下か右上へ）

ろい仕事のどちらかを選べと言われたなら、後者を選ぶ気がします。少なくとも自分はそうだったりします。ここで、おもしろそうな案件にしておくと、いろんな意味で交渉がしやすくなります。おもしろそうな仕事であれば、世間で著名なクリエイターをかなりの確率（NGな方ももちろんいますが）で起用することができます。もちろんギャランティーも大事でしょうが、自分が話をしている限り、一流と呼ばれるクリエイターたちは、プロジェクトのおもしろさとクリエイティブの自由さを求めている気がします。自分はギャランティーが満足に提示できないときこそ、「プロジェクトのおもしろさとクリエイティブの自由さ」を最大限提示できるようにしています。

クオリティとコストのバランスを考え無駄を排除していく

　自分の中での方法論として、あらゆる「無駄」を排除することをします。まずは、表現しないといけない点を、徹底的に整理して、優先順位をつけていきます。その中で、優先順位の何番までを折り込んでいくかを考えます。とかく表現したいことをてんこ盛りにする人もいますが、この作業は、基本的に引き算でやるのが良いと思います。当たり前ですが、一方的な押しつけである宣伝物に対し、わざわざ自分から接触しようとする人はいないでしょう。だからこそ、表現したいことを明快に出すことが大事なのです。特に自分の案件では、極力シンプルかつ美しくなるようにディレクションする

ので、この作業が大事です。

　この作業は、宣伝担当者が絶対に行うべきだと思います。この作業まで広告代理店に丸投げする人もたまに見かけますが、それだと単なる宣伝費の管理屋でしかないですから（それで良い企業もあるので全否定はしませんが）。

　次に、表現以外での無駄を排除していきます。自分の場合は、まず競合コンペがそれです。何社も広告代理店を集めてオリエンする手間と時間がもったいないです。自分はギャラをいただいてクライアントのクリエイティブを担当しているので、そもそも自分が数社のプレゼンされた中から選ぶ仕事なんて、カッコ悪くできません。自分の仕事は、デザイナーのチョイスを自分自身でやって、選んだデザイナーとともに、カメラマンやライター、印刷会社などを選んでチーム化していく、旗振り役ですから。

　ちなみに、よくデザイナーをどうやって選んでいるのか？と聞かれるのですが、人から紹介してもらうより、MdN社の『デザイナーズファイル』に載っているデザイナーから選ぶことが多いです。あれに載っている人たちはレベルの高い人たちばかりですし、代表作も連絡先も載っているのですごく便利です。なので、自分の仕事のテイストに合った人を探して、デザイナーの事務所に会いに行っています。いくらデザイナーが著名な仕事をしているからといっても、臆することなく連絡すれば良いと思いますよ。

　また、デザイナーの事務所に行くと、大体そのデザイナーのセンスがすぐに分かります。グラフィックの仕事ではないですが、初めてWonderwallの片山正通さんの事務所におじゃましましたときは、感

動しました。ですので、間違ってもデザイナーに自分の会社に来てもらうことは、よほどのことでない限りしたことがありません。ここでのデザイナーとのコミュニケーションが広告のでき映えを大きく左右することになりますので、自分は、打ち合わせに行っても、結構仕事以外の話をすることが多いです。

やりながら自分に合った無駄を見つけだす

　印刷時における一例ですが、印刷を伴う場合は、入稿が反射原稿でなく、色見本のないデジタルデータの場合は、事前にどのような方向性でテスト稿（色校のさらに前）を出すかなどを協議して、極力不必要なものを排除していきます。特に印刷の場合、印刷会社と一番揉めやすい色校の経費をどう抑えるかなどをそれぞれの立場で相談して決めていきます。それと、宅急便よりバイク便の方が基本的に値段が高いのと同じで、特急でやらせると、コストが高くつく上にミスをするリスクが格段に高くなります。

　この何でも「急ぎで！」と言う人って、周りにいると思うのですが、特に印刷なんかは、印刷工程を理解するだけで、「どのあたりが大変で、どのあたりなら実現可能なのか」のさじ加減が自分で分かるようになります。芸能人を起用した撮影現場には積極的に行くのに、実際の印刷工程を見たことがないという担当者をたまに見ますが、それではいつまで経ってもプロの仕事ができません。社会科見学感覚で見に行くことをおすすめします。

宣伝担当者の本来の役割

　自分は、入社以来競合コンペというものをデザイナーにさせたことがありません。複数のデザイナーに提案させて選ぶより、自分が選んだデザイナーを信じる、つまり複数社に提案させるという退路を断って仕事をした方が、経験上良いものが生まれるし、当然担当者自身のスキルも上がります。無駄が少なく、デザイナーと密度の濃い仕事ができるので、またその次の仕事にもつながりやすい。

　「宣伝費のコントロールこそが宣伝担当者の仕事であって、クリエイティブは広告代理店がやればいい」など、色々なご意見もあるでしょうが、でも自分が思う宣伝担当者の仕事というのは、「自分が選んで集めたクリエイティブチームが、最大限に力を発揮できる環境を整える」ことが一番の仕事であって、そこででき上がったものに対して自分がリスクを負うことこそが、チームのクリエイティブに緊張感と責任を与え、結果的に精度の高い仕事になるのだと思います。

　仕事柄、企業の宣伝部の肩書きのある方とお話しさせていただけることが多くなってきました。だいたいセンスのない広告が多い会社に限って、宣伝部のトップがいただけないことが多い。彼らは、定期異動でやってきて、肩書きに頼ってばかりでなんの裏付けも実績もないのに、一方的な価値感を押しつけがち。デザイナーがものすごく考えて出したアイデアに対して、「ここをもっと大きく！」なんていう赤を入れさせるタイプがそれです。しかも、裁量権があるために、宣伝のセンスがあるやつより扱いやすいタイプを採用し

がちな傾向も。こういう宣伝部のトップがいると、最大公約数的なつまらない広告をつくってしまうので、悪循環以外のなにものでもないのです。

　最近講義でもよく言うのですが、そもそも宣伝担当者全員が「いいね！」なんてものは絶対に駄作である可能性が高い。だから、多数決で決めるなんてもってのほか。担当者が自分で決めて、それをいかに通すかが大事なんです。宣伝部のえらい人は、なるべく部下に一生懸命ディレクションさせて、その結果であるクリエイティブには反論せずGOを出すようにしてくださいと。宣伝は希望者が多いセクションでしょうから、とことんやらせてみて、それでクリエイティブの精度が低いようであれば代えれば良いだけのことです。

信頼関係こそが、良いクリエイティブにつながる

　先日、自分が担当している展覧会のレセプションのインビテーションを制作していた時のこと。世界でも活躍されているインテリアデザイナーの初めてのアート展という気合いの入った状況だけに、アートディレクションは、恐らく日本で一番忙しいのでは？　と思えるほどの人気デザイナーにお願いした案件です。個展の世界観を伝える意味でも、レセプションのインビテーションもわざわざ人気デザイナーに担当していただきましたが、デザイナーの意向で、インビテーションに手書きのサインを入れたいということに。ただ、枚数も枚数なので、サインをスキャンしたデータで入稿することになったのですが、もらったサインのデータの解像度が微妙に足りない。今回はスケジュールがタイトだったこともあり、色校なしの責

了入稿が条件。両面スミ1色なのと、紙をラフ系にすれば逃げ切れるレベルだったので、それを分かった上で責了入稿しました。

　そうすると翌朝一番でケータイが。印刷会社の営業担当からでした。「解像度が微妙に足りないけど本当にこれで印刷するのですか？　後藤さんの普段の仕事からすると、品質的に多少厳しいかもですよ」。この電話をもらって、結局、もう一度手書きのサインを書いてもらい、再スキャン後再入稿することにしたのですが、恐らく納品のスケジュールがタイトな場合、大多数の印刷会社は責了入稿されたデータであれば、印刷機の工程をわざわざ遅らせる提案をする人は少ないでしょう（結局、印刷工程を一度バラして、翌日に組んでもらいました）。

　普段からクリエイティブに対する高い意識をお互い持つことによって、クリエイティブサイドの気持ちを汲んでもらえる関係ができていたのだと思います。ありがたいなあと実感した次第です。そのまま印刷していたら、微妙なでき映えになったかもしれないし、もしやり直すことになったら、それこそお互いにとって一番無駄な時間とコストになってしまいますからね。

自分が担当したものをトコトン愛すること

　たまに「予算がなかった」「時間がなかった」「上の人間のセンスがなかったから」など言い訳ばかりする人を見かけることがあります（宣伝業務に限らないのでしょうが）。結局言い訳ばかりしている人はいつまで経ってもまともな仕事ができないと思います。どんなものでも、必ず誰かしらのクリエイティブがあってこそのアウト

プットなのに、それを言い訳する担当者に、一体誰がついてくるのでしょうか？

　僕は、自分が関わった仕事は自信を持って世の中に出しています（たまに自分の履歴書に載せないような仕事も受けてますが(笑)）。逆の見方をすると自信を持って出したいからこそ、自分の中でできる限り努力して、（自分の力不足で）妥協することになっても、ここまでやったからという結論を導き出す努力を、常に心がけています。少なくともその時の自分のベターではなくベストな答えであるべきだと。当然、自分のつくったものは、よくできている（と思う）。担当者が自分のクリエイティブを愛することこそが、昼夜問わず一緒になってクリエイティブを支えてくれるスタッフへの最大限の敬意だと思っています。

　講義を通してよく感じるのが、とかく"How to"に考えがちなクオリティとコストコントロールなのですが、意外と宣伝担当者とクリエイティブスタッフとのコミュニケーションが一番大事だったりするような気がします。僕も、相変わらず失敗ばかりしているのですが、なんとかやっている毎日です。

第 6 章

クリエイティブ・マネジメント

正しくアイデアを選ぶ方法
伝わる「販促物」PDCA 検証

正しくアイデアを選ぶ方法

文／野口恭平(LIXIL 執行役員 マーケティング本部プレミアム事業部長／事業構想大学院 教授)

Point

1 強いクリエイティブを実現するためには、「社外(クリエイター)との関係と、社内の巻き込みという二つの局面からのマネジメント」が重要。

2 クリエイティブアイデアはプレゼンされるまでが勝負。ブリーフィングの品質向上により、強いクリエイティブを生む可能性を高める。

3 プレゼンにおけるアイデアの過大評価・過小評価を防ぐのは、"ブリーフィングを極めることで獲得したカスタマーの目"を基にした"直感"である。

第 6 章　クリエイティブ・マネジメント

強いクリエイティブを実現するために

「マーケティング効果を最大限に高めるのはクリエイティブ次第……」とはよく言われることだが、確かにマーケティング・コミュニケーションの目的は、"消費者に対してメッセージを届けることにより彼らの心を動かし、なんらかの行動を起こしてもらうこと"なので、クリエイティブ（アイデア）がその効率を高める一番の要素であることは間違いない。そしてクリエイティブアイデアは、取り組み方によってその強さや質が大きく変わるので、広告主にとってクリエイティブ・マネジメントはまさに最重要課題とも言える。

多くの場合、クリエイティブアイデアは社外の広告会社またはクリエイターに依頼するため、そのプロセスを有効にマネジメントすることを目指す。つまり"正しく発注し、正しく選び、正しく実行する"という基本動作を極めることに尽きるのだが、これが難しい。単に"面白いアイデアを見つけましょう"とか"クリエイターとの信頼関係が大切です"とか"広告担当者は情熱を持って"というレベルを超えた「心構え」と「技術」が求められるのである。

本稿では自社にクリエイティブ機能を持たない、一般的な企業の宣伝・マーケティング部門を想定し、①広告主が**ブリーフィング**❶時点において準備するべきこと、②プレゼンという「選ぶ」場面で留意すべきこと、③選んだアイデアを実現するまでの過程で注意す

---

❶ ブリーフィング／オリエンテーション
brief：「要約する」「短い指令を出す」の意。広告主が広告会社に対して広告コミュニケーションの明確な方向性を示すもので、外資系企業の広告制作においてよく使用される。筆者によれば、日本で多く言われるいわゆる「オリエンテーション（オリエン）」とは少々意味合いが異なるという。オリエンは商品やプロジェクトの持つ課題"説明"に留まりがちで、「適切な解決策としての提案をお願いします」という、広告会社に対するやや緩いリクエストも含まれる概念に対し、ブリーフィングの場合、広告主からのリクエストとしての「解決策の方向性」はかなり具体的で、"契約" "オーダー"といった意味合いが強い。逆に言えば、ブリーフィングの枠から外れた提案がなされることはない。本稿は、その定義の違いを踏まえ書かれている。

べきこと、④クリエイターとの関係について、といった流れでマーケターとして心がけるべきポイントを整理してみたいと思う。

強いクリエイティブを実現するためには、「社外（クリエイター）との関係と、社内の巻き込みという二つの局面からのマネジメント」が重要であることを読み取っていただければ幸いである。

クリエイティブアイデアの特性を理解する

ここではまず「クリエイティブアイデア」の持つ特性について整理してみたい。その大きな特性は、"アイデアを購入する時点では、その市場効果を客観的に判断することが難しく、さらに購入（決定）してから最終的に実現（市場導入）するまでに、その内容はいかようにでも変化し得ること"である。

つまり案を選ぶ段階ではそのクリエイティブアイデアは磨かれる前の原石であり、その後の協議や検討によって完成品となっていくという性質にリスクが潜んでいる。

またその検討→決定→実現のプロセスにおいては多くの関係者（様々な役割、役職の関係者）が関与する、という事実にも考慮すべき課題が存在する。

つまり、クリエイティブ・マネジメントにおいては、それらの特性を理解した上で対策を講じていかなければならない。

全体のプロセスを大きく捉えると、①広告会社へのブリーフィングによってプロジェクトや商品の事前説明を行い、クリエイティブアイデアを依頼する、②クリエイティブアイデアのプレゼンを受け（多くはマーケティング戦略の一部として）最良のアイデアを選択

する、③そのアイデアを実行戦略として市場導入する、ということになる（**図表1**）。

そのプロセスを通しての最重要フェーズは②の"クリエイティブアイデアの選定"ではあるものの、そこで最大の成果（強いアイデアの創出と的確な選択）を上げるための準備は非常に大切である。

「これじゃないし、これでもないし、じゃあこれだ……」。ダメなものを選択肢から外していき、残ったものを選ぶ消去法というのは、クリエイティブ選定にあたっては最も避けるべき事態である。そこには飛びつきたくなるほど魅力的な案がないことを意味するわけで、その状態で選んだアイデアはどんなに改善を施してもその先はたかが知れている。アイデアという原石が優れていなければ、どんなに磨いても輝きは放たないのである。

もちろんその際、クリエイターに考え直してもらう方法もあるが、

図表1　クリエイティブ・マネジメントのプロセス

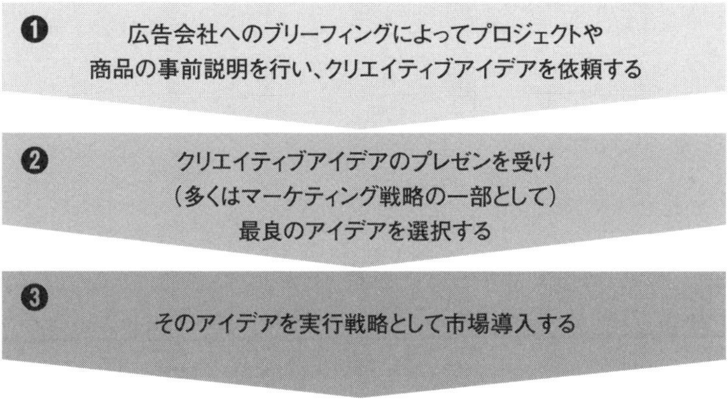

❶ 広告会社へのブリーフィングによってプロジェクトや商品の事前説明を行い、クリエイティブアイデアを依頼する

❷ クリエイティブアイデアのプレゼンを受け（多くはマーケティング戦略の一部として）最良のアイデアを選択する

❸ そのアイデアを実行戦略として市場導入する

経験上"再プレ（プレゼンテーションのやり直し）"は上手くいかないことがほとんどである。つまりクリエイティブアイデアはプレゼンされるまでが勝負だと言っても過言ではない。そして強いクリエイティブを生む可能性を高める環境づくりとして最も有効な方法が、①の広告会社へのブリーフィングの品質向上にある。

ブリーフィングは"すべての起点"かつ"成功への決め手"

ブリーフィングとはクリエイティビティを十二分に発揮してもらうために、方向性を絞り狭めることで"アイデアを大きくジャンプさせる"目的として実施する発注書である。ブリーフィングは広告主の最低限の責務であり、強いクリエイティブアイデアを生む可能性を高めるガイドとなる（**図表2**）。

ここで用いる「アドブリーフ（Advertising Brief）」では、依頼す

図表2　強いクリエイティブアイデアを生み出し、実現するポイント

	ブリーフィング（アイデア発注）	プレゼンテーション（アイデア選択）	市場導入（アイデア実現）
対クリエイター	・クリエイティビティ発揮領域の最大化：強いクリエイティブを生み出す環境作り ・アイデア創出の方向性を示す明確なガイドの提示	・アイデアの正しい理解と評価：アイデアの原石が持つ将来ポテンシャルの読み取りと確認	・クリエイティブアイデアの確実な実現：強みの最大化とリスクの軽減
対宣伝担当部署社内関係者	・クリエイティブの目的と評価基準の明確化 ・ターゲットカスタマーの視点や感覚の獲得 ・社内関係者との戦略共有と参画意識の醸成	・論理的評価基準と感覚的な評価基準の有効活用 ・ブリーフィングを活用したロジカルな評価基準提供 ・アイデア選択への参画によるチーム意識の強化	・社内の揺さぶりに負けずクリエイティブアイデアの強みを守り実現につなげる ・クリエイティブアイデア効果の最大化に向けた社内からの支援獲得

るアイデアの対象となる「商品、サービスの特徴点（**USP❷**）」「ポジショニング」「差別化のポイント」や「ターゲットカスタマー」といったマーケティングプランとしての戦略の絞り込みに加えて、「誰に（コミュニケーションターゲット）、何を（広告メッセージ）、どのように（コミュニケーショントーン）伝えるか」を明確にすることを目的としている。

　もちろんマーケティングプランにおいてもカスタマーの絞り込みやその情緒的な価値観の検討は行われるが、アドブリーフではさらにカスタマーの深層心理まで踏み込んで、コミュニケーションを仕掛けた際に心が動く、"気持ちのスイッチ"を見つけ出すところまでの検討を行うのである。

　ターゲットカスタマー像が明確になった時点で、対象とする商品・サービスの伝えたい価値をひとつに絞り、かつその価値に共感してもらえる点、すなわちカスタマーインサイト（深層心理に潜む情緒的なニーズ）を探り、対話を成立させる「広告メッセージ」を開発する。マーケティング・コミュニケーションで目指すべきは、一方的なアプローチではなく、"対話"である。その対話を成立させるために、消費者の潜在的なものを刺激することで驚きとともに興味、共感を得るのである。

　ここで開発される「広告メッセージ」とはいわゆる、「What to say（何を言うか）」にあたるものだが、アイデア検討のガイドとなるべくシンプルで端的な一文として明確化し、クリエイターの解釈がブレないようにすることが肝要である。

---

❷ USP（unique selling proposition）　その商品にしかない、独特で、しかも消費者が求めているポイント、主張のこと。USPの提唱者であるロッサー・リーブス（テッド・ベイツ社）によると、重要なポイントは①メッセージに具体的な商品ベネフィットが含まれていること、②競合が利用していないユニークなメッセージであること、③売りにつながるメッセージとなっていること。

最終的にその広告メッセージを確定する際には三つの視点でのチェックをお勧めする。すなわち①**そのメッセージに提案性があるかどうか**、②**商品・サービスの価値と合致しているかどうか**、③**他社の商品やサービスに当てはまらないものかどうか**、である。

アドブリーフの最後は「どのように伝えるか（コミュニケーショントーン）」の規定だが、ここはターゲットカスタマー像の理解により、クリエイターと"感覚の共有"を図る。ここでは最終的なターゲットカスタマーの「Take out❸（読後感）」を確認することで、最終的にカスタマーにどう感じてもらいたいか、という点でコミュニケーショントーンのガイドラインを共有する。

ブリーフィングを極める効果の一番は、前述の通り「クリエイティブアイデアの大きなジャンプ」であるが、それに加えてさらに大きな二つの効果がある。

一つ目はプレゼンテーションされる「アイデアの原石」としてのポテンシャルを見抜く"直感"を、ブリーフ作成の過程で得られるカスタマーの視点によって身につけることができるという点である。アイデアの評価はもちろんロジカルに行う部分が多いが、最終的にブレイクするかどうかは感覚的な部分に負うところがある。そこを見抜くためにもカスタマーインサイトの研究によってカスタマーの感覚を得るメリットは大きい。

二つ目の効果は前述した、クリエイティブ選択、承諾、実現に関わる社内の関係者に、クリエイティブ評価において個人的な好き嫌

❸ **Take out** 何らかのコミュニケーション体験を通じて、ブランドが伝えるメッセージをカスタマーが受け止め、理解した内容を指す。筆者によれば、グローバル企業の広告制作においてよく使われるワード。本稿では便宜上、「読後感」と添え書きしたが、紙媒体から得られるものに限らない。映像やイベント、おもてなしなどの体験から得られるメッセージも含んでいる。

いではなく、共通の判断基準を提供することと同時に、すべてのプロセスに参画合意したというチーム意識の醸成にある。

クリエイティブアイデアはあくまで市場導入され、成功することが目的であり、そのためには社内の関係部署がそのアイデアを信じ、チーム一体となって支援、協力する必要がある。ブリーフィングはクリエイティブアイデアという感覚的な要素を持つ戦略をロジカルに共有するためのツールとなるのである。

ここまでブリーフィングを極めれば、「広告主としてやるべきことはやり尽くしました。後はプロとしてのクリエイターにすべてお任せします」という理想的な状態になるだろう。

アイデアを「選ぶ」プレゼンという場の強みと弱み

プレゼンという場は単に選ぶだけだから簡単、と思うのは大きな間違いである。そこにはその場の持つ強みと弱みがあり、宣伝担当部署にはその強みを活かし、弱みをできる限り防ぐマネジメントが要求される。

プレゼンという場の弱みとしては何よりも提案されるアイデアが未だ「原石」であることだ。このポテンシャル、つまり成功のシナリオをどう描けるかがポイントとなる。

また「短時間」に行われる説明で、専門性の異なる「様々な出席者（評価者）」の理解のバラつきを抑えなくてはならない。そしてさらに「プレゼンテーターの力量」に左右されるアイデアの過大評価あるいは過小評価をも防ぐ必要がある。

これらの弱みを抑えるポイントは、とにかく"このアイデアの効

果を一言で言うと……"を明確に理解できるように、アイデアの核をつかむことに集中すること、また原石のポテンシャルを読むためにはターゲットカスタマー、マーケットの反応を想像することが重要となる。

　ここで前述した"ブリーフィングを極めることで獲得したカスタマーの目"を基にした"直感"が力を発揮する。どんなアイデアも強みと弱みを持っている。往々にして強いアイデアには読み切れない大きなリスクを感じさせることがあるものだが、そういう時はアイデアの中にある確定要素と不確定要素を分類していき、不確定要素がマイナスに振れてもプロジェクトの効果がある程度担保できるかどうかをチェックする。

　その際もクリエイティブアイデアに込められている提案価値が商品・サービスの価値に、そしてカスタマーのインサイトに合致しているかどうか？というブリーフィングで確認したポイントでチェックしていくと良い。特に不確定要素については、それが「嫌悪感のあるものか」「社会的に問題があるものか」といったネガティブチェックも行い最終決断につなげていく。

　また「様々な出席者」の理解のバラつきというリスクに対しても、事前に協議した"ブリーフィングの戦略的視点"を評価ガイドとして提供するなどして個人的な好き嫌いによる評価を極力、防いでいく。

　一方、プレゼンという場には強みもある。ひとつのプロジェクトの「節目」にあたり第三者（広告会社）による「客観的で端的なまとめ」がなされることで、改めてプロジェクトの全容や修正点が見

え、大きな流れの中でどういうクリエイティブアイデアを選べば良いかも見えてくるというメリットは大きい。

また、様々な出席者（関係者）が「オフィシャルに意思決定する場」という事実も、最終的に選んだアイデアを市場導入し社内全体として支援し成功につなげるというシナリオの後押しとなるので、大いにこの強みは活用したいものである。

プレゼンの場で活用する"五つの目"

クリエイティブを選択する際のプレゼンの場では、前述に加えて"五つの目"の活用をお勧めする（**図表3**）。すなわち「**発注者**」「**実行者**」「**購入者**」「**セールスマン**」「**カスタマー**」の目を持ってチェックを行うのである。

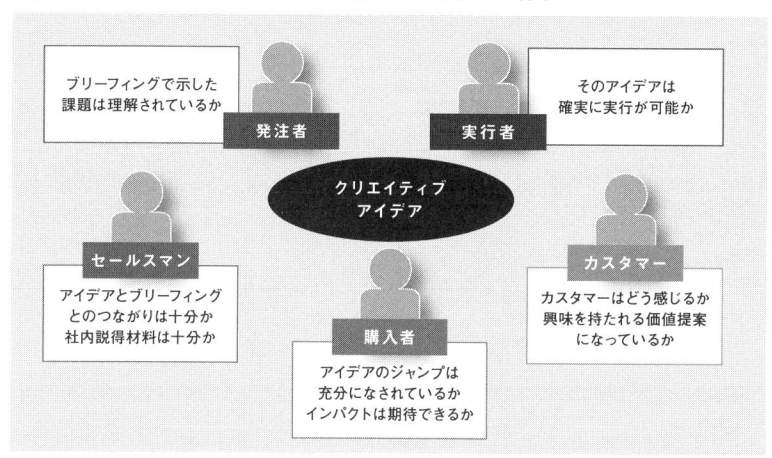

図表3　クリエイティブアイデア評価は"五つの目"で行う

- 発注者：ブリーフィングで示した課題は理解されているか
- 実行者：そのアイデアは確実に実行が可能か
- セールスマン：アイデアとブリーフィングとのつながりは十分か　社内説得材料は十分か
- 購入者：アイデアのジャンプは充分になされているか　インパクトは期待できるか
- カスタマー：カスタマーはどう感じるか　興味を持たれる価値提案になっているか

「**発注者**」とはブリーフィングを行った立場として、提案されたアイデアはブリーフィングに沿ったものであるかどうかを確認する。具体的に言えば"提案者がブリーフィングで伝えた課題を正しく理解しているかどうか"、その理解度をチェックするのである。案は採用後、実行に至るまでブラッシュアップのプロセスを経て市場に導入される。その作業を有効なものにするためにも基本的な課題共有度の確認はマストである。

「**実行者**」とは企画をカタチにし実行する立場として、実現可能性を確認する。提案される案が思い切ったものであるほど、現実的にはスケジュールや予算、体制という観点でぎりぎりの条件設定になっている場合もあるので、実行責任部署としては、そのアイデアを確実に実現するためのチェックは怠れない。

そして「**購入者**」とはアイデアを採用する立場で、これが最も重圧のかかる立場となる。もちろんこの立場でまずチェックするのは"その案がブリーフィングの依頼にきちんと応えたものになっているかどうか"が基本にはなるが、問題は"ブリーフィングの依頼に応えている"というのは最低限のラインを超えているという意味であり、案としてのクオリティの高さを裏付けるものではない。そこで案のレベルや高さを推しはかるために次の2つの要素を合わせて吟味する。

ひとつは"アイデアがどの程度ジャンプできているか"。アイデアは案の命ともいうべきものなので、そのジャンプの程度、つまり良い意味での発想の飛躍はそのまま案の価値に直結している。アイデアのジャンプは、いわゆるインパクトの強さにつながっていると

いって良いだろう。

　もうひとつの要素は"その案を実行したときに期待以上のブレークスルーが生まれる可能性があるのか"ということである。これは先に述べた「不確定要素」に関連する部分になるが、言い方を変えれば「"化けて"くれそうな、結果の読めない要素が含まれているかどうか」を見るのである。この要素の強さはキャンペーンごとに求められるレベルが異なるが、少なくともこの要素がない案にはいくら方向性が正しい面白いアイデアであっても大きなヒットは期待できない。そういった提案されるアイデアの原石としてのポテンシャルを見抜くのもこの立場の視点となる。

　「**セールスマン**」という立場は少し意外性があるかもしれないが、最終的にそのクリエイティブアイデアを社内、グループ、関係者全員に売り込み、惚れ込んでもらうための重要な役割を担う社内セールスマンとしての立場である。先に述べた通り提案されたアイデアの強みを確実に実現しなければ、まったく意味はない。

　またむしろそのアイデアの強みをプロジェクトチーム、あるいは全社が一丸となることによって増幅させていけるようにするのは広告主マーケターの手腕にかかっていると言って良い。この立場では主に社内への説明ロジックとして有効な「案とブリーフィングのつながり」と「商品（またはサービス）が持つ価値と案がメッセージとして伝える価値とのつながり」をチェックしていく。

　最後の「**カスタマー**」とは文字通りだが、この視点は常にうっすらと持ち、"カスタマーはどう感じるか"という点で確認していく。ここでブリーフィングを極めることによって獲得した「カスタマー

の感覚」が役立つことになる。特に"カスタマーにとって興味が感じられるか"という点の確認と同時に"ネガティブチェック（不快に思わないか？）"を併せて行っていく。

社内の揺さぶりに負けずにクリエイティブアイデアを守る

　多くの場合、宣伝担当部署がプレゼン後に参加者の意見を集約し、その後、最終決断を行い説明する、といった社内調整を経てクリエイティブアイデアを決定する。

　このプロセスでの留意点は、まずプレゼン参加者に対しては事前の"ブリーフィング"で確認した戦略項目を提供し、その項目に即した的を射た意見を早期に集約することである。最終決定にあたって多数決はもちろん論外だが、その最終アイデアに対する強みや指摘されたリスクも押さえながらその対策提示も含めて、プロとしての担当責任部署が最終決断をする。

　ここでブリーフィングに立ち返る最大の目的は、意見をまとめることの先にある"クリエイティブアイデアの強みを守る"ことにある。クリエイティブは意見が言いやすいものであるだけに、組織や役職の力学から様々な指摘が寄せられることが多い。それら関係部署の意見は、もちろんそれぞれの受け持つ責任からくる指摘なのである意味正しいのだが、多くの意見を反映すればするほど案の先鋭度を失うリスクも高まる。従ってアイデアの原石を磨きあげる過程においては、それらの意見を適切にマネージしつつ、社内のモチベーションを高めながらもアイデアの強みを守る必要がある。

　つまり宣伝担当部署は常に選択したアイデアの強みを十二分に実

現するために、このような社内の揺さぶりに負けない姿勢が求められるのである。

企画創造のプロ対マーケターとしてのプロ

これまで整理した通り、強いクリエイティブを生み出すためには、クリエイター（広告会社の他のメンバーも含めて）と依頼者である広告主のマーケターとの真剣な協働作業が不可欠である。それも単に業務フローをこなし、とにかくオリエンで要望を伝え、でき上がったアイデアを選べば良い、というレベルではないプロとしての役割の発揮が求められる。

強いクリエイティブはクリエイターが力を発揮するだけでは生まれないし、世にも出ない。"正しく発注し、強いクリエイティブアイデアを創出し、正しく選び、クリエイティブアイデアの強みを守り抜き確実に実現する"というプロセスにおいて、双方がプロとしてそれぞれの役割をしっかりと果たす必要がある。

その過程では厳しくチャレンジし合う場面もあるが、そこを乗り越えて成功体験が共有できてこそお互いの信頼関係が生まれていく。その信頼関係を基にさらに強いクリエイティブが生まれ実現されることによって、マーケティング効果を最大限に高めることが可能になるのである。

伝わる「販促物」PDCA検証

文／田中みのる（ライズマーケティングオフィス 代表取締役）

Point

1 販促物は、お客さまとのコミュニケーション濃度を高めるツールである。

2 制作する際は、「お客さまは分かってくれているはずだ」という売る側の思い込みは捨てよ。

3 販促物の反応を高めるためには、「ターゲット」に「何を伝えて」「どうして欲しいか」。この3点を骨組みとして考える。

あなたの販促物、「ちゃんと伝わって」いますか?

　販促物は本来、顧客との関係性を高めるコミュニケーションツールです。にもかかわらず、ついつい「販促物」というと、DM（ダイレクトメール）やチラシ、カタログやWEBツールなど個別の媒体を考えがちです。

　もちろんDMは「宛先に直接届けること」ができるし、チラシは「新聞折り込みやポスティングなどの手法で宛名がなくても広く撒く」ことができます。カタログなら「商品説明や提案補助ツールとして情報を特化」することもできるでしょう。WEBツールは今後「スマートフォン対策が必要不可欠」になります。このように「媒体ごとの特徴」を考えることはもちろん必要ですが、それらをまとめ「販促物」として考えるときに、「自分の言いたいことだけを盛り込む」のではなく「顧客の知りたいことを伝える」という基本スタンスが必要であるということをまず冒頭に申し上げます。

　媒体に限らず、「販促物」を作成する際に必ず押さえなければいけないことは、それが「分かりやすい表現であるかどうか」です。

　あなたが「売りたい」商品やサービスがどれほど素晴らしいものであっても、その商品やサービスの本当の価値をきちんと顧客に伝えることができていなければ、顧客にとってはその商品やサービス自体が「存在しない」のと同じことになってしまいます。

　簡単に言えば、「伝わらない→分からない→存在しない→選ばれない→売れない」ということ。こう見ると、とても怖いですよね。

図表1　価値が伝わらない商品やサービスは「売れない」

「価値」を伝える必要性

伝わらない ▶ 分からない ▶ 存在しない ▶ 選ばれない ▶ 売れない

　多くの場合、商品名が全面に出てくる販促物が目につきますが、これは「その商品を知っている人」が対象になっているとも言えます。ですから、もしあなたが販促物の制作を手掛けるときには、改めて、自分の商品の本当の価値をお客さまに「伝えるためにどうするか？」を考えてみてほしいのです。分かりやすくするだけで売れた商品の例は、世の中に数限りなくあるのですから（図表1）。

伝わるコピーライティングがなぜ必要なのか？

　販促物を制作する時に最も避けるべきなのは「お客さまは分かってくれているはずだ」という、売る側の思い込みです。
　ですから、販促物を作成する際には「見た目」の美しさも必要で

しょうが、やはり「コトバ」に注意を払うべきです。つまり、キャッチコピーをはじめ「コピーライティング」がとても重要なのです。

それでも「目を引きたいから」、販促物には写真などを使いますね。

WEBは言う間でもなく、売上を高めるためにも画像や動画を活用するのは定番です。百聞は一見にしかず、とも言いますものね。

しかし、コトバによる注釈のない画像や映像から伝わるのは「イメージ」だけなのです。さらに、イメージというのは当然曖昧なもので、受け手ごとに異なるものなのです。

例えば、雑誌などの写真下にあるキャプションは他の文章に比べて2倍以上読まれる（目につく）とも言われています。

実際、ポスターやチラシ、WEBページなどを見る人が「どこを見ているか」を被験者に気づかれず計測する**ヒートマップ❶**という検証手法も出てきています。それによってもやはり写真下の文字は目にされる頻度が高いことが検証されています。

販促物のつくり方の具体的な手法にはあとで詳しく触れますが、もしあなたがチラシやDMなどの販促物にイラストや写真を盛り込もうとするなら、その下には注釈を必ず入れるべきでしょう。

集客増を目指すなら分かりやすい地図は必須

もし「集客」が目的なら必ず「分かりやすい地図」を入れてくださいね。行きたくてもどこに行けばいいか分からないのでは困ります。「住所を書いておけば分かるだろう」とか、「以前来てくれたから知っているはず」というのも売る側の思い込みです。集客系の販促でお客さまが来なかった理由のひとつに「どこなのかよく分から

❶ ヒートマップ
WEBサイトなどで閲覧者の目線が集中するポイントや読まれている部分について、濃淡で表現したもの。ユーザビリティを検証する際に用いられ、PDCAサイクルに組み込み使われるケースが多い。

伝わる「販促物」PDCA検証

なかった」という意見は結構あるものなのです。

　そしてイラストや写真同様、地図にも注釈を入れるべきなのです。「分かりやすい地図」とともに、実際に「来てもらうために伝えるべきことは何か」を改めて考えてみてほしいのです。

　「来てもらうために伝えるべきことは何か」。これは私自身、販促物制作の現場でよくアドバイスすることなのですが、あまりに基本的過ぎて、どうしていいか分からなくなるようなのです。そんな時は「お客さまの視点にリアルに立ってみる」ということをすべきです。そこに行こうとする時「何を知りたいか？」を考えるのです。

　きっと、「今日は定休日じゃないよね？」「営業時間は？」「駐車場はあるかな？」など、この辺りの疑問は定番じゃないでしょうか。しかし世の中の販促物を見るとき、それらの情報が載っていないものも案外多いのです。もし載っていても、探してやっと見つかるようなことも珍しくない……。

　そんな時、私はもったいないなぁと思います。地図も写真同様、販促物の中で「目につくもの」です。その地図の近くに、店舗情報をできるだけ集中させると、販促物の反応率は上がるのです。人は結構せっかちです。分かりにくいと反応率は落ちるものなのです。

　そのコンテンツで何を伝えたいのか。とにかく一つひとつ意図を持って「分かりやすくする」こと。それが販売促進を考えるための第一歩です。

　販促目的で伝わるコピーライティングを考える際に押さえるポイントは、以下の6点です。

①全体的に親しみを感じるように
②できれば口語体で
③専門用語はなるべく避ける
④漢字はできるだけ少なく
⑤センテンスは短く
⑥可能な限り句読点で改行する

　もちろん、発信する媒体や紙面の都合で思うようにいかない心配はあると思いますが（まさにこの記事を書かせてもらっている私がいま心配しています。笑）、要は「分かりやすいかどうか」「読みやすいかどうか」を優先するのです。当たり前ですが「読みにくいもの」は読まれません。

　ラフができ上がったら、身近な「他人」に読んでもらうことをおすすめします。そして素直な気持ちで読みやすさを尋ねてみてください。そこで「つくり手」と「受け手」のギャップに気づくチャンスがあるのですから。

「買う理由」を伝えるためにシナリオを作る

　さて、いよいよ実際の骨組みに入ります。まずは、たくさんある商品・サービスの中から今回紹介したいものを絞り込んで選んでください。

　ここで「せっかく経費をかけて販促物をつくるのだから、あれもこれも紹介したい！」という気持ちが起こるかもしれませんが、ぐっとこらえて「今回紹介する商品やサービス」を絞り込んでください。

そして販促物を制作するときは、以下の3点を意識してください。①**ターゲットは誰なのか具体的に絞り込む**、②**何を「情報」として伝えたいのか？**、③**販促物を読んだ人にどう行動してほしいか？**（図表2）

簡単にまとめると、「ターゲット」に「何を伝えて」、「どうしてほしいか」。これを骨組みにするのです。

その中でも、誰に反応してほしいか「ターゲットを絞る」というのは重要です。これを具体的にしておかないと、キャッチコピーをつくる際など、新鮮味のないよくあるコピーになりがちです。

「この夏おすすめのアイテム」などというコピーは「同質化」し

図表2　販促物の三角構造（反応の上がりやすい構造）とシナリオづくり

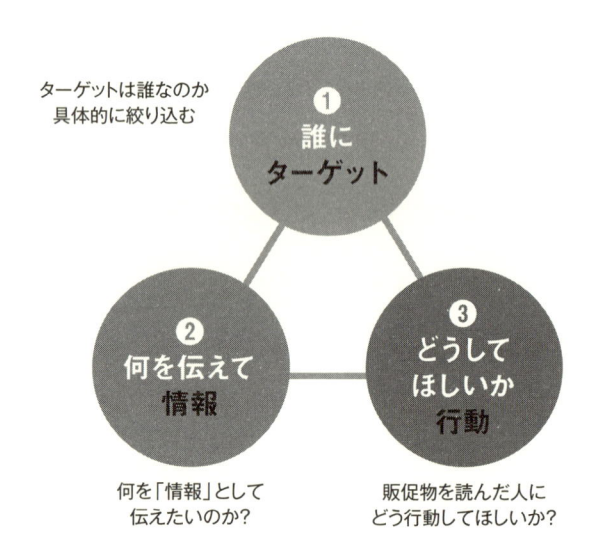

ターゲットは誰なのか具体的に絞り込む

❶ 誰に ターゲット

❷ 何を伝えて 情報

何を「情報」として伝えたいのか？

❸ どうしてほしいか 行動

販促物を読んだ人にどう行動してほしいか？

ていて強い言葉とは言えません。興味を持ってもらい、続きを読みたくなるようなキャッチコピーを誰もが求めます。

　色々な手法が存在しますが、ひとつのセオリーとして、「呼びかける」ような（振り向かせるような）コピーづくりは有効です。「呼びかける」コピーとは、例えば「〇〇なあなたへ！」などの表現です。これによって、読み手に「あれ？　私のことかな」と思わせることを目指すのがポイントなのです。

　「誰でもいいから反応してほしい」という表現では「誰も反応してくれない」ことが多々あるのです。「この商品はあなたと関係ある商品ですよ」と呼びかけるキャッチコピーで、情報への興味を高める必要があるからです。

　そして次に、反応してくれたターゲットに「何を情報として伝えるか」を考えます。市場には、似たような商品やサービスがたくさん存在しています。さらに買おうが買うまいが自由な状態ながら、「なぜ今、買わなければいけないのか」……この理由を、情報発信の形をとって伝えなければ、反応につながらないのです。

　これも顧客側の立場に立つとよく分かるのですが、自然と人は買う理由を探しているものです。そう、「興味」を持ったら次は「理由」を探すのがお客さまです。販促物のキモはまさにここ。販促物は「買う理由」を伝えるものなのです。

お客さまを動かすための情報を伝える

　購買行動は「共感」や「共鳴」の先にあると言っても過言ではありません。その瞬間だけ売れればいいのであれば「衝動的に」売る

方法もあると思いますが、真の販売促進は買っていただいた後の満足度を高めることも重要なのです。なぜなら「口コミ」も大きな販促効果だからです。

この「口コミ」の効果は昔以上に重要視すべきです。今はFacebookやブログ、Twitterなど、ソーシャルメディアを通じて個人が自由に情報発信できる時代です。販促物は、共感・共鳴をつくり出すコミュニケーションツールであることを認識しなければいけません。

お客さまは購入時に、その商品が自分にとって必要かどうかを読み取ろうとします。そう考えると、伝えるべき情報のポイントは「その商品を買うことで、どんな良いことが起こるか」を伝えることが重要になってきます。

もちろん買う側としては安価である方が良いに決まっていますが、それは補助的な理由であるべきです。安価であることばかりが前面に出ると、「安っぽさ」がつきまといます。そのせいで買わないということさえも考えられます。実際に、同様の商品でいくつかの価格帯がある時、一番安い商品は選ばれない傾向があります。

ですから、商品を提供する側のプロの視点を持ち、お客さまに発信する情報を吟味する必要があるのです。

▍「背中を押してあげる」一言で締めくくってみる

「どうしてほしいか」の部分については、いたってシンプルです。販促物を見て、あなたの商品・サービスに反応し、共感・共鳴したお客さまが「どう行動すればいいのか」。これを「きちんと伝える」

ということだけです。

　販促物には役割があります。あなたが店舗を運営しているのであれば「集客」したいのかもしれませんし、通販だったら「問い合わせてほしい」のかもしれません。もしかすると「注文」してほしいのかもしれませんね。

図表3　具体的な「買う理由」を伝えるシナリオづくりのポイント

①「呼びかける」「振り向かせる」ようなコピーづくり

⇒「この商品はあなたと関係ある商品ですよ」と伝える
NG例）「この夏おすすめのアイテム」
OK例）「○○なあなたへ!」

②「共感」や「共鳴」による口コミ効果

⇒「その商品を買うことで、どんな良いことが起きるか」を伝える
NG例）価格訴求をしすぎてしまうケース
OK例）購入後にFacebookやブログ、Twitterで思わず伝えたくなる

③共感・共鳴したお客さまが 「どう行動すればいいのか」をきちんと伝える

⇒「問い合わせてほしい」「注文してほしい」など期待する反応を明確に
NG例）電話番号だけを記す
OK例）「『○○プランについてのお問い合わせです』とお電話ください」など電話するときの「一言目」を決めてあげる

世の中の多くの販促物には、この点がはっきり表現されていないものがまだまだあります。よく見かけるのは、最後に電話番号だけが記されているもの。もちろん電話番号が書いてあるということは、「興味があったら電話してください」ということなのだと思いますが、反応率を上げるには、「『〇〇プランについての問い合わせです』とお電話ください」などと、電話するときの「一言目」を決めてあげる、という方法が有効です。

　知らないところに電話をするのはやはり多少抵抗感があります。その抵抗感を和らげるためにも「一言目」を決めるのは一種のサービスです。これは、電話を受ける側も楽になりますから、合言葉のようなものかもしれません。

　要するに「後は分かりますよね……」といった締めくくり方をせず、購買につながる次の行動を促すべきなのです。「背中を押してあげる」一言を入れましょう。

▌「コミュニケーション濃度」を高めるツールになる

　私は販促物というものはお客さまとのコミュニケーションツールである、と考えています。既存の顧客に送るDMはもちろん、すべての販促物は一見、一方的な看板やポスターであっても、「関係性を高める」ツールであるべきだと思うのです（図表4）。様々な媒体を通じ、接触するたびに好感度を高め、「いつか買うときはここで」と思ってもらいたい。顧客側が「思う」ことですから、その時点では反応率として数字には出てきません。

　しかし、常にこれを意識し続けることで、「顧客予備軍」とのゆ

図表4　企業と顧客の関係性

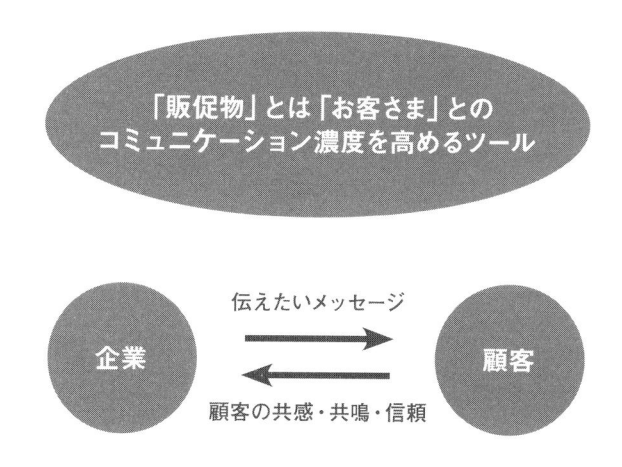

「販促物」とは「お客さま」との
コミュニケーション濃度を高めるツール

企業　⇄　顧客
伝えたいメッセージ
顧客の共感・共鳴・信頼

　るやかな関係性が生まれるのです。今後、日本の人口は間違いなく減少します。各企業は「顧客の囲い込み」をより重要視するようになるでしょう。「顧客のファン化」という表現もありますね。でも、顧客になってから、囲い込みやファン化を始めていては遅いのです。購買を決定する前から、もっと言うと「出会う前」から関係性を高める努力を始めるのです。

　販促物はシーンごとにも使い分けなければいけません。新規のお客さまと、お得意さまに同じDMを送っていては少し残念ですよね。お得意さまになればそれだけ販促物をお届けする接触頻度も増えていきます。販促物はコミュニケーション濃度を高めるツールなのです。

時代が進むとともに、新しい手法やツールが生まれると思います。同様に販促物も進化させなければいけません。しかし目指すところは、「お客さまに選ばれる」そして「お客さまに応援してもらえる」ような関係性の構築なのです。

今回のこの原稿が販促物づくりに少しでもお役に立てればと思います。

第7章

メディアプランニングの基礎

■

ネット進化で「二極化」進む
メディアプランニング業務

媒体計画から評価まで
メディアプランニングの実践

ネット進化で「二極化」進む メディアプランニング業務

文／千田利史（ワンズコンサルティング 代表）

Point

1 専門性を究めてきた従来型のメディアプランニングに加え、ネット系のメディアの出稿管理や効果測定も登場し、「二極化」している。

2 オンラインの仕組みで広告配信することで、メディアのオペレーションを担う側にデータが蓄積される傾向は強まる。

3 「経験値に基づく予測モデル」から、「現在展開中のキャンペーンの効果検証と修正」という方向を、ネットメディアのプランニングが志向することになる。

「メディアプランニング」の起源

「メディアプランニング」という言葉が広告実務の場で頻繁に使われるようになったのは、1990年代以降のことだろう。もちろんそれまでも「メディア出稿を計画的に行う」姿勢は、広告作業の中心に位置していた。

広告会社のなかで最初にメディアプランを扱うチームが立ち上がったのは、マーケティングのセクションだった（電通などでは、クリエイティブやマーケティングが「協力部門」と総称されていた時期がある）。大型キャンペーンの資料などが揃えられ、過去の事例から学びながら、新規提案に参考になるようなメディアの配分や効果などを予測する仕組みが整備されていた。

つまり「このくらい予算を投下したメディアミックスキャンペーンの場合は、商品認知や売上はこのように伸びていた」という事例に学びながら、「次回に予算をこのくらい投下すれば、こういう効果が期待されるだろう」と比較予測をする手法が始まりだった。

やがてテレビやラジオなどの仕事を担う「媒体部門」にノウハウが蓄積されるようになった。スポット出稿などを提案する際、費用対効果を説明する必要性が高まって、その作業は、メディアセクションが担うのが当然と考えられたからだ。このプロセスで、生活者の購買行動やメディアの接触データを組み合わせて分析する手法が進化を遂げた。

ネット進化で「二極化」進む メディアプランニング業務

外部専門性を高めたメディアプランナーという存在

　海外の広告業界では、少し事情が違うはずだ。
　メディアエージェンシー、あるいは、**メディアバイイング会社**❶と呼ばれるセクターがそうした役割を引き受けていた（広告会社の本来の仕事は、前述した日本的な表現の「協力部門」の領域が主流だった）。ただ、要請された実務は同じようなもので、①**複数のメディアを使用する際の到達効果を予測する**、②**キャンペーンの目的に即したメディアを選定する根拠を提示する**、③**実行プランの根拠を実績値に即して提示する**、④**必要な予算の算定根拠を示す**、といったものであった。
　「科学的に立案し、メディアミックスの効率性を追求する」機運が高まり、広告主が要求する内容も高次化していくと、広告作業の中心にメディアプランニングが前景化してくる。テレビ視聴率測定はPM（**ピープルメーター**）❷を使用するようになり、効率的にメディア費用を配分する**オプティマイザー**❸の仕組みが登場した。それが1990年代中ごろ以降の状況で、専門職としてのメディアプランナーは、主に総合広告会社の中で育っていった。
　マスメディアの中心であったテレビがまずノウハウを切り拓き、

---

❶ メディアエージェンシー／メディアバイイング会社
日本にはない業態だが、広告会社の意向を受けて、メディア枠を買い付ける機能を持つ。メディアプランの作成を行うことが多い。また、メディア側に立って、販売を行う業態を「メディアレップ」とも呼ぶ。

❷ ピープルメーター
テレビの視聴率を調査するために開発され、活用されている機器。世帯視聴率と個人視聴率を同時に調査することができる。機器には個人ごとのボタンがあり、ボタンを押すことにより個人の視聴状況が分かるようになっている。

❸ オプティマイザー（オプティマイゼーション）
メディアプランニングにおいて、ある広告効果の目標と予算などの制約条件が与えられた中で、広告出稿の対象となる複数の媒体やビークル間でのその目標を達成できるよう最適な資源配分を行うこと。広告目標には、売上目標のほかに認知率やブランド好意度などが用いられる。

それが他のメディアにも移植されていった。やがて、統合マーケティング理論が注目されるようになると、メディアミックスプランを一括して扱う総合組織もできてくる。広告主側も、こうした専門家を頼った状況が続いた。

あまり乱暴な議論をしたくはないが、現在のインターネット環境は、こうした外部専門性を揺るがしている面がある。

現状では、従来のメディアプランニングは広告会社の専門家の側で進化を続ける一方で、ネット系のメディアの出稿管理や効果測定は、違ったノウハウや実態が幅を利かせているように見える。

リアルタイムで効果を把握、今日的なプランニング作業

つまり、メディアプランニングの現場では、いま二極化が進んでいるのではないか（**図表1**）。

図表1　メディアプランニング手法の変遷

	問題意識	担当部門	基本的手法やデータ
70年代 80年代	●広告の科学化 ●活用できるデータの確保と分析	●広告会社の 　マーケティングセクション	●キャンペーン事例の収集 ●広告費統計
80年代 90年代	●メディア出稿計画 ●メディアミックス価値の最大化 ●費用の説明（アカウンタビリティ）	●広告会社のメディアセクション	●メディア評価データ整備 ●出稿プランの作成 ●効果予測 ●メディア接触データ整備
90年代	●大量データの分析と活用	●広告会社のメディアセクション ●独立したメディアプランニング部門	●PM導入 ●オプティマイザー ●行動調査の充実 ●広告評価データの精緻化
00年代	●IMC意識 ●ネットメディアへの対応	●統合組織 　「ネット＋インタラクティブ」意識 ●ネット広告会社の伸長	●一層の効率化 ●効果検証 ●行動ターゲティング
最近	●マス広告の再評価 ●ネットへのシフト ●オウンドメディア ●RTB	●総合広告会社のスタッフ強化と 　ネット専業代理店の二極化 ●クライアントのメディアノウハウ蓄積	●メディアミックス再構築 ●リアルタイム評価 ●CPC（CPM）

ネット進化で「二極化」進む メディアプランニング業務

　伝統的なメディアプランニングの基盤は、キャンペーンの事後に入手するサンプリング調査の集成と出稿事実との関連分析だ。効果予測は、過去事実の統計的な根拠や代表性ある調査に頼っている。

　ところが、現在進行しているのは、リアルタイムで広告の効果が**インプレッション**❹を基礎に把握できるようになっているということだ。自分たちが発信した広告情報が、どのように動いていくかが（レスポンスや、**コンバージョン**❺の数値が）把握できるわけで、分析のノウハウも違う。

　テレビや新聞などのメディアと同時に、自社のサイトやクライアント側が運営するFacebookなどのソーシャルメディアが多くのキャンペーンに投入されていて、これらでは、広告情報の移動や商品購入の動きが把握しやすい。そもそもオンライン系のメディアでは、ターゲットを絞り込み、追跡しながら、広告情報がアドネットワークを通じて配布されていく。状況に応じて広告プランが柔軟に変えられるし、いったんターゲット設定がなされると、あとは自動的に広告が目標を繰り返し追いかけてくれることもある。その一方で、買い付け効率ばかりが強調され、広告プランニングから、夢や文化価値が奪われてしまっているという嘆きが聞こえてきたりする。

　比喩的にメディアプランニングの現状を述べるなら、様々なメディアの雲が空を漂い、情報の雨が降り注いでいる情景かもしれない。

---

❹ インプレッション
ネット広告の世界では、広告が表示された回数を言う。テレビでも、インプレッションという表現を長年使っている。視聴率とは違い、到達実数を示す言葉。

❺ コンバージョン
WEBサイトにおいて訪問ないしは誘導されたユーザーの反応率を指す。ECサイトの場合は訪問数に対して実際の購買に至った数、プロモーションであれば誘導された数に対して資料請求や会員登録をした数など。

❻ 「五つの発明（メディア）」
ここで述べた「五つのメディア」という問題意識は、Clay Shirky（評論家・NYUアソシエイト・プロフェッサー）の一連の論文やブログに学んだ点が多い。以下のURLを参照。
http://www.shirky.com/weblog/　http://www.ted.com/speakers/clay_shirky.html

多くの人々に効率的に雨を浴びさせるには、どうすれば良いのか。広告の問題意識は一貫して、その回答を求めてきたわけだ。

気象データから学んで課題に応えようとする態度が一方にある。

それとは別に、対象を一人ひとり追いかけながら、その頭の上にムダなく雨を降らせる手法が、つぎつぎに登場しているような状況ではないか。ただ、こうした新しい手法はどこまで広範囲に適用できるか、議論が分かれている。

いずれにせよ、降雨データをリアルタイムで知ることができるようになり、雨滴にあたった人がどう行動するかの把握も含め、メディアのオペレーションを担う側に、データが蓄積される傾向は強まるだろう。自社サイトなどのオウンドメディアを活用している場合は、なおさらだ。

そしてテレビや新聞の情報もオンラインの仕組みで配信する手法を進めれば、同じような動きを見せてくる。

メディアの歴史を概観する「五つの発明」とは

メディアプランニング実務の解説は、この章の後半から経験豊かな稗田政憲さんが担われるので、ここで筆者は、メディアの現在から近未来を考えるために、「**五つの発明**」❻という視点から、思い切って風呂敷を広げてみたい。

メディアの歴史には、大きな結節点がいくつかある（**図表2**）。

まず、15世紀中ごろの活版印刷技術の発明によって、情報を保存したり配布したりすることが可能になった。

印刷メディアが宗教改革やルネサンスに連なる社会変革をもたら

ネット進化で「二極化」進む メディアプランニング業務

した役割を誰も否定できない。乱暴にまとめれば、それから数百年かけて印刷メディアは、新聞や雑誌の産業を生み、そこに広告を入れて人々に情報を橋渡しするメディアシステムが生まれていく。

サーキュレーション❼に応じた価格の体系が次第にでき上がった。広告メディアとしての評価軸は、どれだけ発行部数があるか（＝到達効果）ということだった。

続く二番目と三番目のメディアの変化は、19世紀中ごろから20世紀への架橋期にやってくる。

図表2　五つのメディア（メディアの歴史）

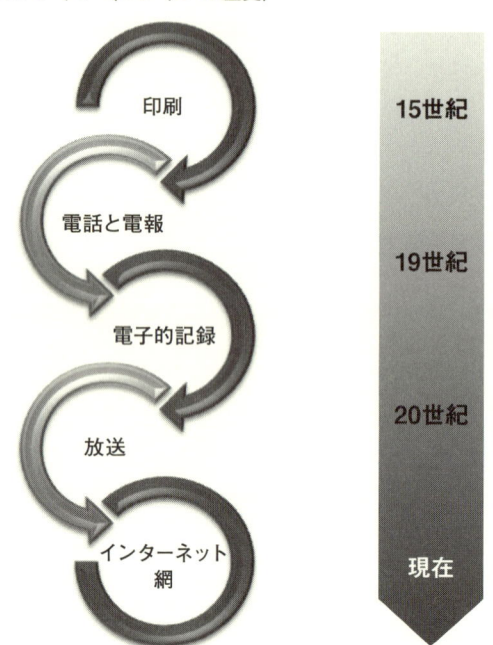

印刷 — 15世紀
電話と電報
電子的記録 — 19世紀
放送 — 20世紀
インターネット網 — 現在

❼ サーキュレーション
各媒体の接触見込み者数。媒体自体が持つ潜在力を示す数値であり、広告接触者数を予測するためのベースとなる。新聞・雑誌は発行部数、ラジオ・テレビはエリア内でのセット台数や視聴・聴取可能世帯数、屋外広告は媒体周辺の交通量・通行量、交通広告は乗降客数を用いる。

まずは、電報や電話に代表される電気信号の伝達の手法の登場だ。遠隔地同士の相互関係のなかで、個別や双方向の情報のやり取りが可能になった。

もうひとつは、レコードや磁気テープ、あるいはその発展である映画システムに代表される記録メディアの出現だ。音声や映像の情報を大量に保存したり、コピーして配布したりすることができるようになる。

もちろんこれらは一朝一夕でできたわけではなく、複数のパイオニアたちが関わっていて、それなりのドラマがある。ただ概して、こうした情報メディアに広告価値を見いだそうとする発想は見られなかったと言って良いだろう。むしろビジネスモデルとして考えられたのは、利用者に課金することや（電話料金や電報料金）、メディアそのものを販売する方法だった。

それから四番目に登場してくるのが、ラジオやテレビの放送メディアだ。

放送サービスが成立するには、電波に乗せた情報を広く配布するインフラ設置と、それを個別の受信者が受け止める端末の普及が必要だったが、社会はそれを積極的に受け入れた。

ただ、初期のテレビジョン開発者たちが考えていたのは、「小型の映画館」やプリミティブな「テレビ電話」のようなものだった。

コンテンツの専門家が「番組」を作り、各家庭に普及した受信機に向けて中央から一斉に「放送」し、そのときに「広告」を加える構想は、技術者ではなく、その後にこの技術に注目したビジネスマンたちが、いわば「発明」したものなのだ。こうしてネットワーク

を通じて同じ情報が広告とともに広く配布されるシステムは、20世紀の後半から急速な普及を果たす。

メディア史のこの段階で、放送と結合することで、音声信号を取り扱う技術や、情報を蓄積する技術も、改めて活気づくことになった。

新規のメディアが登場し、そのビジネスモデルを考えなければならないときには、利用者（受益者）に課金する仕組みが検討されるのは自然だ。だがテレビやラジオのネットワークを推進したビジネスマンたちは、それよりも、広告を入れて広告主から収入を得るモデルを選択したことになる。一番の理由は視聴者捕捉が難しかったからだ（公共放送や有料放送の議論に関しては、また別の機会に論じたいと思う）。

いずれにせよ放送の初期段階で、「誰が見ているか」とか、「効率的な広告出稿はどうあるべきか」などという疑問に答える方法はなかった。ただ実感として、新しいメディアが優れたマーケティングツールであることは広く了解され、急速な普及を果たすことになる。

こうして、新聞や雑誌などの、15世紀を起点にする印刷メディアと、20世紀型のラジオやテレビの放送メディアが共存する中で、「当該商品の告知に適切なメディアの組み合わせ方」の問題意識が出てくることになった。

メディア史上五番目に登場した「新メディア」

メディア史上の五番目の変化は、この20年くらいに起こってきたことで、私たちの社会は、現在もそのうねりの中にいる。インタ

ーネットが普及することで、広告の「商品を買ってもらうための情報の提供」という役割は、深みと新しい可能性を獲得しつつある。

双方向のネットワークでやり取りされる情報は、受け取った側の情報を、もう一度発信側にフィードバックすることができる。

それだけではない。電話や通信は、「1：1」の関係で情報をやり取りしている。一方で、印刷や放送は、「1：N（不特定多数）」の関係で、プッシュ型の情報発信をする（**図表3**）。だがネットの仕組みの特色は、この「1：1」と「1：N」、あるいは「N:N」の関係が、同じメディア回路で実現してしまうことだ。つまり一斉同報性と、個別の情報流通が、ともにできることがユニークだと考えられる。

実は筆者は、ここに加えて、「1：G（グループ）」という概念を持ち込んでみたい誘惑にかられる。「N（不特定）」よりは、あらかじめ選別されていて、共有する問題意識を持った集団というくらい

図表3　通信と放送の違い

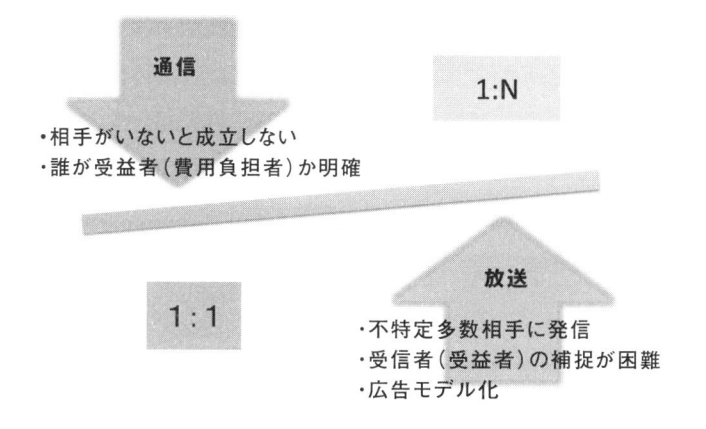

通信　　　　　　　　1:N
・相手がいないと成立しない
・誰が受益者（費用負担者）か明確

1:1　　　　　　　　放送
　　　　　　　　　・不特定多数相手に発信
　　　　　　　　　・受信者（受益者）の補捉が困難
　　　　　　　　　・広告モデル化

図表4　メディアコミュニケーションの三種の枠組み

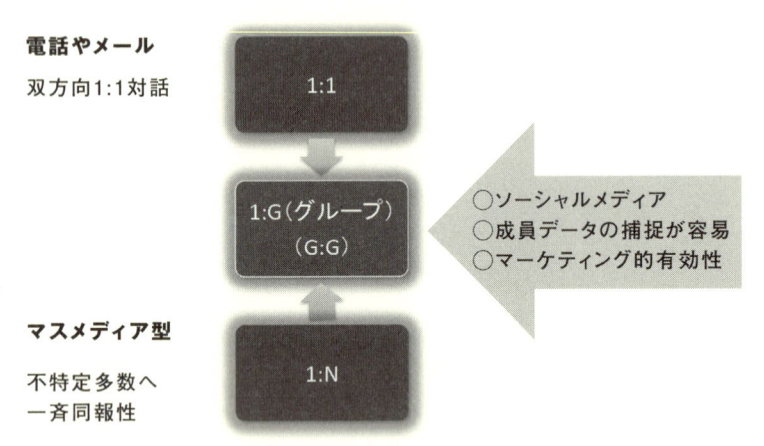

電話やメール
双方向1:1対話

1:1

1:G（グループ）
（G:G）

○ソーシャルメディア
○成員データの捕捉が容易
○マーケティング的有効性

マスメディア型
不特定多数へ
一斉同報性

1:N

の意味だ。つまり、広告ターゲットとしては従来のメディアで捉えることが難しかった集団だ（**図表4**）。

　不特定な対象ではなく、かつ、非効率な個別配信でもなく、関心領域を共有する（かつ匿名でもない）集団に向けてメッセージが届き、かつフィードバックが得られる仕組みが登場していることが、メディア史の観点から強調されるべきだろう。

　テレビのビジネスモデルで広告放送が選ばれた背景には「受信者の把握が難しい」というメディア特性が働いたことは、先に述べた。メディアプランニングが進化した背景にも、この点を解明しようとする問題意識があったはずだ。

❽ ターゲティング広告／RTB
「ターゲティング広告」の手法は、「行動ターゲティング」とも呼ばれ、いったん検索したキーワードに関連した広告が、繰り返し表示される手法。「RTB」はReal Time Biddingの略で、広告枠をリアルタイムで購入する行為を言う。広告会社を介在させなくとも、広告が購入できる。
❾ リーチ／フリークエンシー
リーチは到達率（視聴世帯・人の広がりの割合、少なくとも1回以上視聴した世帯・人の割合）。フリークエンシーは、平均視聴頻度（期間内に、ターゲットとなる世帯・人が媒体、あるいは広告メッセージに接触する回数）を指す。広告接触回数によってその効果が異なる場合には、フリークエンシーを基準として媒体計画を評価する必要が生じる。

一方で、原理的に、インターネットは、（広告）情報を発すると、それがどの程度受け入れられたかが把握しやすい。メディアの到達効果が明確だ。Cookieの技術や**ターゲティング広告**⓼の知見があり、**RTB**⓼の取引が拡大している。それ以上に、ソーシャルな仕組みでは、面白いと思った情報を、受け手が再び発信し、サーキュレーションを加速させる。

これまでは、広告メッセージの**リーチとフリークエンシー**⓽は、送り手の側の計画性（＝メディアプランニング）に基づいて、シナリオが描かれていた。ところが、ネットでは、メディア回路にいったんおかれた広告情報は、自ら広がっていくことが多い。

「経験値に基づく予測モデル」から、「現在展開中のキャンペーンの効果検証と修正」という方向を、ネットメディアのプランニングが志向することになるのも当然だと思える。

ネット選挙が解禁、メディアの社会的活用に変化

メディア環境が変容するプロセスで、多くの社会システムが影響を受けている。メディアプランニング手法も同じように、新しい対応を迫られているということだと思う。

分かりやすいトピックとして、最後にネット選挙の話題にも触れておこう。

日本でも2013年にネット選挙が解禁されたが、諸外国の例に比べるとまだ制約も多く、おそるおそる船出しているような印象だ。海外では、すでにオンラインの投票（不在者投票など）を認める国もあれば、ネットでの政治資金調達や、Facebookを通じての友人

への投票依頼も積極的に行われている例が多くなっている。

　例えば先般の米大統領選挙の時点では、オバマ陣営には、TwitterやFacebookに連なった膨大な支持者がいて、サイトを通じてのメール登録も何千万人の規模に達していた。そしてデータ検証のスタッフを含めたメディア戦略チームが、支持者の反応や動向を絶えず検証しながら、キャンペーン活動を遂行していた。

　広範な支持を獲得するためにデータを分析し、献金や投票をオンラインで依頼し、それらのビッグデータを活用しながら、戦術を絶えず変化させる。広告やマーケティングに活かせる知見が、ネット選挙の現場にはあふれているわけだ。

　現在は電話調査手法が幅を利かせる「世論調査」や、投票場での聞き取りをもとにした「当落予測」なども、オンラインの仕組みが活用できれば、あっさり別の手法に置き換わることも考えられる。

　事象を理解するために統計データや事後効果を加味した検証を行うか、すべてのデータをリアルタイムで分析する方向に知見を振り向けるか。こうした方法論の差異が、これから顕在化してきそうだ。

　たぶん、メディアプランニングの動きでも同じことが指摘できるのだろうと思う。「二極化している」と指摘した現状がしばらく続くか、それとも、大きな統合に進むか（ネットメディア的な知見に集約していくという意味だが）は、まだ分からない部分が多い。つまるところ、人々がどのようなメディアを通じて広告情報を得ようとするか——。その社会的実態が近未来を決めていくことだろう。

第7章　メディアプランニングの基礎

媒体計画から評価まで メディアプランニングの実践

文／稗田政憲（HAL稗田広告研 コンサルタント）

Point

1 メディア・ニュートラルは
ターゲットにとって最適な媒体は何かを
設計する基本。

2 優れた媒体計画には、
「マーケティング上の課題の明確化」
「課題を媒体目標に移し替える」
「媒体戦略に落とし込む」
という3ステップが必要。

3 目標は測定可能な数値基準（KPI）を設定し、
その結果を検証する。

最適設計を実現するメディア・ニュートラル思考

　広告費の中で一番多くのお金を使うのが媒体（メディア）費です。広告におけるメディアとは、M：広告メッセージ（MESSAGE）を、E：望ましい環境（ENVIRONMENT）を通して、D：望ましい人々に伝達（DELIVER）し、I：印象（IMPRESSION）を与えて、A：行動（ACTION）を起こさせるための有力な手段です。だからいかに効率的で効果的に媒体費を使うかが広告主にとって重要になります。その実現には、メディアプランニングが購買以上に多くの役割を担うことになります。

　広告活動を効率的で効果的な先端のレベルへ移行させるには、コミュニケーション開発のやり方を戦略的に考えることが必要になっています。その前提として、**メディア・ニュートラル**❶思考で媒体計画（メディアプラン）を立てることが重要です。メディア・ニュートラルはターゲットにとって最適なコミュニケーション媒体は何かを設計する基本になります。

　最近は、**アバブ・ザ・ラインとビロー・ザ・ライン**❷の境界がなくなり、生活者を取り巻く環境全体を通じて、コミュニケーションの仕方をデザインしていく必要が生じています。生活導線、購買導線など、消費者との関係で、メディアとメッセージをミックスして

---

❶ メディア・ニュートラル
特定のメディアに捉われることなく、すべてのメディアを一度フラットに置き、広告目的に合わせ、ターゲットに伝達するために、最も効果的なメディアを設定するという考え方。

❷ アバブ・ザ・ライン／ビロー・ザ・ライン
アバブ・ザ・ラインは媒体を使う広告を指し、ビロー・ザ・ラインは販促やPOPなどSP広告を指す。

❸ P2P（Peer to Peer）
多数の端末間通信、対等の者（ピア）同士が通信するモデル。

❹ タッチポイント
ブランドと顧客を結びつけ、顧客がブランドについて何らかの印象を受けるあらゆる接点を指す。コンタクトポイントとも言う。

いく立体的なコミュニケーション手法が今の広告には求められます。

　それは商品そのもの、商品デザイン、パッケージ、店頭POP、ディスプレイ、販促、**P2P (Peer to Peer)** ❸コミュニケーション、多様なメディアの有機的な組み合わせ、PRの活用など消費者に有効な手段に順位付けをし、かけうる費用を配分して最適化することになります。あらゆる**タッチポイント**❹がメディアになりうる中、今までの媒体だけでなく広い意味でのメディアの最適化が重要になってきます。

▍戦略的な決定が必要となる広告費設定、4つの方法

　広告にどれだけの費用を使うかは戦略的な決定が必要です。広告予算の設定は、広告を行う上で重要な決定事項です。

　広告費の設定の仕方としては次のようなものがあげられます。一つは「**実績連動方式**」で、期の売上目標や利益高目標に対して一定の比率（製造原価、過去の実績、業界平均値）を掛けて出す方法です。もうひとつは、「**競合対抗方式**」で、自社の広告予算を競合する市場全体の広告費に比較して同等あるいはそれ以上を目指して決定する方法です。

　さらに「**広告目標連動方式**」があります。販売数などの目標を達成するために必要な広告予算設定方法で、シミュレーションモデルなどを使い算定します。理論的には整合性の高い予算措置となるため納得が得やすい手法ですが、広告主企業による独自データの蓄積が必要で、経験の浅い企業には適さないようです。

　ほかにも、「**支出可能方式**」といった現在投資可能な金額を広告

費の上限にする方法があります。それぞれに長所・短所があり、「広告キャンペーンを成功させるために、どれだけの費用をマーケティング予算から使うのが適切だろうか」という問いに対する答えに、これといって決定的な方法がないのが実情です。広告予算の設定において、多くの広告主は自社の経験や知見をもとに、これらの組み合わせを経て算出しています。

マーケティング目標が媒体計画に強く影響する

優れた媒体計画を作る上で欠かせないステップがあります。ステップ①は、マーケティング上の課題を明確化すること。ステップ②は、マーケティングで求められている課題を媒体目標に移し替えること。ステップ③は、その目標を媒体で解決できる方法として**媒体戦略に落とし込むこと**です（図表1）。

図表2は媒体計画立案の作業プロセスを示したものです。媒体計

図表1　優れた媒体計画に欠かせないステップ

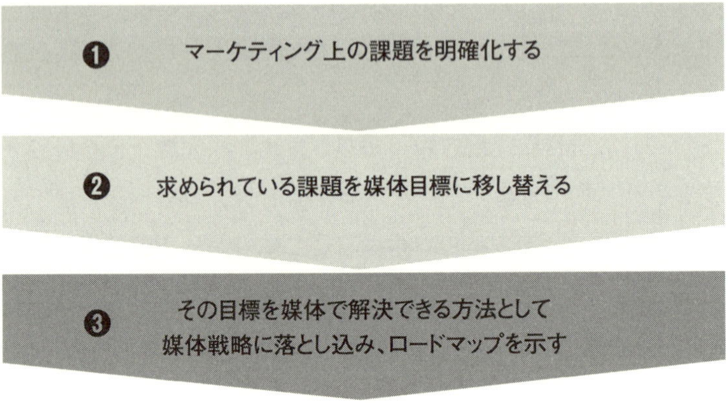

❶ マーケティング上の課題を明確化する

❷ 求められている課題を媒体目標に移し替える

❸ その目標を媒体で解決できる方法として
媒体戦略に落とし込み、ロードマップを示す

第 7 章　メディアプランニングの基礎

図表2　媒体計画立案の作業プロセス

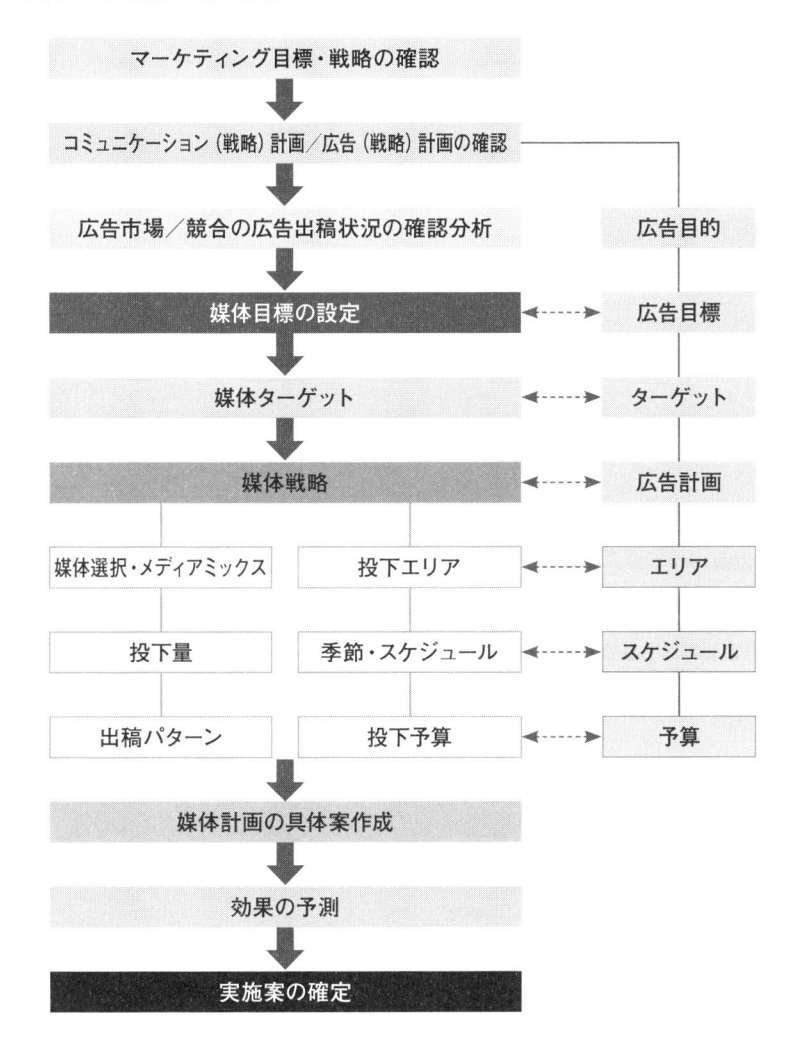

```
マーケティング目標・戦略の確認
        ↓
コミュニケーション（戦略）計画／広告（戦略）計画の確認 ─┐
        ↓                                              │
広告市場／競合の広告出稿状況の確認分析        広告目的
        ↓
    媒体目標の設定            ←----→      広告目標
        ↓
    媒体ターゲット            ←----→      ターゲット
        ↓
      媒体戦略               ←----→      広告計画
        ↓
┌─────────────┬─────────────┐
媒体選択・メディアミックス   投下エリア    ←----→    エリア
      ↓            ↓
    投下量      季節・スケジュール  ←----→  スケジュール
      ↓            ↓
  出稿パターン    投下予算      ←----→      予算
        ↓
  媒体計画の具体案作成
        ↓
      効果の予測
        ↓
    実施案の確定
```

画は広告計画の前提であるマーケティング戦略、コミュニケーション戦略を踏まえて、広告戦略を確認することから始まります。媒体計画は広告計画の一環として、設定された広告目的および目標、ターゲット、エリア、スケジュール、予算、キーメッセージなどを最適なタッチポイントを使い最大の効果をあげるように計画に落とし込む作業です。

媒体計画はマーケティング・プランに欠かせないものであり、媒体目標はマーケティング目標と広告目標を反映したものでなければなりません。媒体目標は媒体で達成するゴールでもあります。長期目標もあれば、短期目標もあります。媒体目標を達成するためのロードマップとして媒体戦略は解決策を示すことであり、メディアで何をするのかという方向性を示します。その方向性に各媒体をどんな方法で使っていくのかを示すことになります。

ターゲットへ向けて具体的に描く媒体計画

媒体目標が決まれば、具体的な媒体計画を立てることになります。一般的な媒体計画で考えられる点は、**①使用媒体の決定**、**②それぞれの媒体使用の頻度の決定**、**③それぞれの使用量の決定**、**④時期の決定**です。

媒体目標を達成するために、いくつかの媒体の組み合わせが可能です。今日のメディアの世界はドラスティックに拡大し、消費者のメディア接触の幅が広がっています。メディア・プランナーは、広告展開するブランドにとって有効と言えるベストな媒体をさがし、組み合わせることになります。メディアミックスにおいてはそれぞ

❺ アフィニティグループターゲティング
アフィニティの意味は、共通性や密接な関係。旅好き、花好き、車好きなど新鮮で違った観点からターゲット・オーディエンスを再定義し、消費者の行動や興味に基づきターゲットといかにうまくコミュニケーションするかということをベースにしている。

れの媒体が有効であるばかりでなく、ミックスによるシナジーが最大化できるかという点にも考慮が必要です。

図表2に従い話を進めたいと思います。媒体ターゲットはコミュニケーション（広告）ターゲットと大きく変わることはありませんが、媒体でコミュニケートできる範囲に絞られます。性・年齢のデモグラフィック設定を超えて、子育て中の夫婦やダブルインカム、ネット通販利用者などターゲットを具体的に描きましょう。ライフスタイルや**アフィニティグループターゲティング**❺まで設定できると、媒体選択や表現においても幅を広げることができます。また複数のターゲットを立てる場合、プライオリティ付けは必要です。

媒体ターゲットが決まれば、ターゲットに最適なタッチポイント分析を行い、どの媒体を選ぶのか、複数の媒体をどのように使っていくのかという媒体選択・メディアミックス戦略を決定します。どの地域にどの程度出稿するのか（投下エリア）、投下量戦略、1年の内でいつ広告を行うのが良いのかという投下季節戦略も必要です。

また広告を流す場合に、どの程度の量で、どのくらいの間隔で流すのが良いかの露出量・スケジュール戦略と出稿パターン、それぞれの媒体への投下予算を決め媒体戦略を立てていきます。それぞれの戦略は言うまでもなく、**図表2**のように広告戦略のそれぞれとリンクしています。

媒体選択は、媒体の到達可能性と媒体目的および媒体性質の適合性で検討されます。到達可能性は、まず媒体普及やビークル普及を見ます。例えば、受信機普及率や発行部数などです。

次にオーディエンスがその媒体にどの程度接触しているか、例え

ば「サーキュレーション（→140ページ）×実際に目を通す確率×回読率」を見ていきます。次は広告接触率を検討します。最後に広告知覚・認知率を見て検討されます。

広告媒体は、広告活動の目的に適し、広告表現を伝達できる必要があります。単に、数多くのオーディエンスが接触していても優れた媒体だとは言えません。ブランド想起に優れた媒体や購買決定に優れた媒体かどうか、そして媒体の特性が広告・媒体目標に適合しているかも検討する必要があります。広告主のデータに基づいて設計されたタッチポイント分析は、この過程およびメディアミックスにおいて十分威力を発揮することになります。

エリア戦略に基づき投下予算を媒体ごとに決定

投下エリアの決定で一般的な手法は、**図表3**のブランド・オポチュニティ分析（BOI）です。ブランドの力を示すBDI（ブランド・ディベロップメント・インデックス）とブランドが所属するカテゴリーの力を示すCDI（カテゴリー・ディベロップメント・インデックス）を比較してブランドの可能性を出していきます。

図表3によると、B地区とC地区は投資によってブランドが伸びる可能性が高いと言えます。BOIによってエリア別に投下比率を決めていきます。BOI分析に加えてマーケット・シェアなどによって戦略エリアは120％、維持エリアは100％投下といった観点から決めることも必要になります。

媒体活動を行う季節は、例えば、夏型商品や冬型商品などブランド販売において季節性が高い場合に広告活動を集中して行います。

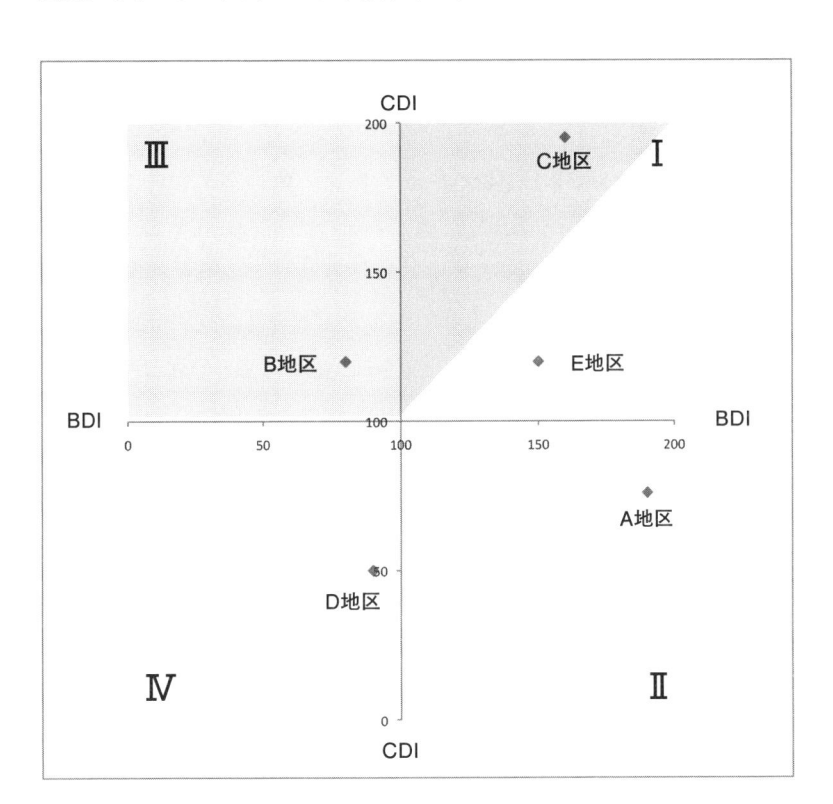

図表3 ブランド・オポチュニティ分析（BOI）

	BDI	CDI	BOI	
A地区	190	76	40	100 < BDI > CDI < 100
B地区	80	120	150	100 > BDI < CDI > 100
C地区	160	195	122	100 < BDI < CDI > 100
D地区	90	50	56	100 > BDI > CDI < 100
E地区	150	120	80	100 < BDI > CDI > 100

・BDI（Brand Development Index）…ブランドの力を示す
・CDI（Category Development Index）…カテゴリーの力を示す

媒体スケジューリングは到達（リーチ）と頻度（フリークエンシー）、そして継続性を検討して出していきます。ターゲットに対して媒体目標を達成させるために必要なリーチと、何回届けるかというフリークエンシーの最適度を決めていきます。この2つの尺度を掛け合わせたのが GRP❻ で、ターゲット・オーディエンス全体に対し総計でどのくらいの広告が投下されたかを示します。

図表4はテレビ番組を例にリーチ、フリークエンシー、GRPの関係を示したものです。同じ150GRPを達成するにも、1回が10％リーチでは15回のフリークエンシーが必要になりますし、1回が30％リーチでは5回のフリークエンシーで良いことになります。

期待した広告効果を得るのに適した広告接触回数を有効フリークエンシーと言います。「3ヒット」や「1ヒット」のセオリー❼ が有名ですが、カテゴリー、競争状況、シェア、ターゲット特性などで有効フリークエンシーは異なってきます。

もうひとつの概念である"継続"は、いつごろ、どのくらいの期間に広告を出稿するかを示すもので、広告分布を示します。広告の効果は短期で表れるものもあれば、そうでないものもあります。広告を継続的に行うかどうかも重要な要素となります。

期間内における広告出稿の増減を表したものを出稿パターンと言い、その代表的なパターンに、継続型（同等の出稿を継続）、パルシング（出稿を続けるが、量を増減させる）、フライティング（出

❻ GRP（グロス・レイティング・ポイント）のべ視聴率。世帯に対する広告露出量を表す。
❼ 3ヒット理論と1ヒット理論
クラグマンは「効果のあるテレビのメッセージ接触回数としては、1カ月に3回は必要」とした3ヒット理論を展開した。一方、J・P・ジョーンズは「売上に結びつけるための広告は週1回の接触で足りる」とした1ヒット理論を展開したうえに、従来の集中露出より継続的に週1回程度の露出を続けるドリップ・フィーディング（点滴効果）理論も展開している。
❽ リーセンシー
J・P・ジョーンズの「消費者が購買行動を起こす直前に広告を見ると最も効果がある」とする理論を基に、消費者と広告接触のタイミングを最適化する手法。

稿を行ったり止めたりする）の種類があります。

　広告予算には限りがあるので、リーチ、フリークエンシー、継続の関係だけで決めるのではなく、それぞれの媒体の到達費用を加味することになります。一般的にはCPM（コスト・パー・ミュー、1000人あたりに到達させる費用）が使われます。

　媒体スケジューリングには、そのほか**リーセンシー**❽の考え方なども加味されるケースがFMCG（ファースト・ムービング・コンシ

図表4　リーチ・フリークエンシー・ＧＲＰの関係

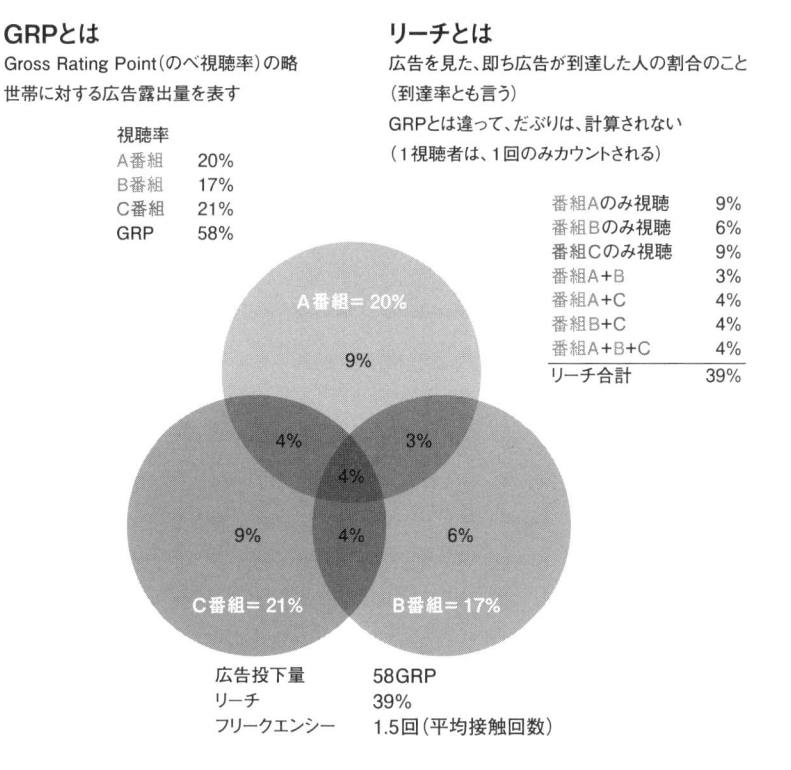

GRPとは
Gross Rating Point(のべ視聴率)の略
世帯に対する広告露出量を表す

視聴率
A番組　　20%
B番組　　17%
C番組　　21%
GRP　　　58%

リーチとは
広告を見た、即ち広告が到達した人の割合のこと
（到達率とも言う）
GRPとは違って、だぶりは、計算されない
（1視聴者は、1回のみカウントされる）

番組Aのみ視聴	9%
番組Bのみ視聴	6%
番組Cのみ視聴	9%
番組A+B	3%
番組A+C	4%
番組B+C	4%
番組A+B+C	4%
リーチ合計	39%

A番組=20%, B番組=17%, C番組=21%

広告投下量　　　58GRP
リーチ　　　　　39%
フリークエンシー　1.5回（平均接触回数）

ューマー・グッズ＝生活日用品）のような低関与製品に多く見られます。

　使う媒体を選択し、エリア戦略に基づき投下予算を媒体およびエリア別に決めていきます。もちろんそれぞれの媒体投下量や使用媒体数および広告単位（テレビなら15秒と30秒の比率など）は、媒体総予算によって左右されます。これらの要素に季節、スケジュール、出稿パターンを加味して最適なプランを作っていきます。

発注タイミングの見極めなど 媒体購入の際の留意点

　どんなに素晴らしい媒体計画を立てても、実際に計画通りに購入できなければ意味がありません。そういう点で、媒体計画は常に現実的である必要があり、机上の空論にならないよう注意が必要です。

　各媒体市場の動向などに注意を払うことは欠かせません。ここですべてのメディアについて購買留意点を語るにはページが足りませんので、費用がかかる媒体であるテレビについて触れておきます。

　テレビ番組は空きがなければ購入できません。目的に沿う番組リストにプライオリティを付け、番組提供社の動向を監視する必要があります。

　テレビスポットならば、日頃から自社購買1％GRPコスト動向をパッケージごとに記録に残し、プランコストに反映できるようにし

❾ **メディア・オーディット**
第三者の立場から、市場における媒体の価格と実際にかかったコストを比較し、効率の良い投資を検証、コンサルティングすること。GRPやターゲット到達率などの分析を行う。
❿ **ステブレ**
ステーション・ブレークの略。テレビやラジオの番組と次の番組の間の時間を指し、スポットCMのための枠となっている。長時間番組の中で、番組提供スポンサーが切り替わるタイミングでステブレが入ることもある。
⓫ **コンバインド合計**
例えば、テレビの関東GRPが500で関西が600だとすると関東・関西GRPは、関東と関西のGRPを足して2で割るのではなく、ビデオリサーチのデータをもとに、関東と関西の世帯総数を1として関東の世帯比が約72％、関西が約28％であるなら、関東・関西コンバインドGRPは約528となる。

ておくことが必要です。需給バランスで価格が変動するので、発注タイミングを見極めることも重要になります。

メディア・オーディット⑨を入れている広告主は、オーディットの分析改善提案を購買の際に生かせるようにすべきです。また、同一**ステブレ**⑩に複数CM禁止や競合CM同居禁止などの購入ガイドの整備も必要になります。

どんな媒体においても掲載ガイドを用意し、出稿手順とリードタイムに注意を払う必要があります。

評価指標は測定可能な数値で、PDCAサイクルを回す

媒体全体であれ、媒体ごとであれ、ビークル個々であれ、共通の評価基準はターゲットへの到達状況が中心になります。到達状況は媒体到達レベルと広告接触レベルです。到達を見る指標には、リーチ（到達率）とアベレージ・フリークエンシー（平均到達回数）があります。一方、接触率を表す指標は、テレビでは視聴率、ラジオでは聴取率、プリント媒体では閲読率と呼ばれ、世帯と個人の接触率を見ることができます。各媒体でレイティングの持っている意味が違っているので**コンバインド合計**⑪をして比較検討します。

ターゲット・レイティングを累積したのが、ターゲットGRPでTARPやTGRPと呼ばれ、広告のターゲットに対する露出量を表す基準です。これらの露出量の投下金額との関係を表す評価基準がCPP（コスト・パー・ポイント）あるいはCPRP（コスト・パー・レイティング・ポイント）と呼ばれ、ターゲット1％当たりの費用を表しています。

ターゲット到達と費用の関係を見る指標としては先に述べたCPMがあります。

作成された媒体計画は、設定された目標に対して合致しているかを事前と事後で評価することが必要です。評価は到達効果と態度変容効果（広告認知率・理解率・好意度・純粋想起率・助成想起率・購入意向率・購入率など）を予測した仮説と結果の差で行います。

最も重要なことは、媒体計画が目標達成に有効であったのかを知るために、目標は測定可能な数値基準（KPI）を設定し、その結果を検証することです。たとえ立派な目的や目標を掲げ、達成の努力をしたとしても、それを測る基準がなければ成功か不成功かの判断はできません。事後評価を行い次回のモデリングに活かせるPDCAサイクルを回すことで、継続的に効果を高めることが肝心です。

参考　視聴率・聴取率／HUT／シェアーの考え方（個人視聴率はF2の場合）

	Aプログラム		Bプログラム	Cプログラム		
	#1家庭	#2家庭	#3家庭	#4家庭	#5家庭 外出中	
家族数	3人家族	2人家族	3人家族	3人家族	3人家族	
F2（35～49歳女性）	F2	×	F2	F2	×	計
個人視聴率（F2）	7.1	7.1	7.1	0		21.3
世帯視聴率/聴取率	40	20	20	0		80
シェアー	50	25	25	0		100
HUT	80					80

HUT（households using television）　×　シェアー　＝　視聴率

第8章

放送メディア（テレビ・ラジオ）の特性と活用

■

放送メディアの可能性
デジタル技術はテレビをどう変えたか

放送メディアの可能性

文／小島伸夫・野上 章（電通）

Point

1. 日本のテレビのタイム、スポットというのは先進国の中でも独自の方式。番組制作と放送ともに同一の放送局が行うため、番組コンテンツと広告を連動させやすい側面もある。

2. ラジオはスマートフォンやタブレットによる「ながら視聴」が広がっており、動画共有サイトでのコンテンツの二次使用、ソーシャルメディアとの連携も始まっている。

3. 放送メディアと連携した商品開発、ソーシャルゲームとのコラボレーション、スピンオフ番組のネット配信など放送を起点とした取り組みが広がっている。

消費者の生活に寄り添うメディア

「日本の広告費」において、テレビの広告費は、2009年に1兆7139億円、2012年は1兆7757億円となっており、リーマン・ショックの影響で落ち込んだ広告費も回復傾向にある（**図表1**）。一方、多メディア、多デバイス、多サービス化、スマートフォンの普及をはじめとした放送メディアに関連する環境の変化によって、<u>HUT</u>❶は下がりつつある。

その中で、テレビの特徴は、今も昔も全国に向け、一気に情報を発信できるという点にある。商品・サービスなどのより詳しい解説は印刷媒体やインターネット媒体、あるいは店頭で訴求し、それらを組み合わせてプロモーションする。認知を高めることができるテレビCMは、キャンペーンなどの施策の中心となりやすい。

こういった特徴のテレビ・ラジオの放送メディアは、消費者の生活に寄り添うメディアである。ラジオは、今でも様々な場所へ訪れ

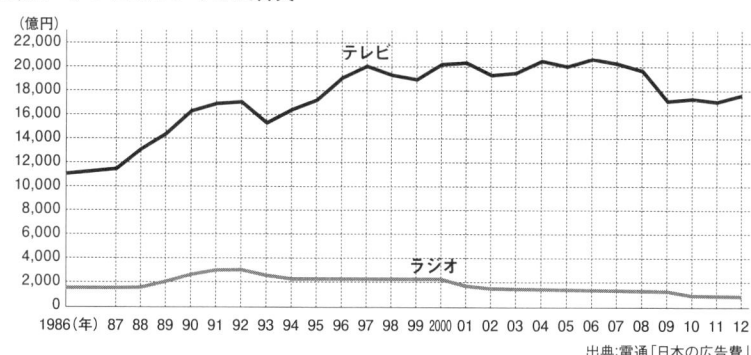

図表1　テレビとラジオの広告費

出典：電通「日本の広告費」

❶ **HUT**
「Households Using Television」の略で、世帯視聴率調査でチャンネルに関係なくテレビ放送中の番組を見ていた世帯の数または割合。通常、全調査世帯に占める比率をHUTと呼ぶ。

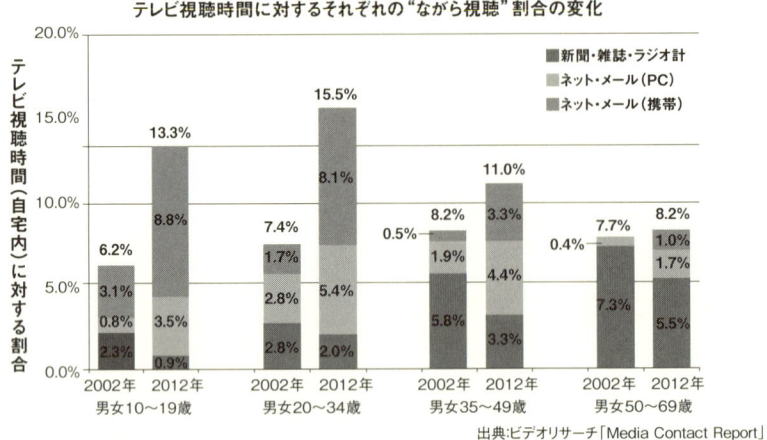

図表2　視聴態度："ながら視聴"割合の変化

テレビ視聴時間に対するそれぞれの"ながら視聴"割合の変化

	2002年 男女10〜19歳	2012年 男女10〜19歳	2002年 男女20〜34歳	2012年 男女20〜34歳	2002年 男女35〜49歳	2012年 男女35〜49歳	2002年 男女50〜69歳	2012年 男女50〜69歳
合計	6.2%	13.3%	7.4%	15.5%	8.2%	11.0%	7.7%	8.2%
ネット・メール（携帯）	3.1%	8.8%	1.7%	8.1%	0.5%	3.3%	0.4%	1.0%
ネット・メール（PC）	0.8%	3.5%	2.8%	5.4%	1.9%	4.4%		1.7%
新聞・雑誌・ラジオ計	2.3%	0.9%	2.8%	2.0%	5.8%	3.3%	7.3%	5.5%

出典：ビデオリサーチ「Media Contact Report」

る際、自動車を運転しながら聴取されることが多く、テレビも朝の支度時に音声で情報を取得するなど日々の生活の中で何かを行いながら見たり聞いたりすることが多い。さらに、スマートフォンやタブレット端末の普及により、テレビを「ながら視聴」する人がこの10年で、10代から30代前半の層を中心に非常に伸びている（図表2）。

　スマートフォンやタブレット端末による「ながら視聴」の割合が増えたことで、以前は「インターネットに侵食されるのではないか」と考えていたテレビ関係者も、「インターネットと付き合うにはどのようにしたら良いか」と積極的に活用する方向に転換している。どちらかと言えば年齢層が高い人たちに支持されているラジオだ

❷ タイムCM
番組単位でセールスされたコマーシャル枠、およびその枠内で流されるコマーシャルのこと。
❸ スポットCM
番組と番組の間や案内時間、特定広告主のない番組で放送されるCMのこと。テレビでは15秒、30秒、60秒、ラジオでは10秒、20秒、30秒、40秒とある。
❹ 総合編成チャンネル
報道・ニュースをはじめ、ドラマ、教養、エンターテインメント、スポーツなど、様々なジャンルの番組を放送するチャンネルのこと。

が、インターネットとの親和性は高く、IPサイマルラジオサービス「radiko.jp」やポッドキャスト配信などによって、若年層からの支持も広がってきている。

タイム提供は日本ならではの考え方

日本のテレビ・ラジオといった放送メディアの特徴として、番組の制作も放送もひとつの放送局が行うことがあげられる（アメリカの場合、それぞれが分離していることが多い）。

日本のスタイルのメリットとしては、「コンテンツ（番組）と広告を連動させられる点」にある。一社のみで番組を提供する場合には、テレビ局と広告主との間で合意が取れれば、番組内に商品を登場させるプロダクトプレイスメントなど、コンテンツと広告を連動させることも可能である。これらは**タイムCM**❷の場合のメリットであるが、そもそもタイムCM、**スポットCM**❸と分かれている国も先進国では日本ぐらいなのである。

では、なぜ日本では、こういったタイムCMのような考え方が生まれたかというと、それは歴史的な背景によるのではないか。特にテレビの民放各局は、広告主の広告提供をもとに成り立ち、広告主とともに成長してきた。その結果、広告主の評価が高い、より多くの国民に受け入れられるような番組の制作が行われてきている。また、広告主がテレビ・ラジオの放送を通して広告コミュニケーションをする際に、歌番組やドラマ、バラエティなど、一番ベストな番組ジャンルに広告を提供できるように、放送局はテレビもラジオも**総合編成チャンネル**❹である。

■一社提供の意義・活用の再認識

　テレビ放送の黎明期は、タイムCMの出稿企業は一社（一社番組提供）であることが多かった。しかし、1980年代後半から90年代にかけてコンビニエンスストアなどの流通・小売が成長するとともに、新商品の発売やキャンペーンに合わせた広告出稿を企業が行うようになった。そのため、共同提供やスポットCMで発売日やキャンペーン時に合わせて商品露出のピークをつくり、店頭でより商品を多く展開できるように図ってきた。

　予算が莫大にかかる番組提供も、一社提供から共同提供へ移行した。スポットCMが増えるにつれ、限られた広告主のステイタスであったテレビCMの出稿へのハードルも下がった。そのため、競合企業同士が共同提供するケースも増えつつある。以前は、競合を排するために商品やサービスとより親和性の高い番組に一社提供を行い、自社商品やサービスの差別化を図っていたが、それも変わってきている。しかしその一方で、競合を排するような番組が、改めて価値を持ち始めているのも事実だ。60秒や90秒のCM枠を設定し、限られた提供社数にする。スペシャルドラマで多く行われているケースだが、広告主と放送局の合意が取れれば、ドラマ内で番組スポンサーの商品を登場させるなど、そもそものタイムCM提供の考え方に近づけようとする風潮がある。

　また、企業のホールディングス化が進み、商品・サービスが多角化している現在、一社提供も見直されつつある。グループの広告展開の「基地」として、良質な番組に一社提供枠で出稿するケースも

出てきているようだ（**図表3**）。一社提供枠の方が共同提供枠に比べてCM認知効率が良い（**図表4**）ことも一社提供が見直されつつある理由だ。

図表3　一社提供に期待されること

- **提供企業への企業好感度や、その他の望ましい企業イメージ醸成に寄与する**
  番組内容そのものが提供企業の間接的メッセージとなり、好感度向上やイメージ醸成につながる
- **番組内CMの認知効率が良い**
  1本1本のCMに様々な関連性があるため、通常の番組内CM露出と比較して認知効率が良い
- **通常のスポット・タイム出稿ではできない、効果的なCM露出が可能**
  自社CMの連続露出、長尺CMの露出、番組コンテンツ連動型CMの露出などが可能となる
- **インナーに対する求心力、モチベーションアップの起点となる**
  番組内容に対する評価・評判が、インナーへフィードバックされる
- **その他**
  コンテンツの二次利用や連動企画、データ放送との連動など

●番組一社提供による適切なターゲットへの適切なメッセージの伝達は、アウターとインナーのロイヤリティ・アップ、モチベーション・アップにつながる
●一社提供の特徴は、通常の15秒、30秒のCMの露出だけでは実現しない効果にある

図表4　CM認知率の改善

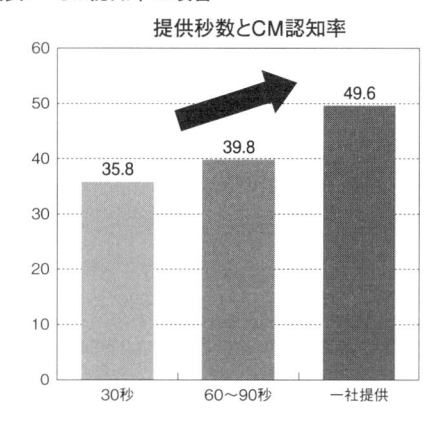

提供秒数とCM認知率

- 30秒：35.8
- 60〜90秒：39.8
- 一社提供：49.6

内容
- 番組終了直後に、番組内で流れたCMすべてについて覚えているかを質問
- 提供秒数/提供形態の違いによるCM認知効率の違いを算出
- 算出された値はCM1本あたりの認知効率で、提供秒数が長くなると、流れたCM1本1本の認知効率が高くなることを示している

出典：視聴質調査（電通）

放送メディアの可能性

自動車関連が根強い、ラジオに出稿する広告主

　一方、ラジオもテレビと同じ総合編成で番組を放送しているが、ラジオに触れる機会が多い自動車関連の広告がやはり多いのが特徴である。自動車メーカーやタイヤメーカー、ガソリンスタンドなど直接的に自動車に関連する企業はもちろんのこと、ロードサイドに出店しているファストフードチェーンやファミリーレストランなどの外食産業も増えている。

　また、2000年ごろから携帯電話などでも音楽コンテンツが聴けるようになると、通信キャリアと結びつきを強めていった音楽業界が、フィーチャーフォンからスマートフォンへの時代の流れで再度ラジオを再評価する動きも出てきている。そのほか、ラジオリスナーの年代が比較的高いことから、健康食品関連の広告や弁護士事務所関連、国・官庁の制度広報などが増えていることが最近の傾向である。

SNSとの連携が多いのもラジオの特徴

　もともとラジオ番組は、テレビ番組に比べてタイアップに近い番組づくりがされてきた。そのため、番組提供企業の意向やマーケティング戦略に沿ったカスタマイズを番組ごとに行っているケースも多いのが特徴的だ。ラジオドラマのコンテンツは特に、提供企業を意識したものが多く、ラジオで放送後、ニコニコ動画やYouTubeで配信するなど、その後の二次使用を前提につくられることもある。

　また、先述の通り、インターネットとの親和性が高く、ソーシャ

ルメディアとの連携も多く行われている。さらにその連携も最近では番組単体でなく、放送局全体のキャンペーンとしてソーシャルメディアと連携する事例も出てきた。実際、2013年の6月10日から7月15日に電通とJ-WAVEが協働で行った、放送連動型O2Oサービス「雨の日、いいこと。Happy Rainy J-WAVE」は、期間中、日の出から日没までの番組オンエア中にスタジオ周辺で雨が降り出すと、当日限定の特典を受けることができるというサービスだ。雨が降り出すとオリジナルジングルが流れ、リスナーは、PCやスマートフォンからJ-WAVE公式サイト内の特設サイトにアクセスして「Happy Rainy Passport」を入手、これを提示することで、協賛企業や首都圏の店舗から特典を受けることができた。

放送連動型O2Oサービス「雨の日、いいこと。Happy Rainy J-WAVE」

雨が降ったら協賛企業や首都圏の店舗から特典が受けられる放送連動型O2Oサービスは、ラジオの新たな可能性を見せた。

放送メディアコンテンツの今後の使い方

　テレビ・ラジオ番組というコンテンツは、ただ放送するだけにとどまらなくなってきている。2007年〜2008年ごろからは番組派生商品としてタイアップが増えた。

　タイアップの例としてはドラマ内に登場した料理を商品化し、コンビニエンスストアで実際に発売した事例もある。そのほかにも、ソーシャルゲームとのコラボレーションが最近は多い。ソーシャルゲームを提供する企業側も認知率の高いコンテンツを核としたゲームを提供するほうが多くのユーザーに利用される。そこで、放送局と共同で番組・ゲームを制作するケースも出始めており、ここから一社提供につなげたいとも考えている。

　また、優良コンテンツである番組を制作した場合、地上波での放送のみでなく、そのスピンオフ番組をネットメディアでも配信し、そこにも広告を出稿するという番組コンテンツ起点での考えも今後はコミュニケーションの設計上、必要になってくるのではないだろうか。ニコニコ動画やYouTubeの普及により、ネット配信であっても広告効果を得られる環境が整ってきている。テレビ・ラジオ"放送"を起点とし、ネットを交えた番組コンテンツの広がり自体が広告メディアという視点で、より広告効果を高めるテレビ・ラジオの新しい活用の仕方になるだろう。このように放送メディアの魅力を引き出す取り組みは、まだまだ可能性があるのではないだろうか。

第8章　放送メディア（テレビ・ラジオ）の特性と活用

デジタル技術は
テレビをどう変えたか

文／峯川 卓（元 日本広告業協会 デジタル特別委員会委員）

Point

1 インターネットの普及により、
音声や動画による情報流通の構造が変化している。
ただ技術的に革新性のある新しいサービスが
必ずしもニーズがあるとは限らない状況もある。

2 テレビ画面上の双方向コミュニケーションの
可能性を探っていく一方で、
テレビを観ながらデバイスを操作するシーンも増加。
ネットと放送の役割分担が見えてきている。

3 CM素材のファイル化、オンライン運用化は
技術革新の流れの中で必然的なもの。
安全で確実かつ効率的な運用モデルに向けて、
関係業界全体で検討が必要な時期に来ている。

技術の問題とメディアの特性は連動するがレイヤーが違う

　ラジオ、テレビといった放送メディアの特性について考えるにあたり、当然のことながら昨今のデジタル技術、インターネットの台頭による影響、変化を見極める必要があるだろう。放送、特にテレビの場合は受像機の表示技術などがすでにPCなどのデジタル機器とほぼ同等になっていることや、横長のディスプレイそのものが似ているためか、もうかれこれ20年近く「放送はインターネットに取って代わられる」などと言われてきているが、我々は微妙に違う結果を生活の中で体験しているのではないだろうか？

　人と人とのコミュニケーション（情報伝達）の進化と、純粋な技術革新の話は連動してはいるものの、実はレイヤーが違うものと見るべきだろう。メディアの特性というのは技術によって何が可能かという問題ではなく、人間がそれをどう使っているのかという、情報伝達における質や性格、あるいはその価値を見るものだと筆者は考える。

情報伝達の技術革新がメディアを創り出してきた

　とはいえ情報伝達における技術革新がメディアを創り出してきたことは紛れもない事実である。少し放送から離れるが、歴史をさかのぼって情報伝達の技術革新に簡単に触れてみたい（**図表1**）。

　まず「文字の発明」があげられる。太古の昔、基本が1対1の話し言葉（音声）による情報伝達であったものが、文字の出現により「思考の固定」が可能になる。さらにそれを記録し交換することで

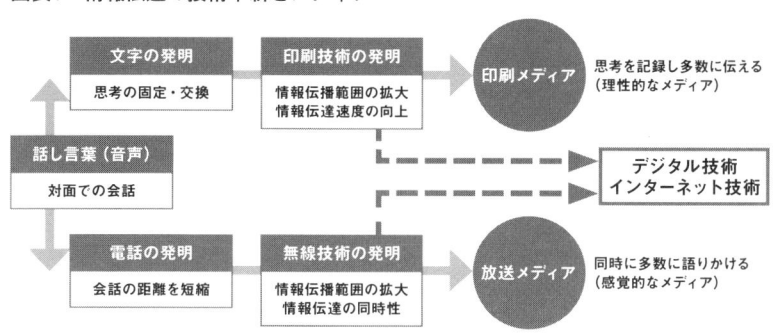

第8章 放送メディア(テレビ・ラジオ)の特性と活用

図表1　情報伝達の技術革新とメディア

```
            ┌─文字の発明──┐  ┌─印刷技術の発明──┐   ┌─────┐    思考を記録し多数に伝える
            │ 思考の固定・交換│  │ 情報伝播範囲の拡大│──▶│印刷メディア│   (理性的なメディア)
            └────────┘  │ 情報伝達速度の向上│   └─────┘
                ▲        └──────────┘
┌─話し言葉(音声)─┐                              ╌╌╌▶ ┌──────────┐
│  対面での会話   │                                   │デジタル技術    │
└─────────┘                              ╌╌╌▶ │インターネット技術│
                ▼                                   └──────────┘
            ┌─電話の発明──┐  ┌─無線技術の発明──┐   ┌─────┐    同時に多数に語りかける
            │ 会話の距離を短縮│  │ 情報伝播範囲の拡大│──▶│放送メディア│   (感覚的なメディア)
            └────────┘  │ 情報伝達の同時性 │   └─────┘
                        └──────────┘
```

情報伝達の願望が叶えられることになった。そして印刷技術の革新により情報伝播範囲が大きく拡大され、情報伝播のスピードも向上し、マスメディアが誕生することになる。この延長線上に写真の技術も加わり、新聞、雑誌などの印刷メディアが存在するわけである。

圧倒的な伝播力で感覚に訴える強さが特徴

19世紀以降になると電気を利用した発明が相次ぐ。電話により遠隔地と同時に話ができるようになり、情報伝達の距離の問題が大幅に短縮されることになる。さらに映画、無線などの発明があり20世紀には同時に広範囲に、そして大勢の者に呼びかけることができる技術が開発され、「放送」という圧倒的な伝播力を持つ新しいメディアが登場することになる。

放送メディアが印刷メディアと決定的に違うのは話し言葉(音声)がベースで、さらに映像も加わり、その場に大勢の人たちと居合わせたかのように、同時体験、疑似体験ができる点である。微妙

なニュアンスを含め、直感的、感覚的に情報が視聴者に伝わるとも言われる。印刷メディアが文字ベースの「考える（理性的）メディア」と言われるのに対して放送は「感覚的メディア」と比較し論じられ、その伝播力と相まって大衆を扇動することも可能として恐れられてきた。世界的に放送は現在でも国営あるいは国が管理する何らかの許可制、免許制が大半を占めるのはこのような背景があるからだと考えられる。

インターネットの普及による情報流通自体の構造変化

20世紀最大の技術革新はインターネットであろう。インターネットの登場により、それまで「一方通行のマスメディア」が大前提であった情報流通の事情が一変することになる（**図表2**）。

・視聴者が情報流通の主役となる
（検索機能／オンデマンド）
・個人が情報発信できる仕組み
・双方向コミュニケーションの仕組み

従来にはなかったこれらの特徴を持ったインターネットは世界中で急速に普及した。実際に双方向のコミュニケーションが可能なメディアが次々に登場し、携帯電話、スマートフォン、タブレットなど、常時持ち歩き型の携帯インターネット端末が日常生活の中で大きな位置を占めるに至って、メディアの概念は大きく変わり、既存のマスメディアも自らの位置づけを再確認する必要が出てきた。

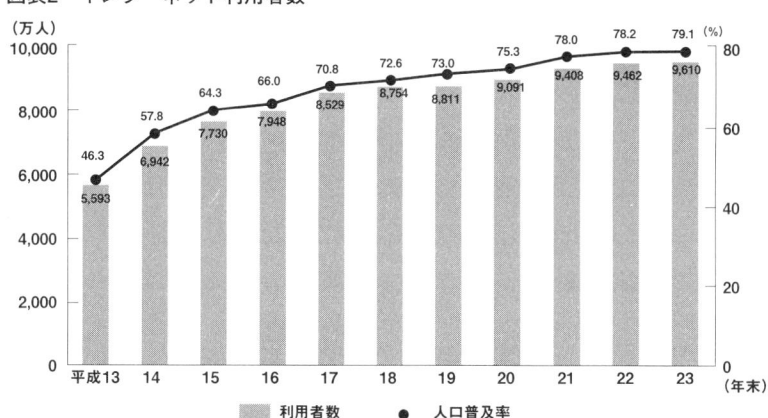

図表2　インターネット利用者数

年末	利用者数（万人）	人口普及率（%）
平成13	5,593	46.3
14	6,942	57.8
15	7,730	64.3
16	7,948	66.0
17	8,529	70.8
18	8,754	72.6
19	8,811	73.0
20	9,091	75.3
21	9,408	78.0
22	9,462	78.2
23	9,610	79.1

平成23年末のインターネット利用者数は、平成22年末より148万人増加して9610万人（前年比1.6％増）、人口普及率は79.1％（前年差0.9ポイント増）となっている

出典：総務省「平成23年通信利用動向調査」http://www.soumu.go.jp/johotsusintokei/statistics/statistics05.html

技術的に可能でも我々の欲しがるものとは限らない

　インターネットが予想以上のスピードで世界中に普及したのは、この新しい情報流通の仕組みがまさに人間の欲しいと思っていた機能に満ちあふれていたからに相違ない。ところがデジタル技術で可能だとされることのすべてが我々の欲しがるものになるのかという点については、少々疑問のあるところだろう。

　振り返って見ても、ここ十数年で数々の失敗プロジェクトがあることに気づく。アナログ時代から繰り返されてきていながらいまだに広がらないテレビ電話やビデオ・オンデマンド。インターネットでも映像配信ビジネスがいくつも立ち上がっては消えていった。ま

たインターネット放送という考え方もいくつか出てきたが、伝送路を電波から光ファイバーなどに置き換えて従来のテレビ放送を主体に流すものくらいしか思い当たらない。

　一方で、YouTubeに代表される動画共有サイトという新しいタイプのサービスが急激に普及して定着しつつある。デジタル動画をコンテンツとして扱うのだが放送の形式で配信されるのではなく、コンテンツは個人がアップロードした動画であり、視聴者はキーワード検索や友人からのリコメンドで自分の興味がある動画を視聴するというスタイルだ。

　インターネット上で我々が見たいものはそれが動画であっても放送のそれとは本質的に違うものだということがよく分かる例だ。

インターネットはむしろ最も進化した文字メディア

　動画が表示できること、動画が配信できることでインターネットと放送メディアとの対立構造をイメージする方も多いようだが、インターネットはその本質が文字メディアであることを再認識しておきたい。

　インターネットの大きな特徴は先にも記したように、ユーザーが主体となって情報にアクセスできるところにある。そしてこの情報の選択は文字ベースで極めて能動的に行われる。その裏にはハイパーテキストの技術があり、縦横無尽に情報の海を行き来することができるものだ。YouTubeも、文字ベースで検索された結果で動画のファイルに到達する仕組みであり、むしろ印刷メディアの未来形として位置づけても良いのではないかと考える。

❶ IPTV
ブロードバンドサービスを利用してビデオコンテンツを配信する仕組み。

これに対して放送メディアはあくまで話し言葉（音声）によって情報が語られる。本来、話し言葉のコミュニケーションはその言葉が届く数メートルの範囲にとどまるものであるが、技術により疑似的にその距離を短縮しているものである。したがって放送メディアへの接触は親近感が強く、疑似体験も行われる。さらに情報は語りかけられ、その内容は直感的、感覚的に受け止められる傾向が強くなるのである。

新メディアの登場により、古いメディアは本来の機能に特化

歴史を振り返ると、古いメディアは新しい技術が出てくるまではメディアとしてのすべての機能と役割を担わされるが、新しい機能を持ったメディアの登場により古いメディアの持つ本来の特徴や役割が明確になり、それぞれの機能に特化することでさらに進化してきた。テレビ放送が登場しても印刷媒体やラジオ放送はなくならなかったのだ。

ところが、インターネットの登場が画期的なものだっただけに、従来のメディアに対する評価には混乱が生じている。電子新聞、電子雑誌、IPTV❶など、デジタル技術によりすべての機能をインターネット上で展開することが可能だからだ。しかし、それが電子的になろうがインターネット上になろうが、新聞は新聞と呼ばれ、雑誌は雑誌と呼ばれ、テレビはテレビと呼ばれるのであれば、その本質はそれぞれ変わらないだろうし、また本来の機能に特化できるはずであろう（図表3）。

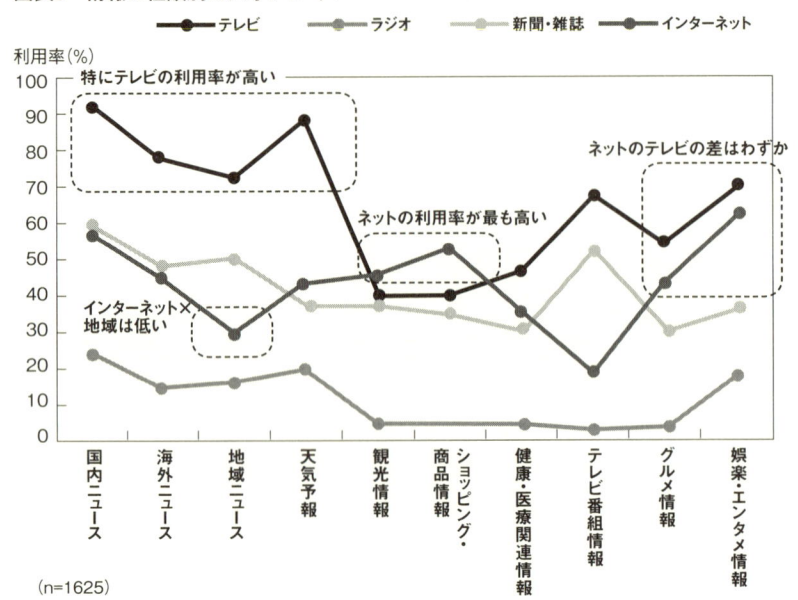

図表3　情報の種類別の入手メディア

凡例：テレビ　ラジオ　新聞・雑誌　インターネット

利用率(%)

特にテレビの利用率が高い：国内ニュース、海外ニュース、天気予報

インターネット×地域は低い：地域ニュース

ネットの利用率が最も高い：観光情報、ショッピング・商品情報

ネットのテレビの差はわずか：グルメ情報、娯楽・エンタメ情報

横軸：国内ニュース、海外ニュース、地域ニュース、天気予報、観光情報、ショッピング・商品情報、健康・医療関連情報、テレビ番組情報、グルメ情報、娯楽・エンタメ情報

(n=1625)

出典：総務省「ICT基盤・サービスの高度化に伴う利用者意識の変化等に関する調査研究」(平成24年)
http://www.soumu.go.jp/johotsusintokei/whitepaper/ja/h24/html/nc123330.html

BSデジタルの開始で日本のテレビもデジタル化

　日本のテレビのデジタル化では、まず2000年12月にBSデジタル放送が開始されている。当時、他国には見られないデジタル技術をフルに活かす本格的デジタル放送で、字幕放送、**マルチ編成**❷、EPG(電子番組表)などのデジタル技術を活かした仕組みも採用されたが、高精細化(HD)+双方向化(データ放送)がスタートした意義

---

❷ マルチ編成
1つのチャンネルで2番組(メインチャンネル／サブチャンネル)を同時に放送すること。これにより、スポーツ中継が延長し、予定していた放送時間内に終了しなかった場合、メインチャンネルで次の番組を放送しながら、サブチャンネルで延長戦の中継を同時に放送できる。

❸ FTTH
「Fiber To The Home」の略で、各家庭まで光ファイバー・ケーブルを敷設して、各種の通信サービスを提供する加入者網光化の総称。

は大きい。数々の試行錯誤はあるものの、日本のデジタル放送はこのBSデジタルによって大変良質な下地がつくられてきた。

　しかしBSデジタルの準備段階においては、今では考えられないような話がいくつも出てくる。当時インターネットもまだ電話回線とモデムが主流で、BSデジタルとほぼ同時にヤフーBBがスタートし、いわゆるブロードバンド・インターネットがようやく始まるという時代だ。米国では**FTTH**❸が叫ばれており、全世帯に光ファイバーでインターネットを引くのだという考え方が示されていた。またテレビはなくなりPCでテレビを見る時代が来るなどと言われ、「テレビ放送　対　インターネット」という対立の図式をイメージする人が多かった。これはイコール、テレビ技術関連産業で世界をほぼ掌握してきた「日本　対　デジタル、インターネットで台頭してきた米国」であり、「電機メーカー　対　Wintel（Windows ＋ Intelの造語）」や、「放送　対　通信」などの対立が意識された。

　したがって電機メーカーは必死でPCやインターネットの機能をテレビ放送やテレビ受像機に盛り込もうとし、特にデータ放送に力を入れていた。国も米国のFTTHに対抗するには衛星による放送波でデジタルデータを全国へ降らせるほうが早いなどと本気で考えていたようだ。PCのキーボード＋マウスの操作よりテレビのリモコン操作のほうが簡単だという声も多く、テレビの受像機でPCに対抗しようとしていた感がある。

　ところがほぼ同時にスタートしたブロードバンド・インターネットのほうが爆発的なスピードで普及し、あっという間に日本はブロードバンド大国と言われるほどになってしまった。日本の生活者は

この時点で高機能、高性能なテレビではなく、便利な情報端末の方を選んだということになるのだが、BSデジタルで培われた技術やノウハウは2011年開始の地上デジタルに活かされることになる。

HD映像がテレビの本質を捉えている

地上デジタル放送が開始されるにあたってはワンセグ放送などBSデジタル以上に様々な新技術が用意されていたが、結局買い替えを促進するためのアピールポイントは大画面のHD画像くらいしかなかった。しかし、当時のアナログテレビの画質は相当に高く、すでにある程度の大画面で体験し、感動するには十分満足のいくレベルに達していたために新たな受像機の普及には不安が大きかった。白黒の時代にはカラー化への強い要望があったが、高画質、高音質といった比較しないと分からないものへの要求は優先度が低いものである。視聴者にとってみれば視聴する内容そのものほうが重要であり、見る番組を画質で選んだりはしないのである。一方で放送が本来持つ「同時体験」の魅力はまさにHD化、大画面化による臨場感によって極まるのだが、これは一度体験してしまうと、あるいは比較してしまうと戻れなくなるものでもあり、結局普及にはそれほど手間取ることはなかったようにも思われる。

今、日本のテレビ視聴者は日常的にあらゆる番組をHD放送で、しかも大画面で体験することができ、放送本来の魅力に無意識ながらも引き込まれているのでないだろうか。直近ではオリンピック、ワールドカップなどのスポーツイベント、あるいは災害などの報道でテレビ画面にくぎ付けになった経験をお持ちの方は大勢いるだろ

❹ セット・イン・ユース
ある特定の日の特定の時刻に電源が入っているテレビ、ラジオの受信機台数のこと。

う。同時体験、そして体験の共有、まさに、このあたりがテレビのテレビたる特徴と認識されつつあるのではないだろうか。

インターネット 対 放送？その役割分担が見えてきている

　データ放送という形でインターネットと同等の機能展開が可能であることが示され、様々な試みが行われてきたが、生活者は無意識のうちに、一番便利なもの、快適な方法を選んでいくもので、端末の形態や回線の仕様などによって、求められ、受け入れられるコンテンツがまったく違うことが明確になってきている。また生活の中における情報端末それぞれの役割分担もほぼ見え始めたと言えるだろう。

　データ放送は一定の機能が定着したが、当初期待された双方向コミュニケーション機能については、テレビ画面上ではきわめて簡易的なものが受け入れられたに過ぎず、複雑な入力を必要とする高機能サービスはテレビを観ながらでもむしろ携帯電話、スマートフォンを使用する方が受け入れやすく、番組を補足する情報の閲覧なども、テレビを観ながらインターネット画面を開いて同時に見るなどのケースが高い比率で報告されており、実際にそれらを連携させた放送番組サービスがいくつも登場してきている。

広告メディアとしての放送メディアとその変化

　さて、視点を広告メディアという考え方に移してみよう。多メディア化、多チャンネル化が進む昨今、放送メディアへの接触、**セット・イン・ユース**❹などが相対的に下がってくるのは当然のことで

あるが、薄型テレビ受像機を買わないという若年層も増える傾向にある。テレビからの情報はインターネットのSNSなどを経由して共有できる、あるいはPC端末で見ることができるという点などが主たる理由であるが、共有する話題そのものはCMを含めてテレビ放送発の情報である場合が多いのも事実であり、年代を超えて圧倒的な到達率を獲得できるメディアの筆頭であることは変わっていない。

　従来型の番組提供、スポットCMの圧倒的な効果は変わらないとされるが、先にも述べたように放送の特性としての親近感、共感、体験、共有といったキーワードが再認識されてきており、テレビ放送では単に情報を伝達するというだけでなく、ブランドの認知、高イメージの醸成などに特化する動きがある。15秒、30秒というCM枠を超えて、番組コンテンツの積極利用という形が注目されており、5分程度のミニ枠でブランドが目指す方向性を視聴者と共有、共感してもらうことにコミュニケーションを特化していく考え方も出てきている。

　音声のみの放送として運転中のドライバー層や自宅、作業所で作業中の「ながら聴取」が主体とされるラジオ放送では、近年増加している高齢層をターゲットとするメディアとしての機能が注目されている。特にラジオ通販が各地で成果をあげており、商品が見えないにもかかわらず購入に至るという点で、パーソナリティへの信頼感の強さと放送メディアの特性である、親近感、共感、といった言葉で代表される直感的なコミュニケーションで、そばに寄り添う身近なメディアとしての位置づけができつつあると考えられている。

CM運用のファイル化、オンライン化の動き

　放送に関わる技術はすでに川上から川下に至るまですべてデジタル化していると言っても過言ではない。ただし、人間が関わるやりとり、いわゆるワークフローについては別のレベルで極めて慎重にデジタル化が進んでいる。特にCM素材の取り扱いについては数十年重ねてきたアナログのワークフローがそれなりに完成されていることもあり、変更するにあたっては慎重な検討が必要だとの判断が働いているようだ。ところが、他の業種から見ればただ遅れているだけにしか見えず、広告主からも疑問の声が聞こえるようになってきた。特に近年、CM素材の放送局搬入にテープだけではなくファ

図表4　CM運用のファイル化

・映像の保存・デリバリーをファイル化、オンライン化し、合理的に扱うためには、同時に情報・連絡管理を「ペーパレス化」する必要がある。

・コードとメタデータによる管理体系の整備が必要。

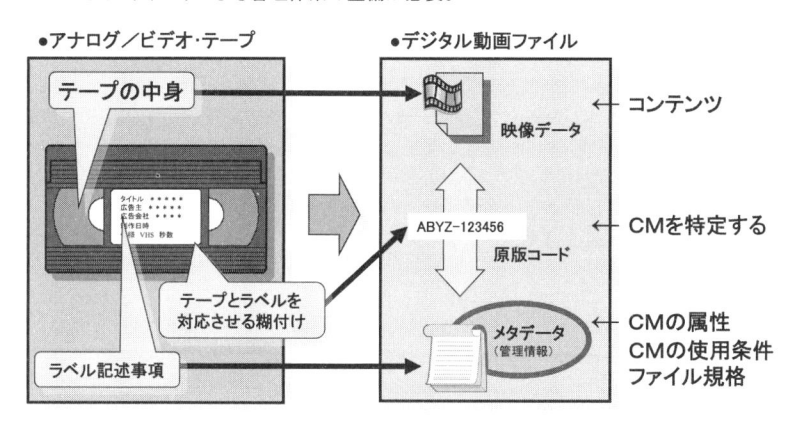

●アナログ／ビデオ・テープ　　　　●デジタル動画ファイル

- テープの中身 → 映像データ ← コンテンツ
- ABYZ-123456 原版コード ← CMを特定する
- テープとラベルを対応させる糊付け
- ラベル記述事項 → メタデータ（管理情報） ← CMの属性／CMの使用条件／ファイル規格

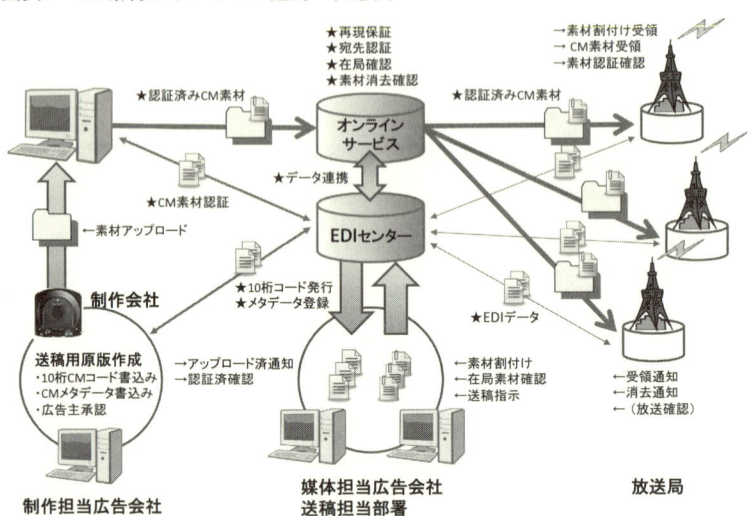

図表5　CM素材のオンライン運用・概念図

イルベース・メディアが加えられたことから、CM素材オンライン搬入に対しての動きが放送局やCM関係事業者の間でも活発になってきている。CM運用のファイル化（**図表4**）、オンライン化（**図表5**）がうまく進めば、制作会社から広告会社、放送局間の搬入作業は大幅に精度が向上し、より安全で確実、しかも効率的運用が実現すると見られている。

誤解の多いCM運用、フルサービス・ビジネスの弊害か

　CM運用のオンライン化については関係者の間でもまだ誤解が多いが、特に広告主の立場ではオンライン＝局納品用のプリントがなくなる＝無料になると考える方が多いようだ。世界中でCMのオン

❺ **メディアコミッション**
広告主の代わりに広告会社が購入した媒体（メディア）費用に広告会社の報酬として加えられるもの。

ライン運用は進んできており、CM運用をオンライン化することによりトータルでの効率化、費用削減を実現してはいるが、プリント費が無料になるとか、広告主の負担がゼロになるという国はない。

　誤解が生じるポイントはいくつかあるが、まず日本以外の大部分の国では放送局へのCM素材搬入自体が広告主側の責任と費用負担で行われていることはほとんど知られていない。広告会社に任せるとしてもメディアバイイングを担当する広告会社ではなく、ブランドを預かる、またはCMを制作する広告会社に必要なプリント本数を用意し、期日までに放送局側へ届ける作業を依頼するのだ。オンライン運用に変われば作業は楽になり、確実になり、費用も低減することになる。

　ところが日本の場合は局へ素材を確実に届け、放送を確認するところまでがメディアバイイング担当の広告会社の責任で行われる。いわゆるフルサービスのビジネスになっており、**メディアコミッション**[5]の中で行われている。このために広告主が送稿に関する責任や負担を直接感じたことがなく、素材のプリント作成費だけが広告主負担として認識されてきたからだ。

　次にこのプリントの費用に対する誤解もある。単なるテープ代、ディスク代という認識で考える方が多く、数千円で買えるテープがどうして数万円で納品されるのか？　という疑問になる。プリント作業には、同一性の保証、放送基準、CM搬入基準に合致させるという重大な責任がある。これを保証することなしにCM素材の納品はあり得ない。したがってテープがなくなる納品になっても、なくなるのはテープ代の数千円でしかない可能性もあるだろう。

さらに昨今はインターネットで簡単にファイルをメール添付などで送ることができるせいか、オンラインのファイル転送自体がほぼ無料でできるという誤解もある。CM素材の動画ファイルをオンラインで運用するということは巨大な動画ファイルを欠損なしに、間違わずに届け、仕分け、管理ができるシステムが最低限必要となる。実は試算すると従来のアナログ運用より費用がかかりそうだというのが現状だ。

　とはいえ、CM素材のファイル化、オンライン運用化は技術革新の流れの中で必然的なものであり、否定するものでも拒絶すべきものでもない。安全で確実、さらにあらゆる面での効率化を実現するCM運用モデルに到達するには、場合によって従来のワークフローや役割分担を大胆に変える必要が出てくるかもしれない。関係業界全体で早急に検討し、進めるべきものだと考える。

第 9 章

プリントメディアの特性と新たな価値

ニュースメディアの現状

ニュースメディアの現状

文／藤代裕之（法政大学 社会学部 メディア社会学科 准教授）

Point

1 新聞メディアの電子版が登場し、詳細な読者データに基づくターゲティング広告も可能となっている。

2 ソーシャルメディアの登場によりメディアは、マスメディア、ミドルメディア、パーソナルメディアと三層化した。拡散していくニュースの生態系ができ上がりつつある。

3 ミドルメディアがパーソナルメディアの情報をマスメディアにつなげたことで、口コミから生まれるニュースも注目を集めているが「ステルスマーケティング」には要注意。

第9章　プリントメディアの特性と新たな価値

▎進む電子版への取り組み、新聞により異なる提供形態

　ニュースメディアは大きな変化の中にいる。ひとつは紙からパソコン、スマートフォンやタブレットといった電子端末の普及、もうひとつは誰もが情報発信できるソーシャルメディアの登場による情報流通の広がりだ。これらの変化は読者がニュースに接する機会を多様化させている。

　宣伝・広報担当者にとってパブリシティの対象として、広告を掲載する媒体としても重要な存在のニュースメディア。長く、紙（新聞、雑誌）と電波（テレビ、ラジオ）が中心だったが、「マスメディア崩壊」といった指摘がされるようになっている。

　日本の新聞発行部数は2000年に5370万部だったが、2012年には4777万部に減少。新聞に投じられる広告費は1兆2474億円から6242億円と半分に落ち込んでおり、2009年にはインターネットに抜かれた（**図表1**）。

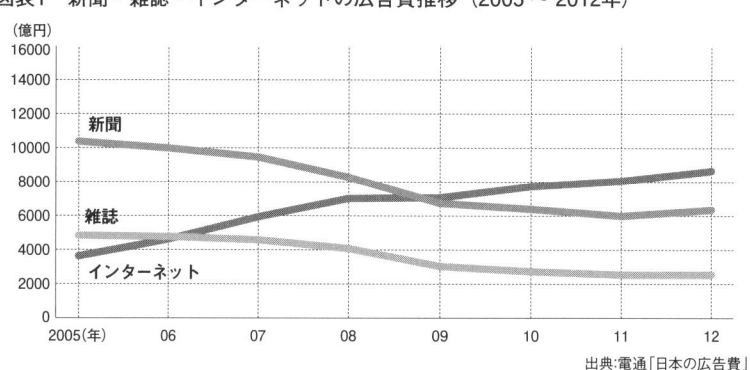

図表1　新聞・雑誌・インターネットの広告費推移（2005～2012年）

出典：電通「日本の広告費」

189

このような状況はアメリカで先行しており、新聞の廃刊や休刊が相次ぐ一方で、インターネットの事業化に取り組んできた。「新聞はタイタニックのようだ」と発行人が発言したことがあるニューヨーク・タイムズは、電子版の有料会員を伸ばして黒字化した。ワシントン・ポストはアマゾンの創業者ジェフ・ベゾスに新聞事業を売却し再建を図るなど、激変の中にある。

日本国内でも様々な取り組みを行っている。ほとんどの新聞社が、紙だけでなく、インターネット展開もしているが状況は一様ではなく温度差がある。1995年以降にWEBサイトで記事を配信するようになったが、多くの記事を更新してYahoo! などのポータルサイトなどに積極的に配信する社から、1日数本しか更新しない社もある。2000年代に入り、ブログや地域SNSといったソーシャルメディアの運営に乗り出した社もある。

ここ数年のキーワードは有料電子版だ。日本経済新聞は、2010年にいち早く有料電子版に乗り出し、3年で有料会員を30万人まで伸ばした。ニューヨーク・タイムズの有料会員70万人には及ばないが、朝日新聞の有料電子版の会員の3倍だ。日経は、電子版に独自の記事を扱うだけでなく、紙との連動、スマートフォンとタブレット向け「電子版モバイル」の提供も行い、電子版の動きをリードしている。

毎日新聞はTwitterと連動したタブロイド版の「MAINICHI RT」を2010年6月に創刊したものの13年8月末に休刊。スポーツニッポンも加え、タブレットとスマートフォンに特化した新たなニュース媒体「TAP-i」を展開している。日経、朝日は紙との併読と電子版

単体での契約プランを用意する。一方、読売新聞は電子版も新聞購読者のみが対象と各社のスタンスは異なる。

　紙では読売新聞が約980万部、朝日新聞が約770万部、日本経済新聞が約300万部だが、電子版の有料会員では日本経済新聞のほうが多いという逆転現象が起きている。

　また、読者層が異なることも頭に入れておきたい。日本経済新聞の紙と電子版有料会員を比べてみると、紙は40代（22.5％）、60代（21.9％）、50代（20.4％）の順に多いが、電子版は40代（27％）、次いで30代（22％）、50代（20％）となっている。電子版は、詳細な読者データを集めることができ、年齢や性別、役職などに応じたターゲティング広告も実施できる。Twitterで集めた投稿を紙面に掲載するといったソーシャルメディア連動の広告も始まっている。

地域では地方紙の影響力が大きい
全国紙のシェアが一桁の地域も

　国内には、全国紙、地方紙、通信社が約100社ある。複数の地域にまたがり発行するブロック紙や都道府県を中心に発行する地方紙が地域のニュースを扱っている。ニュースは、全国紙、地方紙、それに新聞やテレビ局、ポータルサイトに記事を配信する通信社の3つのメディアが役割分担している。

　筆者が記者をしていた徳島新聞は24万部と全国紙に比べると発行部数は少ないが、徳島県での世帯普及率が80％と全国一だ。徳島では読売新聞や朝日新聞のシェアは数％にとどまっており、地方紙の影響力は非常に大きい。

ニュースメディアの現状

　全国紙のシェアが一桁台の地域は、北海道、青森県、岩手県、宮城県、秋田県、福井県、長野県、静岡県、愛知県、岐阜県、高知県、熊本県、宮崎県、鹿児島県、沖縄県など地方を中心に多数存在している（読売新聞広告ガイドより）。地方にはインターネットに日常的に接触する人もまだ少ない地域もあり、全国に情報を浸透させようとする場合に、地方紙は有効なメディアだ。効果が分かりにくいとされていた新聞広告だが、2011年からJ-MONITOR（新聞広告共通調査プラットフォーム）を立ち上げ、反響や効果が測定できるようになった。

新聞社から個人までカバーする
Yahoo! ニュースの存在感

　インターネットには、多数のニュースに関わるサイトが存在しており数えることが難しい。新聞社やテレビ局の運営するWEBサイトだけでなく、ポータルサイト、インターネット専業のニュースサイト、個人のブログまである。その中で、月間50億ページビューを超える膨大なアクセスを集めているYahoo! ニュースの存在感が大きい。

　トップページに表示されるニュースを編集するトピックスチームは取材を行わず、配信された記事を選んで掲載している。独自コンテンツをつくるポータルサイトも一部にはあるが、多くが配信記事をセレクトしてトップに掲載するヤフーと同じスタイルだ。多くのアクセスを集めるポータルサイトのトップにパブリシティ掲載を狙うなら、配信を行うメディアに取り上げてもらう必要がある。

第9章　プリントメディアの特性と新たな価値

　少し古いデータだが2011年8月の筆者による調査では、ポータルサイトが扱う配信社数は、Yahoo!ニュースが88社、gooニュースが47社、livedoorニュースは193社、mixiニュースが91社あった。各ポータルがどのような配信社の記事をトップに扱っているかを表にしたのが**図表2**だ。各ポータルともに新聞社や通信社の記事が上位に来ているが、ニュースサイトの記事も扱われていることが分かる。

　ポータルサイトも当初は既存マスメディアの記事を中心に扱っていたが、2006年に、ライブドアの堀江貴文社長（当時）らが逮捕されるライブドア事件が起き、既存マスメディアからの記事提供が止まったことがある。そのためライブドアは、ブロガーや独立系ニュースサイトの記事を集めることでニュースの配信本数を確保した経緯がある。

　その後、ヤフーも広く記事を集めるようになり、2012年9月には個人の書き手がYahoo!ニュースに直接記事を書くことができる「Yahoo!ニュース個人」がスタート、著名なブロガーやフリージャーナリスト、研究者らが名を連ねている。

▍ミドルメディアの登場で「拡散」の生態系を確立

　新聞の紙やWEBサイトがマス＝大衆＝を対象としているのに対して、ニュースサイトは、特定の読者に向けて記事を提供するために細かくセグメントされていることが多い。

　「ITmedia」はデジカメ、モバイルなど分野別に複数のメディアを展開している。音楽や漫画といったポップカルチャーに特化した「ナタリー」、医療ニュースを扱う「CBニュース」、ゲームの「4Gamer.

ニュースメディアの現状

図表2　ポータルサイトがトップニュースに扱った記事の配信社

	Yahoo! ニュース 配信社	%
1	時事通信	17.4
2	読売新聞	16.9
3	毎日新聞	11.5
4	産経新聞	8.6
5	サンケイスポーツ	5.9
6	スポニチアネックス	4.9
7	FNN	3.4
8	スポーツ報知	3.2
9	オリコン	2.7
9	デイリースポーツ	2.7
11	シネマトゥデイ	2.5
12	スポーツナビ	2.2
13	SOCCERKING	2.0
13	ロイター	2.0
15	CNN.co.jp	1.5
15	河北新報	1.5
15	NHK	1.5
18	朝日新聞	1.2
19	NEWS ポストセブン	1.0
19	ゴルフダイジェスト	1.0

	goo ニュース 配信社	%
1	読売新聞	31.0
2	朝日新聞	18.7
3	サンケイスポーツ	8.8
4	日経ビジネスオンライン	6.9
5	シネマトゥデイ	4.9
6	ダイヤモンドオンライン	4.2
6	夕刊フジ	4.2
8	産経新聞	3.9
9	ナショナルジオグラフィック	2.2
9	R25	2.2
11	時事通信	2.0
11	マイコミジャーナル	2.0
13	BCN ランキング	1.7
14	インターネットコム	1.2
15	goo ニュース	1.0
16	共同通信	0.7
16	INSIGHT NOW!	0.7
16	ジンジュール	0.7
19	ゲンダイネット	0.5
19	wired	0.5

	livedoor ニュース 配信社	%
1	共同通信	7.3
2	産経新聞	6.0
3	スポーツ報知	4.6
4	J-CASTニュース	4.4
5	時事通信	4.2
5	サーチナ	4.2
7	GIGAZINE	4.0
8	ゲンダイネット	3.6
9	ZAKZAK	3.2
9	Space of ishtarist	3.2
11	教えて!ウォッチャー	2.8
11	ロケットニュース24	2.8
13	NEWS ポストセブン	2.6
14	日刊 SPA!	2.4
15	リアルライブ	2.0
16	ゆかしメディア	1.8
16	日刊サイゾー	1.8
16	週刊実話	1.8
19	スポーツを見るもの語る者〜フモフモコラム	1.6
19	Techinsight	1.6

	mixi ニュース 配信社	%
1	時事通信	14.6
2	毎日新聞	13.5
3	読売新聞	10.1
4	オリコン	9.6
5	ねとらぼ	8.1
6	ナリナリドットコム	3.9
7	シネマトゥデイ	3.4
8	NEWS ポストセブン	3.1
9	サンケイスポーツ	2.8
10	goo ランキング	2.5
10	ITmedia ニュース	2.5
10	escala café	2.5
13	＋D LifeStyle	2.2
14	日刊スポーツ	2.0
14	COBS ONLINE	2.0
14	BARKS	2.0
14	デイリースポーツ	2.0
18	ZAKZAK	1.7
18	教えて! ウォッチャー	1.7
18	MORE	1.7

2011年8月、筆者調べ

net」などがある。地域情報を伝える「みんなの経済新聞ネットワーク」は北海道から沖縄、海外まで80地区で展開している。これらに、掲示板のまとめサイト、芸能人や経営者のブログ、「Yahoo!ニュース個人」の書き手などが加わり、扱うコンテンツや地域、読者層などに応じた多様なメディアが生まれている。

　ニュースサイトの記事が、ヤフーなどポータルサイトのトップやTwitter、Facebookで拡散されることで、多くの人の目に触れることになる。このようなマスメディアとパーソナルメディアの中間に位置するメディアを「ミドルメディア」と位置づけている(**図表3**)。

　ソーシャルメディアの登場によりメディアは、マスメディア、ミドルメディア、パーソナルメディアと三層化した。ブログや掲示板などのパーソナルメディアが人々の情報発信の基盤として注目され

図表3　メディアの三層化

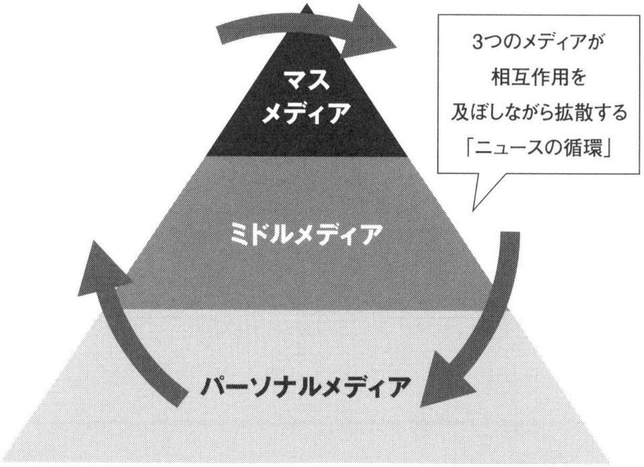

[図：三角形の頂点から順にマスメディア、ミドルメディア、パーソナルメディアと三層に分かれ、3つのメディアが相互作用を及ぼしながら拡散する「ニュースの循環」を示す矢印が描かれている]

筆者作成

始めたころは、「一次情報は新聞やテレビにある」「ネットには独自の情報やニュースはない」といった指摘があったが、いまや事件や事故が起これば、ソーシャルメディアに写真の投稿や書き込みが行われる。これらをミドルメディアが取り上げて、さらに拡散する。人々の書き込みが情報元、一次情報となり、ニュースが生まれている。

　ミドルメディアには、「NAVERまとめ」「Togetter（トゥギャッター）」などのキュレーションサービスも含まれる。また、投稿型サイトの「ハフィントンポスト」、ブログを集めた「BLOGOS（ブロゴス）」といったサイトもある。マス、ミドル、パーソナルという3つのメディアが相互に作用を及ぼしながら話題が大きくなり、拡散していくニュースの生態系が生まれている。

ニュースメディアの拡張と注意したいステマ

　このように、新聞やテレビの記者だけでなく、ニュースサイトやブロガーまで、パブリシティや広告出稿を行う範囲は大きく広がっている。ミドルメディアがパーソナルメディアの情報をマスメディアにつなげたことで、人々の口コミから生まれるニュースも注目を集めている。

　その際に注意したいのはステルスマーケティング（ステマ）だ。ステマとは、消費者に気づかれないように宣伝行為をすることだ。タイアップや記事広告の場合、読者にも分かる表記が求められる。広告会社などが作る業界団体WOMマーケティグ協議会では、「関係性明示」の原則、「消費者行動偽装の禁止」といったガイドラインを作成している（**図表4**）。

図表4　WOMマーケティング協議会（WOMJ）ガイドライン（抜粋）

消費者行動偽装の禁止

1. 消費者行動の偽装は、情報受信者が正確な情報を知る機会を損なうおそれがあるため、WOMJ会員はこれを行なってはならない。

関係性明示の原則

1. 情報発信者に対し、WOMマーケティングを目的とした、重要な金銭・物品・サービス等の提供が行われる場合、マーケティング主体と情報発信者の間には「関係性がある」と定める。関係性がある場合には、その関係性は情報受信者が容易に理解できる方法で明示されるべきである。

2. 関係性がある場合には、情報発信者に対し原則として関係性明示を義務付けなければならない。義務付けることが極めて難しい合理的な理由がある場合には義務付けなくてもよいが、その場合でも関係性が明示されるよう最大限の努力を行わねばならない。

3. 関係性の明示の際には、WOMマーケティングのマーケティング主体の名称と、情報発信者への金銭・物品・サービス等の提供の有無は示されるべきである。金銭・物品・サービス等の提供の内容についても、詳細に示されることが望ましい。

第10章

テクノロジーで変わるマーケティング

■

広告効果の可視化による波紋
マーケティングの新しい基盤
進化する統計モデリング
データドリブン型組織の構築

広告効果の可視化による波紋

文／橋本大也（データセクション 取締役会長）

Point

1 最後に見た広告のクリックだけを評価する「ラストクリック偏重主義」によって、企業や商品のブランド力を高める広告、企画力の高い広告を過小評価してしまう傾向がある。

2 ネット広告の間接的なインプレッション効果を把握できる「アトリビューション分析」により、商品購入や申し込みなどコンバージョンに対する各広告の貢献度を算出し、出稿精度を高めることができる。

3 今後はテレビや雑誌などのオフライン広告や顧客データ、ソーシャルメディアの口コミなどをも統合したアトリビューション分析の領域拡大に期待。データサイエンティストの活躍がこの流れを後押しする。

ラストクリック偏重の功罪

　ネットの広告効果には大きく2種類があると言われる。クリック率や購入率で計測できる直接的な「レスポンス効果」と、認知率やブランドイメージ向上に貢献する「インプレッション効果」だ。ネット広告は、従来型の広告と比較するとレスポンス効果が見えやすいのが特徴である。表示回数とクリック数、そしてコンバージョン（商品購入や会員申し込みなどのアクションをユーザーが行うこと）の回数が、はっきりとログデータに残るからだ。

　これに対してテレビCMや新聞・雑誌のような従来型の広告は、視聴率や印刷部数は把握できても、実際にどれだけの人がその広告を見たのか、そして興味を持ち購入に至ったのかは、正確に知ることができない。この費用対効果（ROI）のアカウンタビリティ（説明可能であること）の高さこそ、ネット広告の急成長の要因だった。

　しかしネット広告にも長い間、大きな弱点があった。ログの解析によって、直接的なレスポンス効果は把握できたが、間接的なインプレッション効果を立証できなかった。データ分析上は、表示されたその場でユーザーにクリックされた広告、コンバージョンに成功した広告しか効果ありと評価されない。商品・サービスの認知を高めることが狙いの広告や、ブランドイメージを高めるための広告は、表示はされるけれどもクリックされることが少ない。レスポンス効果だけで評価するならば、後者は効果がないことになる。この単純な評価方法では、コンバージョンに直結しやすい検索広告やアフィリエイト広告ばかりが高評価になってしまう。

必ずしも広告は、表示したその場での即時コンバージョンを狙うものばかりではない。広告によって商品の存在を広く消費者に知ってもらい、後日に、何らかのアクションをしてもらうことを目的とする広告も多い。家電やクルマや不動産のように、検討期間が長期にわたる商品であれば、その傾向はなお強くなる。

また、消費者は最初に見た広告に飛びつくとは限らない。いくつかの広告を見た後に、アクションへつながるケースの方がむしろ自然なはずである。最後に見た広告のクリックだけを評価する"ラストクリック偏重主義"は、洗練されたクリエイティブでブランド力を高める広告、世の中を驚かせて話題になる企画力の高い広告を過小評価してしまう。

画期的なアトリビューション分析

近年、ネット広告の環境変化により、従来難しかった間接的なインプレッション効果の測定も可能になってきた。より多くのデータを分析し、正確に広告の効果を把握するために登場したのが「アトリビューション分析」である。その名の通り、コンバージョンに対する各広告の貢献度を算出する方法論だ。

大きな環境変化とは、ユーザーの広告視聴履歴を広範囲に取得できるようになったことだ。まず**第三者配信**❶方式の普及という業界の変化がある。国内のあらゆるサイトに横断して広告を配信する広告会社・事業者が現れたことだ。これら業者のログデータを見れば、ユーザーを特定する技術（Cookie）で、同じブラウザ、端末を使いWEBサイトを閲覧している同一ユーザーを把握できるようになっ

❶ 第三者配信
媒体社のアドサーバーではなく、ディスプレイ広告を一括管理する第三者のアドサーバーから配信すること。

た（個人名は特定しない）。

　以前は、サイトのアクセス解析では、ユーザーの同一性を自社のサーバー内でしか知り得なかったのだが、現在は広告出稿先のメディア上であれば特定できる。Googleアナリティクスのようなアクセス解析のトラッキングツール類にも、アトリビューション分析をするための機能が搭載されている。

　かくして企業や広告会社は、広告を見たユーザーの視聴履歴を、サイトを横断して把握できるようになった。これは画期的なことだ。例えば、ポータルサイトで広告Aを見たユーザーが3日後にニュースサイトを訪れて広告Bを見て、1週間後に商品名で検索をした際に検索広告Cをクリックして、結局ECサイトでその商品を購入するに至った、という一連のプロセスを、詳細に把握できるようになったのだ。

　このユーザーのセッションには広告A、B、Cがある。最後にクリックされたCだけが効果があったわけではないはずだ。購入というゴールを決めるには、Cというシュート役より前に、良いパスを出したアシスト役のAとBがいた。この2人の貢献度を評価してやらねばならない。例えば広告A、Bが各30点、広告Cが60点というように数値化するのである。この数値が分かれば、広告の効果的な予算配分や出稿パターンが見えるようになる。

　各広告のゴールのひとつにユーザーの態度変容を促すことがある。有名なAIDMA（注意→関心→欲求→記憶→行動）や、ネット登場後の改良モデルであるAISAS（注意→関心→検索→行動・購入→共有・評価）の各段階を次のフェーズへと移行させるアシストが

大切なのだ。アシスト役とシュート役では評価が違って当然である。役割の違いに応じて、広告を評価していくべきだという理屈を、本格的に分析に活かせる可能性が出てきた。

アトリビューション分析の貢献度スコアの計算方法には、まだ決まった方法論はないが、広告キャンペーンの総コンバージョン数に対して、広告A、B、Cの表示回数やクリック回数にスコアを与えて数値化して、貢献度を比率として計算するケースが多いようだ。大規模なキャンペーンでは、何百ものサイトに、多くの種類の広告を配信していることが多い。ログデータから、代表的なセッションのパターンを5つほど抽出して、各パターンにおける各広告の貢献度を見ることで精度は高まる。より細かく見るためにセッションデータを多変量解析にかけるケースもある。データサイエンティストと呼ばれる、統計を得意とする専門家が活躍する仕事だ。

広告ビジネスモデルの変革

アトリビューション分析はビッグデータ時代の広告効果の指標として大変優れている。複数の広告に接触してからコンバージョンに至るセッションは、クリックスルーとビュースルーという2つのモデルに分類できる。セッション内でユーザーが広告をクリックするのが前者で、表示しただけなのが後者だ。

実はネット広告の多くはクリックされない広告だ。例えば一般的なバナー広告のクリック率は0.1％程度にすぎない。海外でも「購入にいたる消費者の9割はバナー広告をクリックしない」という調査結果がでている。クリックスルーのセッションだけを評価してい

た従来の評価方法では、9割以上の広告セッションの効果を正しく把握できていなかったとも言える。

　アトリビューション分析はマーケティング活動の曖昧だった部分をデジタル技術によって可視化するものだが、この考え方はネット広告を超えての統合が期待されている。現在は「テレビCMを見た」「雑誌の記事を読んだ」「店頭で販売員に説明を聞いた」「Twitterの口コミで知った」などオフラインの広告領域やソーシャルメディア領域の広告効果のほとんどは、アトリビューション分析の計算外である。

　オフラインの広告効果の測定指標との統合という面では、広告に関係する多様なデータを統合管理するDMP（データ・マネジメント・プラットフォーム）という仕組みが、すでに欧米を中心に導入され始めている。こうしたシステムの上でネット広告と、顧客デー

CLICK-THROUGH RATES BY REGION

Country	Rate	Country	Rate	Country	Rate	Country	Rate	Country	Rate
Canada	.09%	United States	.10%	Austria	.11%	Belgium	.13%	Denmark	.12%
Finland	.05%	France	.12%	Germany	.11%	Greece	.17%	Ireland	.10%
Luxembourg	.09%	Italy	.10%	Netherlands	.14%	Norway	.11%	Spain	.12%
Sweden	.08%	Switzerland	.12%	UAE	.18%	UK	.07%	Australia	.07%
China	.12%	Hong Kong	.17%	India	.18%	Malaysia	.30%	Singapore	.19%

世界各国のクリックスルー率。購入にいたる消費者の約9割はバナー広告をクリックしていないことが分かる。

出典:Smart Insights

タやPOSデータなどとの統合分析ができる。

　ソーシャルメディアの口コミもまた有力な間接アシスト役であるはずだ。ソーシャルメディアの書き込みを定量的・定性的に深く分析する専用ツールも普及が始まっている。例えばブログやTwitterの書き込み内容を「○○が気になる」「○○がいいね」「○○が欲しい」「○○を買いました」とグループに分類すると、AIDMAやAISASの分類に近い整理ができる。広告データと統合して分析すれば、どのソーシャルメディアの書き込みが広告による態度変容に貢献しているか、口コミのアトリビューションだって測り得るのだ。

　アトリビューション分析の扱う対象は、オンラインとオフライン、企業の広告と口コミという垣根を越えて領域を拡大していく。分析モデルの高度化とツールの進化、そしてデータサイエンティストの活躍によって、これからの10年間で広告のビジネスモデルを大きく変革していくと筆者は考える。

第10章　テクノロジーで変わるマーケティング

マーケティングの新しい基盤

文／柴田貞規（博報堂DYメディアパートナーズ データマネジメントプラットフォーム部長）

Point

1 DMPは導入することがゴールではない。企業のどのような課題を解決し、どんな成果が予想されるかを議論し、マーケティングの視点を持つことが重要。

2 DMPで扱うのは、企業の自社のデータ、媒体社のデータ、購買履歴や閲覧履歴などの他社データ、位置情報など。以上の分析によって新たなターゲット像の発見、ターゲティング精度の向上、サイトのパーソナライズが可能。

3 広告配信の最適化を目的としたDMPの運用には、データを「集める」「分析・分類」「使う」というステップがある。企業によるターゲットのセグメント作成も可能であり、PDCAサイクルを回すことで成果に近づく。

将来を見据えたDMP構築

2013年度に入ってから、広告主・媒体社・広告会社などの担当者からよく発信されているキーワードのひとつに「Data Management Platform」（以下、DMP）がある。今回はこのDMPについて、いくつかのポイントに整理してお伝えしたい。

当然ではあるがDMPを導入すること自体がゴールではなく、「企業のどのような課題に対しての解決になるのか？」「どういう成果が予想されるのか？」という本質的なことを議論しないとまったく意味がないままに終わってしまう。また、導入にあたっては単なるテクノロジーや広告配信の視点だけではなく、マーケティングの視点を持つことが大切である。

企業がまず検討しているのは「プライベートDMP」と呼ばれるものだろう。これは、DMPをCRM（Customer Relationship Management）の一貫と捉える考え方であるため、以前からある顧客向けの活動をサポートするものとしての活用になる。具体的には、これにより従来のCRMツールだけでは取得できなかった、既存顧客の行動データやソーシャルデータをすでにあるCRMの仕組みに取り込み、顧客のセグメントの見直しを行い、そのセグメントにしたがって広告クリエイティブを制作し、広告を配信することができるようになる。

さらには、DMPを使って作成したセグメントや顧客の行動シナリオごとに企業のWEBサイトに表示するコンテンツを変えるといった使い方もある。

いずれの方法も「企業にとっての現在の顧客」の一層のアクティブ化・収益化に貢献するものと言えるだろう。

さらに広告会社が運用するDMPもある。博報堂DYグループは、「Audience-One(オーディエンス ワン)」というDMPを持っている。広告会社が運用するDMPの特徴は、企業が単独では集めることができないデータを持っているということにある。

例えば、Audience-Oneは2億以上のオーディエンスデータを持っており、それを独自にセグメントしサービスとして提供しており、購買データも蓄積することになっている。これら大量のデータを自社で購入するのは莫大な費用もかかるし、そもそも購入する価値があるか判断するのは非常に難しい。

データに関わるテクノロジーやハードウエア、またデータを利用したソリューションがそれぞれ進化したことで、データそのものが改めて注目されている。以前から大量のデータを使って顧客分析を実行している企業にとっては、何が新しいのかまったく意味不明という状態なのかもしれない。

しかし、多くの企業にとっては、自社のマーケティング活動の基礎となる大量のデータをDMPに蓄積していくことは、将来を見据えた新しい取り組みであることは間違いないだろう。

DMPで扱うデータの種類

DMPで扱うデータは大きく分けて次の3種類である（**図表1**）。ただし、この整理はあくまで一例であり、各DMP事業者のシステム仕様やその利用法によっては定義が異なる場合がある。

図表1　DMP活用の流れ

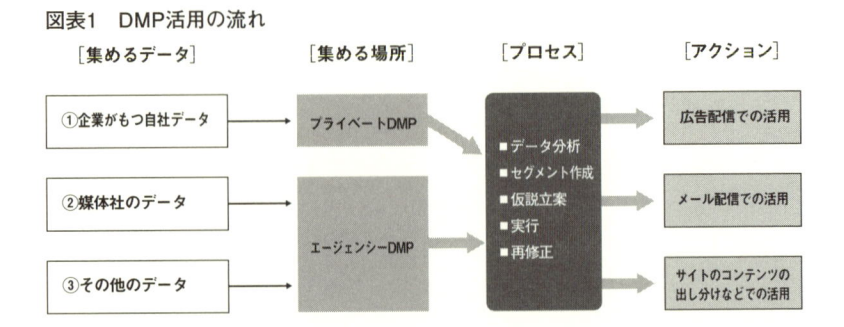

［集めるデータ］　［集める場所］　［プロセス］　［アクション］

① 企業がもつ自社データ → プライベートDMP

② 媒体社のデータ →

③ その他のデータ → エージェンシーDMP

プロセス：
- データ分析
- セグメント作成
- 仮説立案
- 実行
- 再修正

アクション：
- 広告配信での活用
- メール配信での活用
- サイトのコンテンツの出し分けなどでの活用

①企業の自社のデータ
- 自社サイトにDMPのタグを埋め込んで取得できる、自社サイト訪問者のデータ
- 企業の顧客ID（もちろん匿名化後）にひも付いた行動情報、検索履歴、購買情報などのデータ

②媒体社のデータ
- 媒体社のサイトにDMPのタグを埋め込んで取得できる、媒体社サイトの訪問者データ
- 媒体のコンテンツごとに訪問者データをセグメントしたデータ

③その他のデータ
- 他企業のデータ（購買履歴や閲覧履歴など）
- 位置情報データ、天気予報データ、株価データなど

　続いて、これらのデータを使って企業がどう進化できるのかをあくまで一例だが、考えてみたい。

DMPを使って今できること、将来できること

　DMPに蓄積するデータを分析すると「夢のようなアイデアが出る」と表現する事業者も多いが、当社の実施実績を通じて、「今できること」と「将来やれること」を改めて整理してお伝えしたい。

1. 今、サービスとして提供できること
①新たなターゲット像の発見
　サイト訪問者の属性や、自社顧客の他サイトへの訪問情報などを分析することで、新たなターゲット像に気づくことができる。例えば、ある歴史に関する書籍はターゲット顧客を「50代の歴史好き」と位置づけていた。サイト訪問者を分析したところ、実際は30代の訪問が多数で、歴史だけではなく登山のサイトを興味深く閲覧していることが分かった。そこで次回の施策は「登山愛好者」をターゲットにして歴史書のプロモーションを行ってはどうか？という仮説を立てられるようになる。

②広告ターゲティング精度の向上（バナー広告やメール配信）
　様々な切り口のデータ（Cookie）を取得することになるので、切り口は無限大。例えば「今週、ハワイ旅行の計画を本格的に立て始めた人」といった生活者の最新の興味をキャッチできるほか、ターゲティング精度を上げ、そのターゲットに"リアルタイム"で広告を届けられるようになる。絞り込みすぎると当然、含有ユーザー数は小さくなるので、どこまで細かく絞っていくかを、運用の中で見つけていくことが大切である。

③コンテンツの出し分けなどのサイト、パーソナライズ化

サイト訪問者のデータを活用することで、顧客がサイトに訪問したときに、「今一番興味を持っていそうなこと」をコンテンツとして表示することができる。従来のレコメンドエンジンに近いが、DMPのデータもレコメンドロジックに加味することがポイントだ。DMP単体ではなく、CMS（➡54ページ）などとの連携が必要となる。

2. 将来に向けて準備していること

①商品開発・コミュニケーションプランの策定など

既存顧客の分析を、従来取得できなかったデータを使うことで、新たな発見を期待し、今までとは異なったコミュニケーションプランを策定したり、企業によっては商品開発に活用したりする方法も考えられるだろう。

最後に、どういう形でDMPを使っていけば良いのかを、具体的なステップで示したい。

DMPの運用ステップ
──広告配信の最適化を目的として活用する場合

STEP1：データを「集める」

まず、自社サイトにDMPのタグを設置し、訪問者のデータ（Cookie）を集める。すべてのページにタグを入れることが本来は望ましい。アクセス解析ツールとのシステム連携も検討する。デー

タを他社から購入することも協議していくフェーズだ。

STEP2：データを「分析・分類する」

DMPに溜まっているデータを一定のルールのもとで分類していく。このルールは企業や目的ごとに異なり、一度のルール作成で終わることはなく、常に改定を行っていく。これらの「特定のルールに従ってデータを分類したもの」をセグメントと呼び、STEP3で活用する。このセグメントも常に追加・削除・改良を行う。

STEP3：データを「使う」

ここでは、最もシンプルで分かりやすい利用方法を紹介したい。

図表2　広告配信の最適化イメージ

セグメント作成	広告出稿	成果確認	再セグメント
セグメント1 **40代サラリーマン** UU数：1000万	広告 残業続きで翌日がつらいあなた…	Cookie 多い CPA 良い まだまだ細分化で改善できる余地あり	セグメント細分化 セグメント1' **PC作業が多い都会派40代** セグメント1'' **営業回りが多い体力勝負の40代**
セグメント2 **美容30代女性** UU数：1000万	広告 30代、輝き続けるための美容	Cookie 少ない CPA 良い ピンポイントで狙えたセグメント	これ以上、細かくできないので継続出稿
セグメント3 **アンチエイジング** UU数：5000万	広告 最近疲れやすい。もう若くはない！？どうしよう…	Cookie 多い CPA 悪い セグメントの精度が粗い	セグメント細分化 セグメント3' **女性美容アンチエイジング** セグメント3'' **男性スポーツ志向アンチエイジング**
セグメント4 **60代スポーツ志向** UU数：50万	広告 まだまだアクティブでいたい！	Cookie 少ない CPA 悪い そもそも想定したユーザーは少なく、成果も良くない筋違い	出稿停止 ×

UU…Unique User　CPA…Cost Per Acquisition／図表1、2の出典：博報堂DYメディアパートナーズ

マーケティングの新しい基盤

　現在のオンライン広告は、「20代男性」「自動車に興味がある」といったように、ある意味決められたジャンルでのターゲティングが一般的だ。これに対してDMPを用いると、企業自らで考えてセグメントを作成し、そのセグメントに広告を配信できるようになる。例えば「サッカー」というキーワードで検索してサイトを訪問した人に、特別なクリエイティブで広告を改めて見せる。あるいは、サッカーが好きで関東地方に住んでいる人の集団へまとめて広告を見せることができる。もし、ものすごく有効なセグメント案を思いつけば、そのセグメントを実際につくるために必要なデータを買ってくるというアクションも今後生まれてくるだろう。

　今回、オンライン広告の配信についての活用方法を紹介したが、広告配信以外でのデータ活用方法でもおよそこのステップは変わらないだろう。
　リスティング広告などの運用型広告と同様、DMPも運用しPDCAサイクルを回すことで、各企業が求める成果に近づいていくものである。
　収集する個人情報の取り扱いについて、匿名化処理などを含めて課題も多いが、十分な議論や検討を進めながら、企業は自社のデータをどう活用するかを徹底的に考え、データを読める人材を育成し、さらには自社以外のリソースも効果的に使いながらこの領域に取り組むことが今後ますます必要になるだろう。

第10章　テクノロジーで変わるマーケティング

進化する統計モデリング

文／三浦 暁（博報堂DYメディアパートナーズ 統合コミュニケーションデザインセンター ROIマネジメント部）

Point

1 先端的な統計科学の考え方や高度な推定手法により、実務レベルでの施策評価や、関係者間での議論を活発化させるようなアウトプットが可能になってきた。

2 広告出稿データやPOSデータなどの変数を用いたマーケティング・ミックス・モデリングによって、販売への貢献度を導くことができる。その結果、将来予測や投資配分の最適化につながる。

3 PDCAマネジメントのうち、最初の「P(Plan)」の段階で、事前にマーケティング効果を予測する「Predict(予測)」というフェーズの重要性が増すと考えられる。

マーケティングROIが注目される背景

　広告投資による効果を可視化して、マーケティング予算を最適化したいという「マーケティングROI」向上への意識は、近年非常に高まっている。それは、広告会社のアカウンタビリティがこれまで以上に厳しく求められている、ということを同時に意味している。

　最近では、取得可能なデータが飛躍的に増えたこともあり、システムやテクノロジーを使って、この問題意識に迫るツールやソリューションが増えている。ただし、生活者が購買に至るフルファネルの全体像を明らかにし、ブラックボックスだった施策効果の中身がすべて解明される日が来るのは、もう少し先の話になるのではないか、というのが正直な実感である。

　マーケティング研究の世界では、マーケティングサイエンスをはじめとして長年、様々な研究者があらゆるアプローチでこの難題を解き明かそうとしてきたが、今日にいたっても実務レベルでの使用に耐えうる世界標準的な手法が確立されていないことからも、その困難さを物語っている。

　しかし、すべての効果や要因が明らかにならないまでも、先端的な統計科学の考え方や、人の手ではとても計算できない高度な推定手法を用いることで、実務レベルでの施策評価や、関係者間でのディスカッションを活発化させるような有用なアウトプットが可能になってきたこともまた事実である。

　マーケティングの最前線で、この難題と向き合っている現場の方々の日々の意思決定が、少しでも科学的根拠を伴うことで合意形

成がスムーズになされ、マーケティング施策を成功に導く手助けになれば、というのが切なる願いである。改めて、統計的アプローチによるマーケティングの重要性が増しているのである。

オフラインとオンラインを横断した統合的アトリビューションの解明へ

デジタルマーケティングの分野においては、生活者がオンライン上で広告やコンテンツに接触してから自社サイトに訪問した後、再訪問してコンバージョンするまでの一連の経路(パス)については、第三者配信などのテクノロジーを使えば簡単に把握することができる。

ただし、本当にオンラインだけのアトリビューションを見てさえいれば、生活者の行動導線をすべて捉えたと言い切って良いのだろうか。例えば仲の良い友人との会話の中で、ある商品についてのポジティブな意見を聞いたことで、従来とイメージが変わり、そこで初めて購買意欲が高まったのかもしれないし、あるいはテレビCMに何回か接触するうちにまったく検討候補に入っていなかった商品について、詳しく知りたくなったからWEBサイトに訪れただけなのかもしれない。つまり、生活者が接触する多様なタッチポイントを横断的に把握しないことには、限定された情報のみで媒体評価を下した場合、誤った意思決定をしてしまう可能性があるということを改めて認識する必要がある。

各種の**シングルソースデータ**❶や、ソーシャルメディアと相性の良いO2O（Online to Offline）施策のトラッキングなども、このオフラインとオンラインを横断したコミュニケーション上のブラック

---

❶ シングルソースデータ
同一被験者に対して、複数の異なる多面的な調査を実施して得られたデータのこと。このデータをもとに、媒体接触と購入実態、広告接触と購買との関係などを精査する。

ボックス解明について、ひとつの可能性を秘めていると言えるだろう。また本稿のテーマである数理モデリングによる「マーケティング・ミックス・モデリング」も昨今改めて注目されている手法である。

では、「マーケティング・ミックス・モデリング」とはどういうものか？

KPIを最大化させる最適予算配分の算出

マーケティング・ミックス・モデリングとは、各種広告活動や店頭販促活動、あるいは季節性や価格などのビジネス環境変動が、ブランドの販売に対してどの程度のインパクトを及ぼしていたのかを、包括的に数値化・可視化する分析のことである（**図表1**）。

アプローチとして、「各要因を表現する時系列データ」と「要因間の関係を表現するモデル式」を両輪として、各要因の影響度合いを測るという手法が主流であり、「市場反応分析」とも言われる。分析に使用する主なデータは、テレビ・新聞・ラジオ・雑誌・交通・インターネットなどの「広告出稿データ」や、POSデータなどの「実購買データ」に加えて、最近では「ソーシャルメディア上の反響数」なども変数に組み込まれる。

これらの変数の因果関係をモデル化し、各変数の適切なパラメータ（係数）を算出することで、販売への貢献度を導くものである。これを行うことによって、主に①**各要因の横断的なインパクトの把握**、②**過去データを基にした将来予測**、③**投資配分の最適化**の3つが期待できる（**図表2**）。工夫次第では、テレビ広告と新聞折り込

第 10 章　テクノロジーで変わるマーケティング

図表1　マーケティング・ミックス・モデリングの概念図

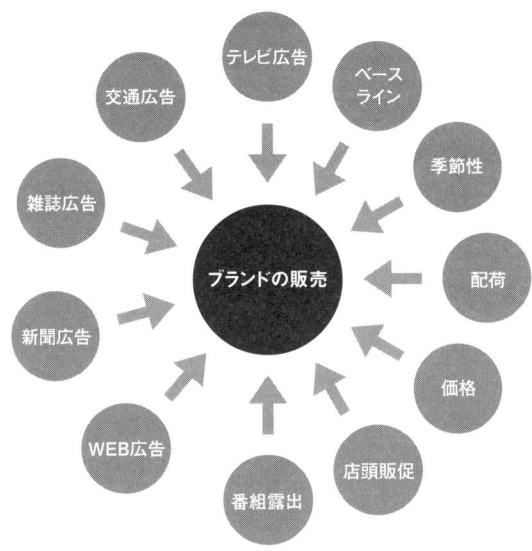

（中心：ブランドの販売）
テレビ広告／ベースライン／季節性／配荷／価格／店頭販促／番組露出／WEB広告／新聞広告／雑誌広告／交通広告

図表2　マーケティング・ミックス・モデリングを実施するメリット

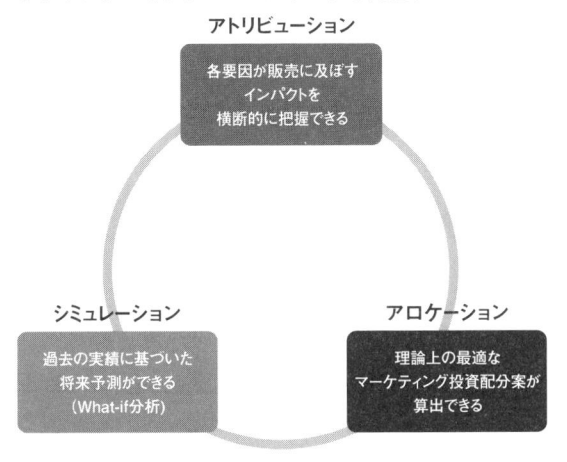

アトリビューション
各要因が販売に及ぼすインパクトを横断的に把握できる

アロケーション
理論上の最適なマーケティング投資配分案が算出できる

シミュレーション
過去の実績に基づいた将来予測ができる（What-if分析）

み広告のクロスメディア効果を把握したり、広告が販売のベースラインに及ぼす長期的インパクトを把握することもできる（**図表3**）。設定したKPI（Key Performance Indicator）に対する各メディアの弾力性を把握することができれば、メディアの弾性値を加味した精度の高いメディアプランニングや、KPIを最大化させる理論上の最適予算配分の算出も可能になる。

　また精度の高い予測モデルを使って、将来のキャンペーン効果をシミュレーションすることもできる。マーケティング施策の成功の鍵は、どのマーケティングドライバーが最も効果的にKPIを動かせるのかを把握することである、といっても過言ではない。

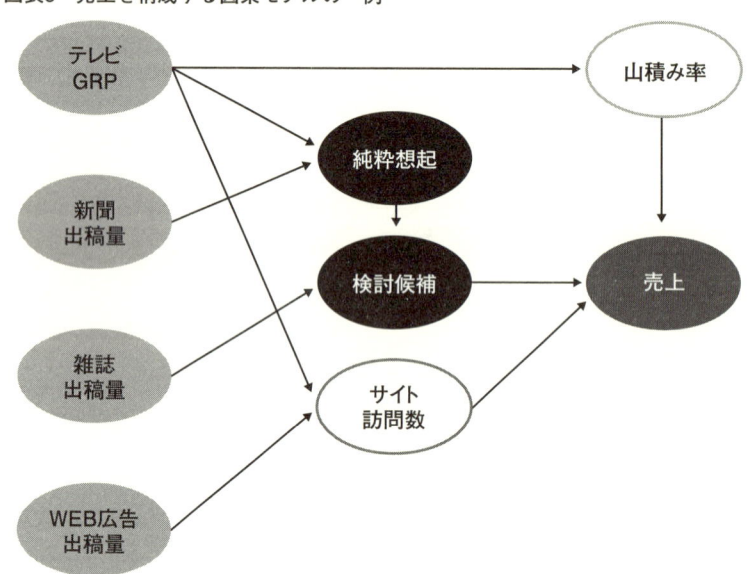

図表3　売上を構成する因果モデルの一例

第 10 章　テクノロジーで変わるマーケティング

これからのPDCAマネジメント

　ここで説明するまでもなく、PDCAマネジメントとは、「Plan（計画）」→「Do（実行）」→「Check（評価）」→「Action（改善）」という一連のサイクルを繰り返しながら効果効率を向上させていくことであるが、今後おそらく重要になってくるステップとして、最初の「P」の計画段階において、いかに精緻なシミュレーションモデルを作り、事前にマーケティング効果を予測するかという「Predict（予測）」というフェーズが考えられる（**図表4**）。

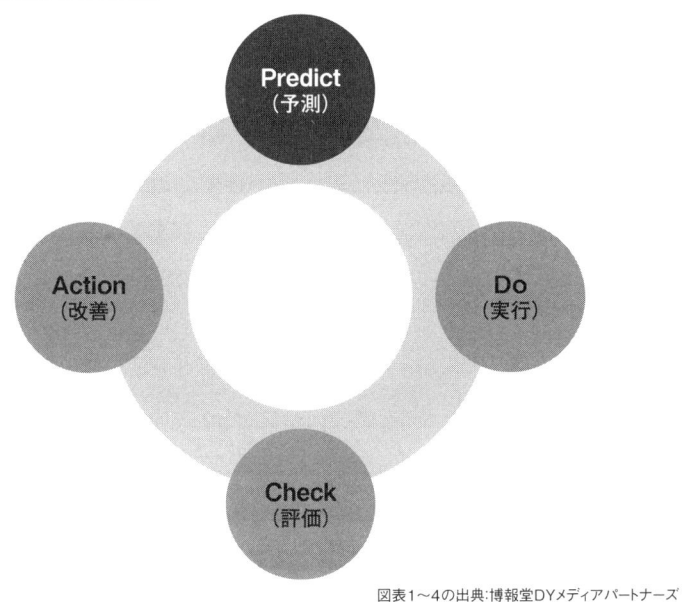

図表4　これからのPDCA

図表1～4の出典:博報堂DYメディアパートナーズ

また、現実世界の複雑な事象を表現するモデル式についても、単純な重回帰分析や共分散構造分析を使ったものでは、やはり予測精度に限界が出てくるため、最近ではより現実にフィットしやすい柔軟な推定ができるベイジアンモデリングを使ったアプローチも採用され始めている。新しいデータを投入することで、確率の値を更新するベイズ更新の考え方に基づいて言えば、構築した予測モデルに、実施した結果データを投入し、予測モデル自体の精度を向上させていく「予測モデルのPDCAサイクルを回す」ことも重要になってくるだろう。

　しかし、予測精度を左右する上で何より重要なのは、マーケティングやビジネスへの深い理解である。マーケターを含む関係者間の知見や経験を総動員して、いかに変数を洗い出し、因果モデルをつくるかというディスカッションのステップが、予実精度を向上させる上で、最も重要なことである。

　データ全盛の時代だからこそ、日々蓄積されていく膨大なデータを読み解いて、価値あるマーケティング上の重要なアクションに変えていけるかが、まさに問われている。これからのマーケティングの進化は、マーケター自身の進化にかかっているのかもしれない。テクノロジーでマーケティングが変わるのではなく、テクノロジーを使ってマーケティングを変えていくのは、やはり人でありマーケターなのである。

第10章　テクノロジーで変わるマーケティング

データドリブン型組織の構築

文／井上慎也
（アドビ システムズ マーケティング本部 マーケティング インテリジェンス部 デジタル マーケティング スペシャリスト）

Point

1 広告活動のPDCAマネジメントを実現するには、「データドリブン型」の組織が必要となる。ビッグデータを専門に扱うアナリティクスチームを設置し、適切な人材とリソースをチームに集めることが必要。

2 アナリティクスチームの一般的な編成方法として、「分散型」「中央集中型」「ハイブリッド型」の3つがある。すべてのリソースをチームに集中させる「中央集中型」と、チームと各事業部担当が連携する「ハイブリッド型」が多い。

3 PDCAマネジメントを通じて企業としての価値を継続的に生み出すには、組織や文化を伴う改善が必要。一部門で行うだけでなく、経営層を巻き込み、会社全体で取り組んでいかねばならない。

コミュニケーション活動にどう活かすか

　情報の過多や、モノ・サービスがあふれるといった消費者を取り巻く状況の変化に加え、デジタルによるメディア環境の変化によって、企業のメッセージはより一層届きにくくなってきた。一方、マーケティング費用を含む投資への管理がシビアになるなど企業の宣伝・広報部門の状況も変わってきた中、「広告を出す」ことが活動の目的ではなく、改めてマーケティング、広告そのもののあり方が見直されている。このような状況で、デジタルテクノロジーによる「効果の可視化」と「最適化」といったデジタルマーケティングの本質は、マーケターにとってマーケティング変革を推し進める武器と考えることができる。

　では、このデジタルテクノロジーを武器として、可視化によるメリットをどうコミュニケーションに活かしていけばよいのだろうか。

　各種広告効果の可視化やアトリビューション、モデリングなどによる、投資の最適化は主たる宣伝・広告担当にとってのメリットであり、積極的に改善を進めている企業も少しずつ見られるようになってきた。ただ、残念ながら経営層や各部署はこういった数字や考え方に対して懐疑的になり、結局、改善の提案は出されても採用されないというケースも少なからず見られる。

　こうしたなか、改めてデータを活用した改善のための有効な手法として見直されているのが、「テスト」である。アマゾンやグーグルなどがWEBサイトのレイアウトやコミュニケーションについて膨大なテストを行っていることはご存知の方も多いと思う。広告コ

ミュニケーション、WEBサイト、アプリなどの改善のため、多くの企業が取り組み、また、その活動をサポートするものとして、当社や多くの企業から「テスト」関連ソリューションが次々と提供されている状況となっている。

このテストとは、複雑な計算や、モデルというものが理解しづらい方でも、

- 実際の顧客に対してAとBのメッセージを見せたところ、Aがより良い反応とビジネス結果を生み出した。
- あるモデルを適応しない場合と適応した場合、モデルを適応した方にこれだけの改善が見られた。

という形で、シンプルに良し悪しや改善の効果を理解でき、デザイナーやコピーライター、宣伝・広告担当者の勘や経験ではなく、顧客とのコミュニケーションの現場で実際の反応をデータで確認しながら、確実な改善を進められる手法である。

データドリブン型組織をつくり上げることが理想

可視化やテストによって、宣伝・広告活動についてのPDCAマネジメントを行い、各活動の目的、ターゲット、戦略、活動内容を日々改善していくデータドリブン型組織をつくり上げることが理想的となる。しかし、PDCAマネジメントにおいてP（Plan）、D（Do）、C（Check）、A（Action）とある通り、Check＝可視化だけでなく、Action＝改善・最適化までが本当の目的であるべきなのだが、多くの組織は依然として、効果の可視化だけにとどまっている。それゆえ、分析による活動改善、投資の最適化という最大限の効果を引き

データドリブン型組織の構築

図表1　デジタルガバナンスには全体を支える確固としたリーダーシップと、戦略を土台とした人材・プロセス・テクノロジーのバランスが取れたアプローチが必要

```
┌──────┐ ┌──────┐ ┌──────┐
│ 人材 │ │プロセス│ │テクノロジー│
└──────┘ └──────┘ └──────┘
━━━━━━━━ 戦　略 ━━━━━━━━
          ▲
      リーダーシップ
```

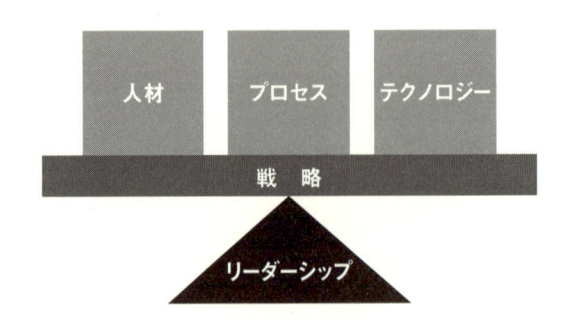

図表2　デジタルガバナンスフレームワークにおける主要要素

リーダーシップ	デジタルアナリティクスプログラムに対するエグゼクティブからの支持と支援
戦　略	オンラインパフォーマンスを評価するために、主要なビジネス目標を明確にし、この目標に沿ったデジタルアナリティクスを実現する
人　材	アナリティクスを効果的に行うためのリソース、専門的知識、適切なチーム構造
プロセス	デジタルデータを効果的にデプロイして使うための手順、ポリシー、標準、ワークフロー
テクノロジー	主要ビジネスニーズを満たす、アナリティクス、最適化、デジタルマーケティングの適切なツール

図表1、2の出典:アドビ「デジタルガバナンスフレームワーク」

出せずにいる。

　マーケターが日々の活動に追われ、期限に間に合わせるためのPD（企画と実行）しか行えていない状況を自身で実感し、また、目にすることも多いのではないだろうか。

　こうした実情において、当社はデジタルマーケティングの可視化や最適化を手助けするソリューションを提供すると同時に、自社での実践を含む数百の企業とのやり取りを通じ、継続して成果をあげるデータドリブンの組織を作るための「デジタルガバナンスフレームワーク」を確立し、先進企業に活用いただいている。

　この「デジタルガバナンスフレームワーク」についての詳細は割愛するが、フレームワークの基礎を形成するのは、①**リーダーシップ**②**戦略**③**人材**④**プロセス**⑤**テクノロジー**の主要要素であり、これらは個別ではなくすべてのバランスが重要になってきている。そして、データドリブン型組織を築く過程で直面する課題の多くは、この要素のいくつかに問題が見られる場合が多い（図表1、2）。

人材と組織のあり方が議論されている

　データドリブンマーケティングに早くから取り組んで可視化や最適化が進んでいる米国でも、リソース不足や組織体制がうまく機能していないために、レポーティングなどの基本的な責務にしか対応できていないケースが多い。「人材と組織のあり方」については常に議論に上がるポイントである。

　また、ここ最近CMO（チーフ・マーケティング・オフィサー➡50ページ）、経営層のなかで特に話題となっているのが「サイロ」

というキーワード。これは各部門が独立してそれぞれの手法・計測指標で可視化を行い、部門ごとで最適化を行うことで個別最適に陥ったり、それぞれの部門が出してくる効果が過小・過大評価され、これらを足し上げると自社全体の売上よりも多くなってしまったりするなど、CMO・経営層にとって自社の活動の全体理解や全体最適が難しくなる問題である。

こういった様々な問題の中では、

・アトリビューションなど企業の活動全体を共通の指標で正しく評価
・部門を超えて経験とリソースを横展開し、積極的にPDCAを回すことのできる組織体制

が重要と考えられる。組織体制については基本的に、ビッグデータを取り扱う専門のデジタルアナリティクスチームを設置し、適切な人材と十分なリソースをチームに集めることが、データドリブン

図表3　アナリティクスチームの構造

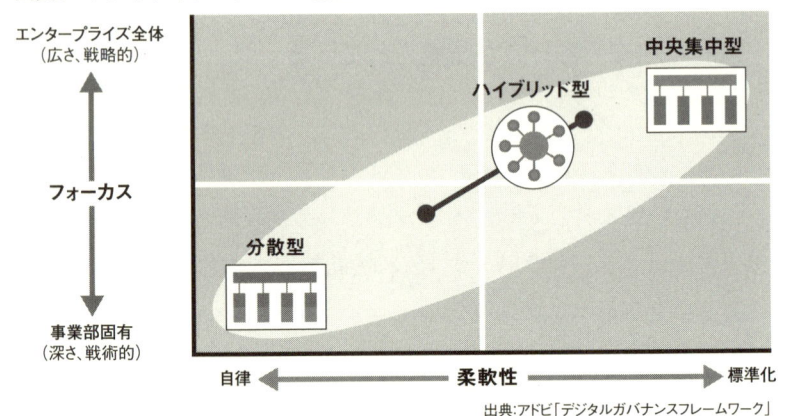

出典：アドビ「デジタルガバナンスフレームワーク」

文化を長期的に成功させる上では不可欠となる。このデジタルアナリティクスチームの一般的な編成方法として、**図表3**に示すように、**分散型**、**中央集中型**、**ハイブリッド型**（ハブ＆スポーク型）の3つがある。

投資最適化、売上増は組織改変から

今日では、アナリティクスチームを導入するほとんどの組織が中央集中型モデルまたはハイブリッド型モデルを採用している。中央集中型モデルでは、アナリティクスに関わるすべてのリソースが単一のコーポレートチーム内に配置される（拠点は1カ所の場合も分散している場合もある）。ハイブリッド型モデルでは、中心となるアナリティクスチームがアナリティクスプログラム全体を管理し、各事業部に配置されたアナリストと連携して働く。ハイブリッド型モデルは、中央集中型モデルの長所（標準化、トレーニングとベストプラクティスの共有）と分散型モデルの長所（事業部内での柔軟さ、アナリストがビジネスに近い）を兼ね備えている。

これらのガバナンスについて、当社でも、CMOや経営層の主導のもと、デジタルマーケティングに大きく予算と活動をシフトさせている。自社のマーケティングソリューションを提供するだけでなく、自社でもマーケティングに活用しつつ、データドリブン型組織をつくり上げ、旧来のマーケティングからの変革を成し遂げるべく、様々な取り組みが行われてきた。

当初は全担当者にツールを与え、PDCAの実践を訴えてきたが、なかなか取り組みは進まなかった。そこでPDCAを促進するための

専門チームを立ち上げ、各部門の共通リソースとして変革を進めてきた。

具体的に説明しよう。第一段階は「可視化のためのデータの取得と分析」の専属チームを設置し、積極的にデータの可視化と分析を行うことで、データと分析の重要性と価値の認識を高めた。

第二段階は、「改善のためのテスト」の専属チームを立ち上げ、分析の結果や担当者の疑問や仮説に対して、数多くのテストを行い、年間あたり2000万ドルの改善に導く結果を継続して出し続けている。

中央集中型モデルでスタートして積極的に分析とテストを進めつつ、現在では各事業部に専属の担当を配置し、より各ビジネスを理解して、深いデータ活用を進められるようにハイブリッド型に移行している。

こうした取り組みの結果、全事業で大きくマーケティング投資の最適化と売上増を数年にわたって継続することができた。

人材・予算のリソースを確保できる好循環へ

とはいえ、重要性を理解しつつも取り組みが思うように進んでいないのが現状である。このようなデータを活用したPDCAマネジメントに取り組み、企業として本当の価値を継続的に生み出していくには、組織や文化を伴う改善を行っていく必要があり、これは一部門で行うことではなく、経営層を巻き込み、会社全体として取り組んでいかねばならない。

海外ではCMOを中心にデータを活用したマーケティングについて大きな改革や改善が行われていくなか、日本の状況はどうなって

いるのだろうか。

　アドビでは2013年5月、企業におけるマーケティングの現状と課題を探る目的で、従業員数500人以上の企業の経営／マーケティング／営業関連部門の勤務者に対してリサーチを行った。その結果を簡単にまとめると、デジタルマーケティングについては8割近くが重要性を認識しており、マーケティング投資に占める「デジタル」の比率は回答者の平均として3年前の18％に対し、現在では27％に増えており、さらに3年後には38％まで増加すると見込まれている。ただ、その一方で「自社のデジタルマーケティングは進んでいる」と答えたのは4％のみであった。

　また、この取り組みが進んでいない要因のトップ3は、「リードする人材の不在」「投資対効果を明確にできていないため」「経営層が重要性を認識しないから」というものであり、日本の状況は問題が山積みであることが確認されている（図表4、5）。

　各自が他人事のように不平不満だけ言っていても何も状況は変わらない。各部門・個人が、積極的に自社の状況に応じたリードをすることで、データによる可視化と投資対効果の明確化、そして改善を重ねながら、経営層の理解を得ることができる。経営層・他部門を巻き込み、より人材・予算のリソースを確保していくことのできる好循環をつくり出すことを期待したい。

データドリブン型組織の構築

図表4　デジタルマーケティングの取り組みの先進度

- 進んでいる 4%
- やや進んでいる 17%
- やや遅れている 30%
- 遅れている 30%
- 分からない 19%

デジタルマーケティングの取り組みの先進度　n=747

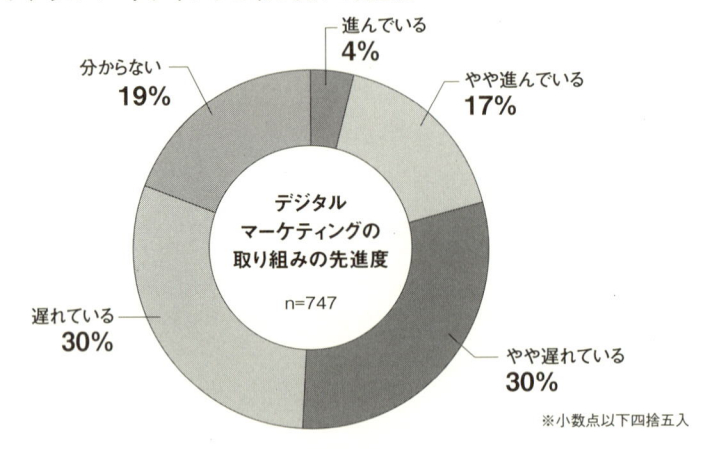

※小数点以下四捨五入

図表5　デジタルマーケティングが遅れている要因

- リードする人材がいないから 36%
- 投資対効果を明確にできないから 24%
- 経営層が重要性を認識しないから 22%
- ノウハウを蓄積できていないから 21%
- 先進的なことに取り組む社風・文化がないから 21%
- 必要な予算を確保できないから 18%
- マーケティング担当者の興味・関心・感度が低いから 14%
- マーケティング活動の評価指標が変わらないから 12%
- 関係部署(他部署)の理解を得られないから 10%
- 上司の理解を得られないから 7%
- 優れた技術やツール類がないから 7%
- 優れた外部パートナー企業がないから 5%
- その他 6%
- 特に要因はない 9%

※デジタルマーケティングへの取り組みが「遅れている」「やや遅れている」回答者ベース(n=443)

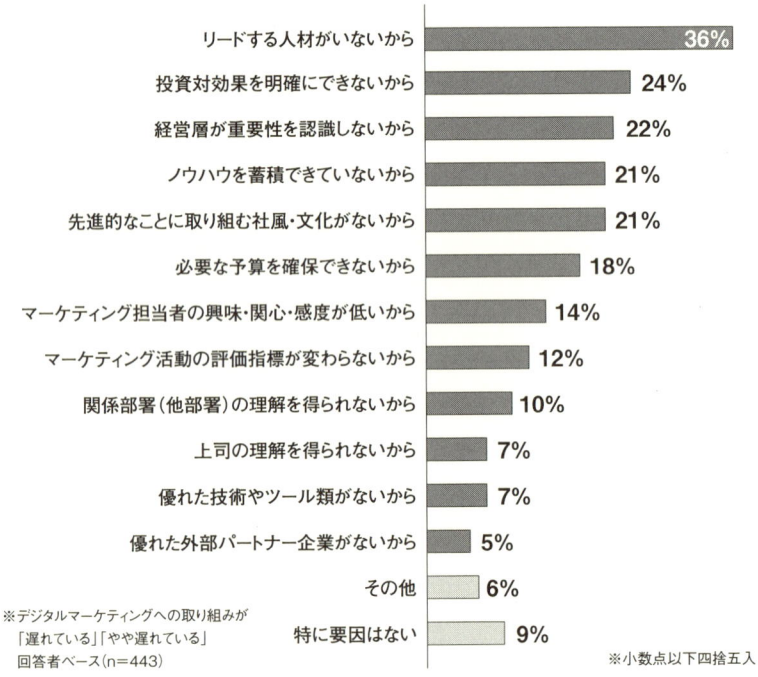

※小数点以下四捨五入

図表4、5の出典:アドビ「企業におけるマーケティング、デジタルマーケティングの現状と課題」

第11章

オウンドメディアの特性と活用

**企業戦略で重視されるのはなぜ？
オウンドメディアの役割**

**コンテンツづくりの視点
「いかに必然の出逢いを生み出すか」**

企業戦略で重視されるのはなぜ？
オウンドメディアの役割

文／増井達巳（合同会社フォース 代表）

Point

1 トリプルメディアを意識して備える時代はすでに過去のもの。
企業のコミュニケーション活動において、スタンダードな考え方であるべき。

2 オウンドメディアが「メディア」たるためには、生活者のコンテクスト（アクセスする時間・場所・デバイス）に適した形で、埋め込まれることが前提。

3 企業サイトは片手間では機能しない。部署を超え、外部のパートナーを活用しながら「統合型Webマスター」としての機能が必要。

第11章 オウンドメディアの特性と活用

▌トリプルメディア戦略がスタンダードになるまで

　社団法人 日本アドバタイザーズ協会 Web広告研究会が、これからのWebマーケティング戦略として、「トリプルメディア、トリプルスクリーン戦略を考える時代」という「Web広告研究会宣言」を発表したのは2010年のこと。この宣言でいう「トリプル」とは、文字通りのスリー・スクリーン、スリー・メディアということではなく、PC以外のデバイスやペイド（マス）以外のメディアを介して、消費者や生活者とコミュニケーションする時代が来ると予表し、企業のコミュニケーション戦略に刺激を与えることが目的だった。

　宣言から3年で予想をはるかに上回る急速な環境変化が起こっている。家庭のテレビはデジタル化され、インタラクティブなデバイスへと変化した。さらに、スマートフォンやタブレットの普及ほど、あらゆる調査結果を裏切る急速な伸びを示した例はないだろう。トリプルメディアを意識して備える時代はすでに過去のものであり、企業のコミュニケーション活動を考える上でスタンダードな考え方になっているべきだとも言える。

　しかし、この「メディア」というキーワードの定義自体が曖昧なことが、メディア戦略にも影響を与えているのではないだろうか。従来のメディアに固執し、トリプルメディア……とくにデジタル・コミュニケーション・メディアへの予算配分や対応する組織づくりに取り組むことが遅れている企業も少なくない。

　コミュニケーション活動における「メディア」とは、「情報送信・共有・記憶するデバイス」や「情報技術」そのものを指すのではな

く、情報技術が「社会経済的文脈（コンテクスト）」に埋め込まれたときに「見せ」る、ある種の様態（あり様）であるべきだと考える。

つまり、新しい情報技術やデバイスが出てきたからといって、それを新しい「メディア」として捉えるのは大きな間違いだということだ。それらが、利用する人々の生活する文脈（コンテクスト）の中に埋め込まれたときに、企業と生活者双方にとって価値が生まれ、その価値を共有できてこそ「メディア」だと言える。

オウンドメディアが担う 4つの基本的な役割とは？

生活者のライフスタイルやスマートフォンなどの急速な普及で情報接触デバイスが多様化したことによって、従来、強力なコミュニケーション・チャネルと思われていたテレビ・新聞・ラジオ・雑誌などのマスメディアが、社会経済的文脈（コンテクスト）に埋め込まれにくくなってきている。

雑誌の休刊や廃刊が相次ぎ、新聞も購読者確保のためのデジタル化（電子版発刊）が進んでいる。単に接触オーディエンスが多いという理由だけでは、メディアとしての機能を果たせなくなっている。

重要なのは、今後もますます変化し多様化する生活者とのコミュニケーションを企業・生活者双方にとって価値あるものとして継続するために変化することができるメディアでなければならない、ということ。言い換えれば、企業にとってコントローラブルであり、多様なコミュニケーション方法を実装できるメディアが生き残るということではないだろうか。「オウンドメディア」が重視されるのは、「メディア」とは何かを正しく理解し、時代背景や生活者の変

化を直視すれば、自明の理だと思える。

　さらに、オウンドメディアが担う多機能な役割にも注目する必要がある。一般的な企業サイトにも4つのサイト分類（**図表1**）があると考える。企業情報、商品・サービス情報、投資家向け情報、採用情報などの「インフォメーションサイト」を中心に、商品・サービスの魅力を動画コンテンツや詳細なコンテンツによってアピールする「プロモーションサイト」。お客さまからの問い合わせ受付や、各種ダウンロードサービスを提供する「レセプションサイト」。そしてお客さまのロイヤルティ向上を目的とした「リレーションサイト」の4つだ。

　これらの基本的な機能に加えて、お客さまや生活者の声の傾聴、お客さま同士のコミュニケーションの場の提供、サイト内行動分析

図表1　オウンドメディアの企画設計ルール抜粋

		コンテンツの目的	
		基本情報の提供	付加価値の提供
来訪者に期待すること	理解 (Understanding)	**インフォメーション** ■ 製品／サービス／サポート情報 ■ 企業情報 ■ CSR等への取り組み情報 ■ 財務／IR情報 ■ 採用情報 ■ サイトポリシー	**プロモーション** ■ キャンペーン ■ プロモーション ■ ブランディング ■ ビジュアル／ムービー ■ 読み物／コラム
	行動 (Action)	**レセプション** ■ 資料請求／申し込み ■ 購入（EC） ■ お問い合わせ／ダウンロード	**リレーション** ■ Webサービス ■ Webアプリケーション ■ デスクトップアクセサリー ■ 顧客とのダイレクトコミュニケーション ■ 顧客同士の情報共有促進 ■ 他のサイトとのシンジケーション

などから得られるマーケティングデータの収集なども担うことができる。

生活者の「コンテクスト」がすべての基点であるべき

事業継続マネジメント（BCM: Business continuity management）においてもオウンドメディアが最も重要な役割を果たすことは、東日本大震災の発生後に実証されることになった。平常時なら企業が競って自社ブランドの浸透や商品・サービスへの興味喚起を目的に情報を流すテレビ（マスメディア）だが、多くの企業が一斉にCMの出稿を自粛したため、ACジャパンのCMが大量に放送され、被災地以外の生活者も同じフレーズを何度も聞かされることになった。

一方で、企業サイト（オウンドメディア）には、企業活動は継続できているのか、自分の住む地域の支店や営業所は営業しているのか、あるいは発注した商品は期日通りに届くのか、申し込んだイベントは予定通開催されるのか……など、正確でタイムリーな情報を求めて多くの生活者が訪れ、平常時をはるかに上回るアクセス数を記録した企業サイトが少なくなかった。

平常時の企業の広報活動においてもオウンドメディアが重要な役割を果たす時代になったと言える。ここで、PR界の3人の巨人の内の1人といわれる、ジェームス・グルーニング氏（James E. Grunig）が提唱する4つのPRモデル「エクセレンス理論」を見てみよう（**図表2**）。これらのモデルは現在でもすべてが存在していると考えられているが、生活者に受け入れられているのは、④の「**双方向対称モデル（2Way）**」ではないだろうか。

第11章　オウンドメディアの特性と活用

図表2　4つのPRモデル「エクセレンス理論」

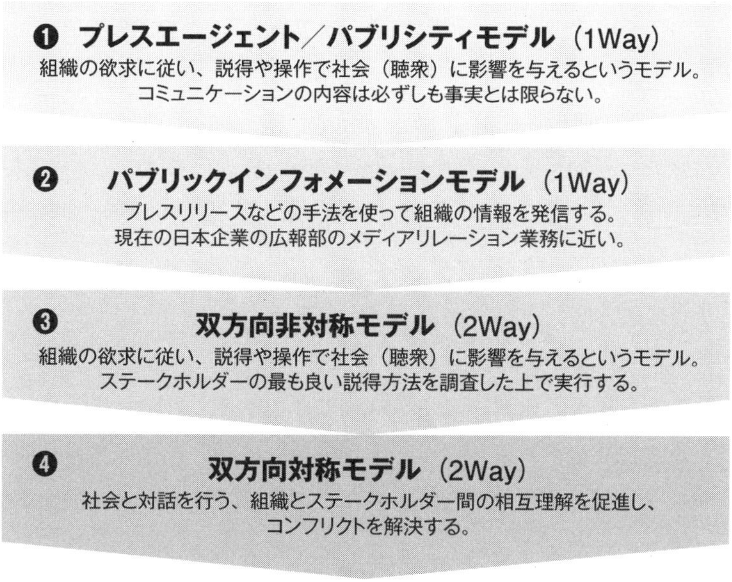

❶ プレスエージェント／パブリシティモデル（1Way）
組織の欲求に従い、説得や操作で社会（聴衆）に影響を与えるというモデル。
コミュニケーションの内容は必ずしも事実とは限らない。

❷ パブリックインフォメーションモデル（1Way）
プレスリリースなどの手法を使って組織の情報を発信する。
現在の日本企業の広報部のメディアリレーション業務に近い。

❸ 双方向非対称モデル（2Way）
組織の欲求に従い、説得や操作で社会（聴衆）に影響を与えるというモデル。
ステークホルダーの最も良い説得方法を調査した上で実行する。

❹ 双方向対称モデル（2Way）
社会と対話を行う、組織とステークホルダー間の相互理解を促進し、
コンフリクトを解決する。

　企業活動の不祥事や商品・サービスの不具合などのネガティブ情報を隠すのはもってのほかだが、日本企業の多くが広報活動のスタンダードにしているマスメディア中心の②**パブリックインフォメーションモデル**は、変化した生活者や生活者のコンテクストには既に受け入れられない時代になっている。コンテクストに埋め込めなければ、もはや「メディア」の役割を果たせない可能性さえあるのだ。

Web標準化への取り組みがスマホ対応の成否を分けた

　企業サイトの開設が始まったのは、インターネット元年とも言え

る2000年前後だった。政府によるe-Japan計画の策定も後押しとなり月額数千円程度で常時接続が可能になるサービスの提供が展開・普及し始めた。

　事業情報の紹介や、機器メーカーであればドライバーダウンロードなどのサービスをインターネット経由で提供することなどを目的として、企業サイトの開設が相次いだ。もちろん、自社サイトを「オウンドメディア」と位置づけ戦略的に活用する企業は少なく、企業情報や商品サービス情報を主要コンテンツとした「インフォメーションサイト」が中心だった。

　そのような中、先進的な企業は「オウンドメディア」の重要性に気づき、自社サイトのデザイン統合やリニューアルなどを担う専任組織や専任担当を設置し始めた。私自身も前職（キヤノンマーケティングジャパン）でウェブマネジメントセンターの所長に就任し、自社サイトを戦略的に活用する責任を委ねられたのが2001年1月のことだった。

　インターネット元年が到来したとはいえ、インターネット先進国である米国などに比較してかなり遅れをとっていることはすぐに実感した。ドメイン管理、CMS（➡54ページ）の活用、ポリシー（デザインガイドライン）、メジャメント（アクセス解析）など、サイトを運営していくのに必要な要素が何も揃っていないことに愕然としたものだ。

　何よりも自社サイトのミッション（存在意義や達成目標などの明確な定義）が曖昧な企業が多かった。そこで2001年に独自のウェブマネジメントシステム（**図表3**）を策定し、オウンドメディアマ

第 11 章　オウンドメディアの特性と活用

図表3　WMS（Web Management System）7つの要素と関連性

キヤノンマーケティングジャパングループのウェブ利用者ごとへの最適な価値提供
キヤノンマーケティングジャパングループ側の最大価値獲得

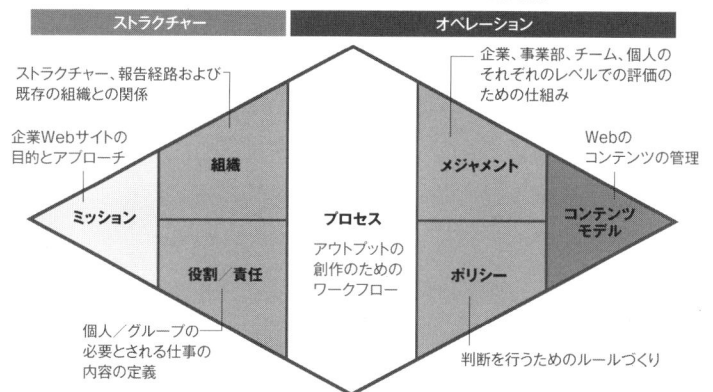

| ストラクチャー | オペレーション |

- ストラクチャー、報告経路および既存の組織との関係 → 組織
- 企業Webサイトの目的とアプローチ → ミッション
- 個人／グループの必要とされる仕事の内容の定義 → 役割・責任
- アウトプットの創作のためのワークフロー → プロセス
- 企業、事業部、チーム、個人のそれぞれのレベルでの評価のための仕組み → メジャメント
- Webのコンテンツの管理 → コンテンツモデル
- 判断を行うためのルールづくり → ポリシー

それぞれの要素の調和が取れているか否かが、Web戦略成功のカギを握っている

Owned Media「canon.jp」が提供すべき価値

Owned Mediaであるcanon.jpが満たすべき3つの価値要素を下記のように定義

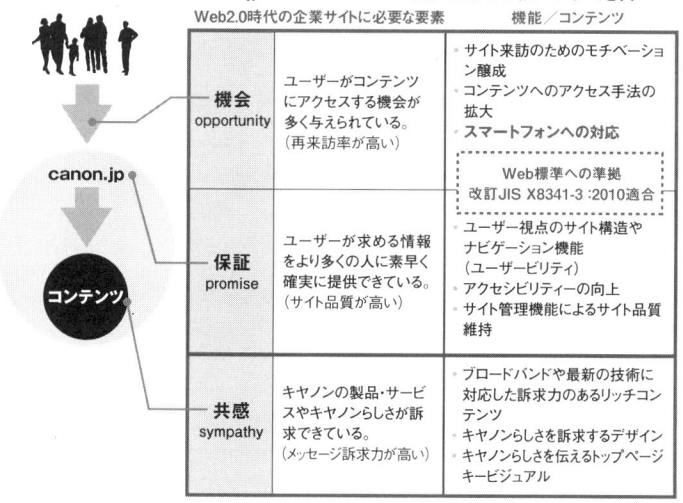

canon.jp → コンテンツ

	Web2.0時代の企業サイトに必要な要素	機能／コンテンツ
機会 opportunity	ユーザーがコンテンツにアクセスする機会が多く与えられている。（再来訪率が高い）	・サイト来訪のためのモチベーション醸成 ・コンテンツへのアクセス手法の拡大 ・スマートフォンへの対応 ・Web標準への準拠　改訂JIS X8341-3：2010適合
保証 promise	ユーザーが求める情報をより多くの人に素早く確実に提供できている。（サイト品質が高い）	・ユーザー視点のサイト構造やナビゲーション機能（ユーザービリティ） ・アクセシビリティーの向上 ・サイト管理機能によるサイト品質維持
共感 sympathy	キヤノンの製品・サービスやキヤノンらしさが訴求できている。（メッセージ訴求力が高い）	・ブロードバンドや最新の技術に対応した訴求力のあるリッチコンテンツ ・キヤノンらしさを訴求するデザイン ・キヤノンらしさを伝えるトップページキービジュアル

ーケティング戦略のスタートを切った。

　転換点となったのは「Web2.0」というワードが話題になった2005年〜2006年ごろだ。「Web2.0」の定義はいろいろな説があるが、その本質は「ネット上の不特定多数の人々（や企業）が、受動的なサービス享受者ではなく能動的な表現者になった」ことだった。その象徴としてブログなどのCGM（Consumer Generated Media）が台頭してきた。検索サービスの中心だったディレクトリ型検索エンジンのヤフーから、ロボット型検索エンジンのグーグルに主役が移りつつあったのもこの頃からだった。

　これらの変化は、オウンドメディア戦略にも大きな影響をもたらすことになりSEO（検索エンジン最適化）が重要なテーマになった。企業ブログと自社サイトの連携や、他サイトからリンクを貼ってもらう「被リンク」を購入するなどの対策を講じるようになった。

　しかし、この変化の本質に気づく企業は少なかった。ブログなどのCGMやRSSはXMLを生成する仕組みであり、ソースコードが正しい文法でマークアップされていたため機械可読性が高く、ロボット型検索エンジンから見つけられやすかったことが変化の本質だった。生活者個人のブログが企業サイトより検索順位が上になるという結果が見られたのはこのためだ。

　企業サイトがロボット型検索エンジンを利用する生活者から見つけられやすくするためにすべきことは、自社サイトのWeb標準化を推進し、正しいマークアップでソースコードを記述することだったのだが、アクセシビリティ向上に取り組んでいた一部の企業だけが本質的なサイト品質の改善に取り組んだ。

第11章　オウンドメディアの特性と活用

　この取り組みの如何が、現在多くの企業の課題となっているスマートフォンを含むマルチデバイス対応の成否を分ける要因になっていることは興味深いことだ。Web標準化により品質が高いPCサイトほどマルチデバイス対応に様々な方法論を選択でき、かつ安全に、比較的安価に対応できる。オウンドメディア戦略には、このような技術的な裏付けに基づく目に見えない改善も必要だという好例ではないだろうか。

　オウンドメディアが「メディア」たるためには、生活者のコンテクストに埋め込まれることが前提であることを思い出してほしい。スマートフォンの急速な普及により、多くの企業サイトがスマートフォン対応をどうするか……いつ、どんな方法（技術）でスマホサイトを制作しようか悩んでいる。

　さらに、タブレットPCの普及、パソコンの出荷台数の減少や利用時間の低下により、コンテクスト（生活者がネット上のコンテンツにアクセスする場所や時間帯、デバイスなど）が大きく変化していく、あるいは既に変化していることはオウンドメディア戦略に影響を及ぼす。

SNSは「第二」のオウンドメディアではない？

　もうひとつの大きな変化は、SNS（ソーシャルネットワーキングサービス）の利用者の急速な増加だが、SNSを第2のオウンドメディアと位置づけることには注意が必要だ。SNSはあくまで生活者同士のソーシャル・コミュニケーションの場であり、企業が露骨にメディア化することは好まれない。むしろ、企業が生活者の視点に立っ

て同じ方向を向いてコミュニケーションすることが必要なのである。

　さらに近年、日本でもインバウンドマーケティングやコンテンツマーケティングの重要性が叫ばれるようになっている。インバウンドマーケティングとは見込客に有益なコンテンツをネット上で提供することで、検索結果やソーシャルメディア上で自社を「見つけられ」やすくし、自社のサイトへ来てもらいやすくする、というマーケティングコンセプト。コンテンツマーケティングのポイントは、顧客が必要とする情報を理解し、それを適切にコンテンツとして提供することだ。

　適切なコンテンツを提供することは、グーグルが頻繁に実施している「パンダ・アップデート」や「ペンギン・アップデート」に対する答えともなっている。パンダやペンギンが象徴しているのは、検索エンジン利用者が有用なコンテンツを見つけやすいよう、グレーな（不適切な）SEO対策を施しているサイトをクロール対象から排除し、白黒はっきりさせることだ。

　コンテンツの内容を重視するとは次のような要件を満たしていることだが、期せずしてこれこそコンテンツマーケティングに必要な要素そのものではないだろうか。

・オリジナルのコンテンツである（他サイトのコピーは不可）
・専門的な内容・データを基に構成されているページ
　（しっかりとした内容のページをつくる）
・更新をしっかりとする

コンテンツのアクセスは「同期型」から「非同期型」へ

　サイト閲覧者にとって有用な動画コンテンツの活用も、今後のオウンドメディア戦略において重要なテーマになってくる。スマートフォンなどの画面サイズが限られているデバイスの場合、冗長なHTMLコンテンツより、動画コンテンツのほうが情報を理解しやすく興味関心を呼び起こしやすいからだ。

　もちろん、テレビ（マスメディア）でも動画CMが流れているわけだが、ここでもやはり、生活者のコンテキストが変化していることを忘れてはならない。コンテンツのアクセスは「同期型」から「非同期型」になっているのだ。番組本編でさえ放送時間ではなく、ネット配信で見ることが増えている。オウンドメディアに動画コンテンツをアーカイブしておけば「非同期型」のコンテキストに埋め込まれ「メディア」として機能させることができる。

「Web仙人」と呼ばれ10年…世代交代のときが来ている

　オウンドメディア戦略を推進するために組織はどのような変化を遂げるべきだろうか。トリプルメディア戦略が重視する背景を再確認し、進化する企業サイトが取り組んできた要素を振り返ってきたが、社内のどこかの部署や人材が片手間に、あるいは兼務でこなせるほど簡単な仕組みではないことがお分かりいただけたのではないだろうか。

　企業サイトの基本的な運用や改善に加え、SNSを使った情報発信やスマートフォンを含むマルチスクリーン対応、動画コンテンツの

活用など、統合的にコミュニケーションやユーザー・エクスペリエンスをデザインすることが求められる時代がすでに到来している。

　もちろん企業規模や経営者の理解の度合いによって専任組織を設置するのは難しいかもしれないが、情報システム部門やマーケティング部門など社内関連部門との連携や、外部パートナーを活用することにより統合型Webマスター（**図表4**）として機能することが求められている。

　この10年ほどの期間、先進的な取り組みをしてきた企業は、「スーパーWebマスター」や「Web仙人」（笑）と呼ばれるような人材がオウンドメディア戦略の基盤を構築しアップデートさせてきたのだが、今後のさらなるコミュニケーション環境の変化やテクノロジ

図表4　「統合型Webマスター」が機能する組織構造

WMC
(Web Management Center)

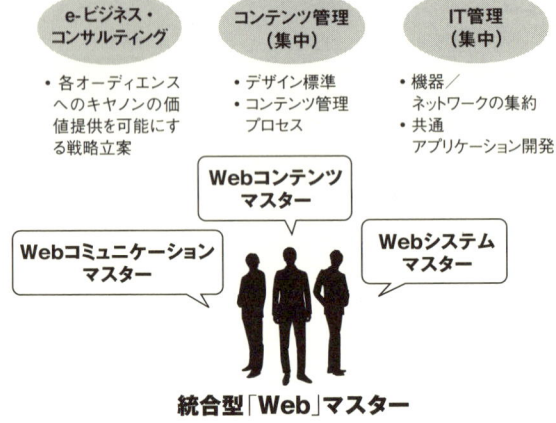

- e-ビジネス・コンサルティング
  - 各オーディエンスへのキヤノンの価値提供を可能にする戦略立案
- コンテンツ管理（集中）
  - デザイン標準
  - コンテンツ管理プロセス
- IT管理（集中）
  - 機器／ネットワークの集約
  - 共通アプリケーション開発

Webコミュニケーションマスター
Webコンテンツマスター
Webシステムマスター

統合型「Web」マスター

公開されているWebサイト
システム（CMS）
運用体制
インフラ

©Udo Schotten/123RF

ーへの対応を過不足なく行うためには、世代交代が必須ではないだろうか。企業内の一職務ではなく、重要な職種・職責として確立されるべきだと確信している。

　時代の変化に追従するのではなく、時代の変化を先取りしたオウンドメディア戦略を企画し、具体的な戦術を実践していく組織を持っているかどうかが、企業力そのものを左右することになると言っても過言ではないのだ。

コンテンツづくりの視点
「いかに必然の出逢いを生み出すか」

文／成田幸久（インフォバーン 執行役員/部門長）

Point

1. オウンドメディアにおける「良いコンテンツ」は、ユーザーとの「必然の出逢い」を誘引するトリガーとなる。

2. 「良いコンテンツ」をつくるためには、迷えるユーザーの「課題・悩み・欠乏感」に解決策を提示し、継続的に訪問したくなるストーリー戦略が必要。

3. オウンドメディアのメリットを最大限に活かすには、アーンドメディアによる「拡散」、ペイドメディアによる「認知、集客」という支援が欠かせない。

「必然に出逢った」ユーザーを顧客化する

　広告はラブレターである——佐藤尚之氏の著書『明日の広告』で知る人も多いと思うが、広告業界ではこの「広告はラブレター」というメッセージが長年、定説として親しまれてきた。

　ラブレターは自分の思いを伝えて、返事がなければそのまま諦め、返事があればラッキー、という一方通行のコミュニケーションである。しかし、インターネットやソーシャルメディアが普及した時代、今どきラブレターを書く人も珍しければ、受け取って喜ぶ人も少ないだろう。美しい文章をつづった一通のラブレターより、LINEで送るスタンプ付きのたった一行のメッセージのほうが、相手の心を動かすことだってある。

　つまり、自分の気持ちを一方的にラブレターだけで伝え、返事を期待するという手は、もはや通用しなくなってきているのも、また事実なのである。

　広告がaccidental（偶然の出逢い）とすれば、オウンドメディアにおけるコンテンツはconsequent（必然の出逢い）といえる（**図表1**）。広告は多くのユーザーにとって、生活の中に突然飛び込んでくる想定外のメッセージだ。不特定多数のターゲットの中から、企業の商品やサービスに興味を持った人に出逢う機会を狙う。しかし、「偶然の出逢い」で集客されたユーザーは一過性のものであり、移り気だったりする（**図表2**）。

　一方、オウンドメディアは、「必然の出逢い」を演出するためにユーザーが求めるコンテンツを用意する。そして、集まったユーザ

図表1　ペイドメディアとオウンドメディアの違い

ペイドメディア
（広告）

偶然の出逢い

オウンドメディアにおける
コンテンツ

必然の出逢い

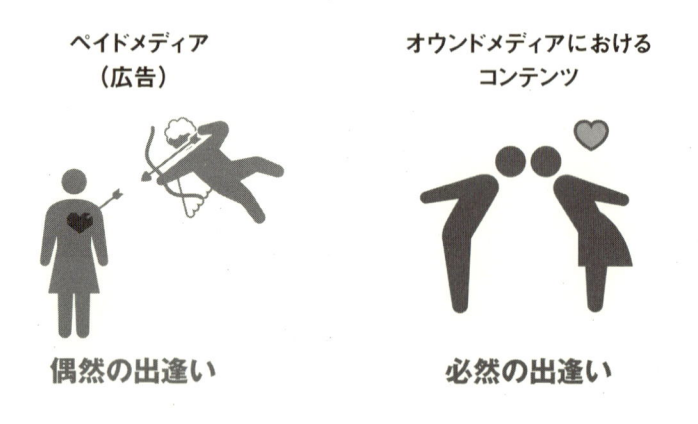

図表2　ペイドメディアで集客したユーザーは一過性のもの

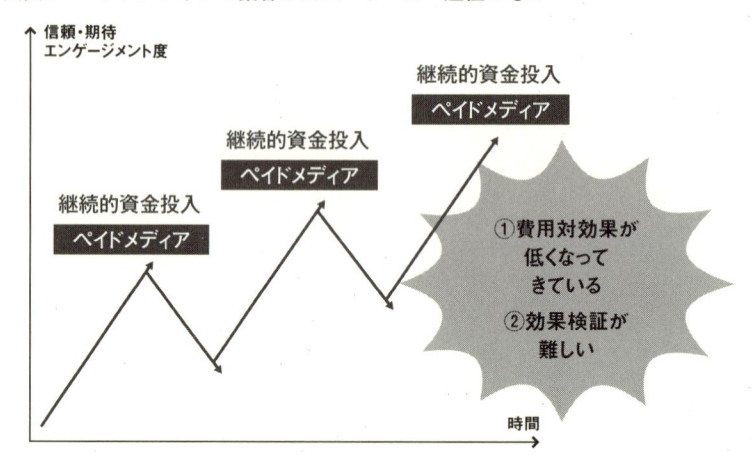

縦軸：信頼・期待　エンゲージメント度
横軸：時間

継続的資金投入　ペイドメディア
継続的資金投入　ペイドメディア
継続的資金投入　ペイドメディア

①費用対効果が低くなってきている
②効果検証が難しい

ーの行動履歴を把握し、ユーザー属性を精査していくことで「必然に出逢った」ユーザーを顧客化していくことが目的となる。

　「必然の出逢い」を演出するのが「良いコンテンツ」であり、その「良いコンテンツ」を生むための拠点になるのがオウンドメディアだ。オウンドメディアは、「良いコンテンツ」を蓄積することで、自然検索で流入してくるユーザーを増やし、滞留させる拠点として機能する。オウンドメディアにおける「良いコンテンツ」は、まさに「必然の出逢い」を誘引するトリガーなのである。

「良いコンテンツ」は解決策を提示してくれる

　ではオウンドメディアを拠点に、どのようにして「良いコンテンツ」を作り、発信していけば良いのだろうか。オウンドメディアのコンテンツは、ユーザーの利益の最大化を目的とする。訪問したユーザーの多くは「課題・悩み・欠乏感」の解決策を探し、どの商品やサービスを利用するかを漠然と検討している段階にある。よって、ユーザーに「課題・悩み・欠乏感」の解決策をどれだけ提示できるかが、ユーザーを顧客に育成していくカギとなる。

　まず「良いコンテンツ」をつくるためには、この迷えるユーザーの「課題・悩み・欠乏感」に解決策を提示し、継続的に訪問したくなるストーリー戦略を組み立てる。企業がユーザーに認知され、商品やサービスを購入してもらうためには、相手の立場になって「ストーリー」を用意する必要がある。ユーザーと「課題・悩み・欠乏感」を解決する付加価値の高いストーリーを用意し、ユーザーと信頼関係を深めるのに最適な拠点が、オウンドメディアなのである。

コンテンツづくりの視点──「いかに必然の出逢いを生み出すか」

　付加価値の高いストーリーを設計するためには、まずストーリーの主人公となるペルソナの設定をしよう。ここで犯しやすい過ちは、"数を打てば当たる"の論理で不特定多数をターゲットとすることだ。

　ペルソナをつくることは、「その他多数」を切り捨てることではない。コンテンツをつくるにあたって重要となるのは、「顔が見えない不特定多数のユーザー」を狙うのではなく、「顔が見える一人の人格」に焦点を絞ることである。

　ペルソナには、定量調査などで収集されたユーザーのデータに加え、「一人の生身の人間」としてのストーリーが欠かせない。重要な

図表3　コンテンツでユーザーをファン化する

オウンドメディア

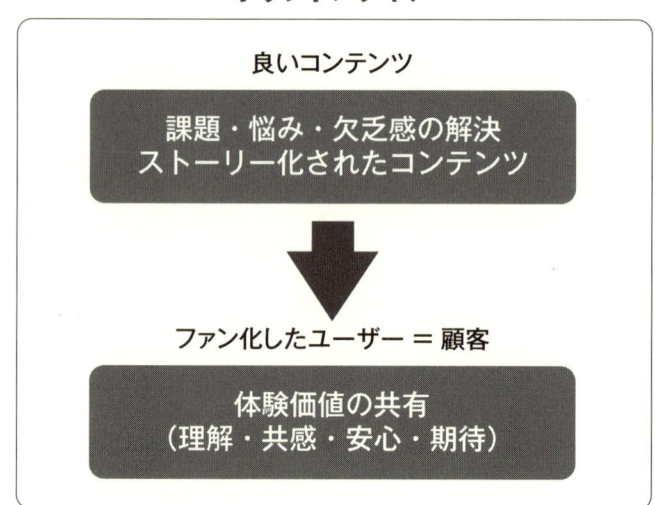

良いコンテンツ

課題・悩み・欠乏感の解決
ストーリー化されたコンテンツ

↓

ファン化したユーザー ＝ 顧客

体験価値の共有
（理解・共感・安心・期待）

のはユーザーも気づいていない深層心理にまで踏み込み、「一人の生身の人間」を理解すること。ユーザーの典型的な心理を理解することで、よりユーザーに適したコンテンツをつくることができる。

つまり、オウンドメディアの成功は、ユーザーが望むストーリーに、企業が描くストーリーを合致させられるかどうかにかかってくるというわけだ。ユーザーの立場になって深層心理に踏み込むことで、初めてユーザーは企業に「理解・共感・安心・期待」を示してくれるのだ（**図表3**）。

企業人格に合ったコンテンツとは？

どんなに面白くてユーザーの利益になるコンテンツであっても、自社の企業人格に合わないコンテンツでは意味がない。では、企業人格に合ったコンテンツとはどのようなものだろうか。

①「土屋鞄製造所」の人格

「土屋鞄製造所」は、オウンドメディアの成功例としてよく知られる企業のひとつだが、同社のオウンドメディアはまさに企業人格に合ったコンテンツを発信する典型的な事例と言って良いだろう。自社の商品紹介にとどまらず、皮革製品全般のストーリーを土屋鞄製造所独自のユニークな世界観で紹介している点が際立っているが、これはまさに専門誌が最も得意としてきたところ。

例えば「旅往く鞄」というページでは、世界中のそれぞれの国によって異なる「鞄」の機能性、デザイン、文化を紹介している。「革のこと。」では革に関する様々なトリビアや辞典的なコンテンツが

コンテンツづくりの視点──「いかに必然の出逢いを生み出すか」

豊富に揃っている。「ニッポンのものづくり」では皮革製品をつくる職人のこだわりを紹介。「ユーザーズボイス」では、社員や顧客が愛用する鞄への熱い思いを語っている。

このように自社商品の魅力を訴求するだけでなく、「革鞄」とその周辺情報をユーザーの立場で、ユーザーが知りたいこと、ユーザーが欲すること、ユーザーが語りたいことなどを様々な角度から紹介している。

グーグルで「革」「鞄」というキーワードを検索すれば、土屋鞄製造所のオウンドメディアが上位に表示されており、グーグルが理念とする「ユーザーの最大利益になるコンテンツを提供する」をどれだけ体現しているかが、ひと目で理解できるかと思う。

企業人格に合ったオウンドメディアの代表例

①土屋鞄製造所　　②北欧、暮らしの道具店

②「北欧、暮らしの道具店」の人格

　土屋鞄製造所は全国に店舗を持っており、従業員が250人を超える（2013年4月現在）比較的大きなブランド企業だが、一方でベンチャー企業や中小企業でも同規模のマーケティング戦略を展開できるのがオウンドメディアの大きな特長だ。

　例えば、EC連動型のオウンドメディア「北欧、暮らしの道具店」は、従業員数名のベンチャー企業が2007年に立ち上げた。ECサイトの多くはリスティング広告を出稿したり、ショッピングモールに出店したりするのが"常識"となっているが、「北欧、暮らしの道具店」はサイトをメディア化することで、これまでのECサイトとは正反対とも言えるアプローチで成功を収めている。

　土屋鞄製造所と共通しているのは、社員自らが人格（キャラクター）を出してオウンドメディアを運営している点。そして自社が扱う商品にとどまらず、業界全体、あるいはその業界の世界観に類稀な思い入れと愛情を注いでいる点だ。企業自らが明確なペルソナ（キャラクター）を持ち、そこに共感するユーザーが集まってくる、という仕組みとなっているのだ。

　両社のオウンドメディアの成功が証明しているように、企業人格に合った「良いコンテンツ」を発信し続けることは、ユーザーとコミュニケーションを図るための一番の近道となる。それは企業や予算規模の大小と関係ない。

　逆に企業都合の一方的な情報を発信したり、企業人格を無視した「バズ狙い」「ウケ狙い」で一時的な集客を狙っただけの企画では、

どんなに予算をつぎ込んでも、ユーザーとコミュニケーションの最適化を図り、長期的な関係を結ぶことは難しいだろう。

オウンドメディアだけでは効果に限界がある

ではオウンドメディアは、それ自体が存在し、企業人格に合った「良いコンテンツ」をつくりさえすれば成功するものなのだろうか。答えはノーだ。それだけでも成立はすれども、成功するとまでは言えない。またオウンドメディアは広告やキャンペーンのように即効性があるわけではなく、施策の効果が出てくるまでにある程度の時間がかかる。

そのためオウンドメディアをより早く、効率的に成功させるためには、トリプルメディアマーケティングと呼ばれる「オウンドメディア」「アーンドメディア」「ペイドメディア」の3つのチャネルを上手に利用していくことも欠かせない。

それぞれのメディアが果たす主な役割は、アーンドメディアが「拡散」、ペイドメディアが「認知、集客」、オウンドメディアが「エンゲージメント（きずな）の強化」といえる。この3つのメディアが連携することで、オウンドメディアは今後、企業とユーザーのコミュニケーションにおいて、すべてのメディアのハブとして非常に重要な役割を担っていくことは間違いない。

そしてオウンドメディアのメリットを最大限に活かすには、アーンドメディアによる「拡散」、ペイドメディアによる「認知、集客」という支援が欠かせないのだ（**図表4**）。

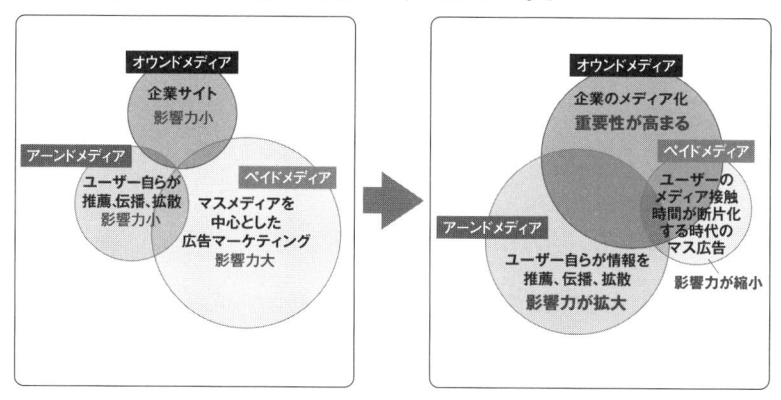

図表4　オウンドメディアはすべてのメディアのハブになる

ユーザーの「傾聴」でペルソナを可視化
コンテンツの改善につなげる

　アーンドメディアを利用するユーザーは、自分にとって有益な情報や友人からの情報を入手したり、人とのコミュニケーションを楽しんだりすることを目的としている。そのユーザーと最適なコミュニケーションを図るためには、アーンドメディアに自社の情報を発信するだけではなく、ユーザー同士のコミュニケーションを傾聴する必要がある。

　ユーザーの声を傾聴するためには、

①コンテンツの影響力（どんなユーザーが読んでいるか）
②コンテンツが誘発する感情（好意的か、否定的か）
③コンテンツへの理解度（企業や商品への理解を深めたか）

以上の3点を指標としながら、彼らが何をシェアしているのかを観察する。

観察を通して、ユーザーの趣味や関心、属性など、これまで把握しきれなかったペルソナを可視化する。そして、その可視化されたペルソナ像を踏まえた上で、コンテンツの内容を改善し、ユーザーとの関係を深め、ひいては費用対効果の最大化を図っていく。

ラブレターの代替として登場した「ネイティブアド」

冒頭で述べたように、ペイドメディアの認知・集客の方法も「一方通行のラブレター」だけでは、その費用対効果はあまり期待できないだろう。米国では昨年夏あたりから、そんな「一方通行のラブレター」が抱える課題の解決策として「ネイティブアド」が注目を浴びている。

従来のペイドポストには「費用対効果が低くなってきている」「効果検証が難しい」といった課題がある。一方、ネイティブアドは記事と同様もしくは記事に近い形で掲載される広告で、メディア内の適切な場所に設置された記事や動画広告などがそれにあたる（**図表5**）。第三者（メディア）視点でつくられるコンテンツのため、「信頼性が高い」「ユーザーが楽しめる（役に立つ）コンテンツがつくりやすい」といったメリットがある。

ネイティブアドは、ユーザーと既に高いエンゲージメントを築いているメディアの力を借りてストーリーを届けるため、よりユーザーの共感を得やすくなる。そのためネイティブアドは、ユーザーに態度変容を促すためのペイドメディアとして効率的で有効な手段と

第11章 オウンドメディアの特性と活用

図表5　従来の広告とネイティブアドの違い

	従来の広告	ネイティブアド
特　長	・ブランドが訴求したい商品やサービスの認知・導線	・第三者視点の客観的記事 ・ユーザー視点
目　的	・キャンペーンなど短期決戦 ・認知拡大（マス訴求） ・売上に直結	・長期的なエンゲージメントの醸成 ・ソーシャルでの共有・拡散
制作者	・ブランド主導で制作	・メディア主導で制作
オーディエンスの見方	・邪魔、迷惑 ・押し付け	・面白ければ（役に立てば）広告かコンテンツかは関係ない

図表6　ネイティブアドとオウンドメディアのメリット・デメリット

ネイティブアド

メリット
❶ 認知拡大が図りやすい
❷ メディアのブランド力を利用できる
❸ 分かりやすい指標を設定できる

デメリット
❶ 効果が一時的
❷ ブランド価値向上の効果が低い
❸ 効果維持のためには継続が必要

オウンドメディア

メリット
❶ ブランド価値向上の効果が高い
❷ 時流をキャッチアップしやすい
❸ ユーザーのニーズに合った情報を提供できる

デメリット
❶ サイトの育成に時間がかかる
❷ 社内のリソースが必要となる

言える。

　ネイティブアドには、ほかにも「①認知拡大が図りやすい、②メディアのブランド力を利用できる、③分かりやすい指標を設定できる」といったメリットがある一方、「①効果が一時的、②ブランド価値向上の効果が低い、③効果維持のためには継続が必要」というデメリットもある。

　オウンドメディアには主に「①ブランド価値向上の効果が高い、②時流をキャッチアップしやすい、③ユーザーのニーズに合った情報を提供できる」といったメリットがある一方、ネイティブアドに比べ「①サイトの育成に時間がかかる、②社内のリソースが必要となる」というデメリットもある（図表6）。

　このようにオウンドメディアとネイティブアドには、それぞれ一長一短がある。その長所を上手に組み合わせて効率的なマーケティング戦略を展開していくことが、オウンドメディアの成功のカギを握ると言えるだろう。

▍オウンドメディアの目指すべき方向性

　今後、オウンドメディアに求められることは以下の2点となる。

①アーンドメディアとペイドメディアを有効活用して呼び込んだユーザーを増やしながら、これまで数字として見えなかったユーザー属性を可視化すること。
②「良いコンテンツ」を通して集まってきたユーザーが何を求めているか精査・分析し、さらに帰属意識・好感度を上げるようなコ

ンテンツ（ストーリー）を提供していくこと。

　オウンドメディアはそれ単体でメディアパワーを持つには時間がかかるが、影響力の強いマスメディアやターゲティングメディアのようなパワーを持つことも可能となる。そして、そのパワーを持ったオウンドメディアに集まってくるのは、あなた自身が顧客にしたいユーザーだ。そんな限りないポテンシャルを秘めているのがオウンドメディアなのである。

第12章

マーケティングとPR

広告・宣伝部が知るべき PRの基礎と目的
マーケティング活動にどう活かす?
PR発想の体質づくり

広告・宣伝部が知るべき
PRの基礎と目的

文／大島幸男（大島BtoBコミュニケーションズ 代表）

Point

1 マスコミが取り上げない自社の事実を、広告によって確実かつ戦略的に発信することを考えるべき。

2 いかなるステークホルダーも企業経営にとって大切な対象。不要なステークホルダーと切り捨てるのではなく、細くとも長い活動を意識的に継続しておくべき。

3 PRの大きな任務は企業の中長期計画に基づいて、営業部門では手を出しにくい将来の発展に重要なステークホルダーの育成に向けて、早くから種まきをしておくこと。

本来のPRとは？

広報やPRという言葉は、企業で初めて広報や宣伝に携わる者にとってきわめて曖昧な言葉で、「広報は、マスコミを通して行う無料の情報発信」で「PRは、会社の費用で行う広告宣伝行為」と思われている傾向が高いと思います。

これは、Public Relationsという言葉がアメリカから日本に入ってきて、解釈が矮小化されたことによるものです。

Public Relationsの考えは、20世紀初頭にアメリカで発展したものですが、Relationsといわれるように、企業とそれを取り巻く利害関係者（個人や社会）との双方向の望ましい関係をつくり出すための行動です。企業にとって利害関係者との調和をはかることが大切ですが、そのためには、利害関係者が自社のことを良く理解し、ファンになり、自社の企業目的実現のために協力するレベルに変化してもらうよう情報を発信し、同時にその反応を認識することが必要です。今日盛んに言われる「すべてのステークホルダーと良好な関係を構築する」ことと同じと言って良いでしょう。

従来のPR観

Public Relationsの考えは、日本には戦後に導入されましたが、「PR」という略語が使われて「宣伝（ほとんどが販売促進）」と同義で使われるようになったため、宣伝に対してマスコミ経由の情報発信を「広報」と呼び、企業では広報部門と宣伝部門の2部門が併設されました。

広報機能と宣伝機能のすみ分けと性格の違いは、次のように言われてきました（**図表1**）。

新しいPR観

図表1のような考え方は、いま大きな変換期を迎えており、PRが広報と宣伝の両方を兼ね備えた本来のPublic Relationsを実践するべき時代に来ています。その理由は、情報発信先の拡大、情報発信手段の多様化によるものです。

①情報発信先の拡大

これまで広報機能の主たる発信情報は株価に影響する決算関連情報や新技術情報であり、ステークホルダーとの関係で言えば、Public Relationsの本来の意義である「企業と企業を取り巻くすべてのステークホルダーとの双方向のコミュニケーション」の精神が失われて、企業による一方通行の情報発信の状態でありました。また、宣伝機能の主たる発信情報は、特定商品の販売促進広告に主眼が置かれていました。

図表1　従来の「広報と宣伝の機能・性格の違い」

機能	性格
広報機能	無料。権威・知識・公平性のある報道機関が情報の価値を認めたもので、客観性が高い。
PR（宣伝）機能	高額。企業の一方的に都合の良い情報。主観が多分に入っており、誇張もあり、うさんくさい。

しかし昨今、**図表2**のようなインパクトにより、企業はすべてのステークホルダーに対して戦略的に情報を発信し、友好的なブランドを構築して、企業経営に積極的に協力してもらえるような高いロイヤリティを形成する必要性が増大しています。

これまで比較的、疎遠であっても格別大きな問題が発生しなかった社会や地域との関係でも環境、安全衛生、雇用などの面での情報発信・交流が重要になっています。

②情報発信手段の多様化

これまでの広報部門の最重要課題は、マスコミ4媒体（新聞、雑誌、ラジオ、テレビ）にいかに露出させるかでした。もちろん現在もこの考え方に大きな変化はありませんが、必ずしも企業が重要と思っている情報を報道してくれるわけではありません。

図表2　近年の企業とステークホルダーとの関係性

項目	性格
経済の グローバル化	安定的系列取引の崩壊による競争激化
	新市場や海外市場開拓の必要性
	異能・有能な即戦力の人材確保
IT技術の 進展	ネットによるワールドワイドでの企業間競争の発生と短期決戦型取引の拡大
企業の 社会的責任 意識の高まり	企業情報の瞬時の拡散と、ステークホルダーによる直接的反応の増大
	説明責任の拡大

例えばマスコミは、社会の多くが欲しがっている情報、タイムリーな話題を優先します。したがって、BtoBよりBtoC、小企業より大企業、分かりにくいテーマよりも分かりやすいテーマが優先されます。マスコミが取り上げない部分については、自らの手でアピールしなければなりません。

そうした「マスコミによって報道されることの不確定さ」から、脱却するひとつの手段がWEBやSNSです。マスコミでは報道されなかったニュースリリースを全文掲載することも追加情報の発信も、詳細な解説もいつでも自由に企業情報を発信できますし、文字数の制限もありません。

また、「マスコミは無料」という観念が変化してきていることも注目できます。例えば、企業ニュースリリース配信サービスは、有料で「報道機関への配信」と「WEBサイトへの掲載」の両サービスを行っていますが、特にサイト側との提携によって原則として「すべてのリリースを掲載する」と宣言するものがあります。このほか、一時期ニュースサイトで、企業は一定文字数を購入するが掲載する企業情報は広告やプレスリリースそのものではなく、「独自の視点で書き起こした企業ニュース」が企画されるというケースもありました。

さらに、広告もステークホルダーからの注目を集めるきわめて有効な手段です。企業の虚偽・誇大表示などが厳しく糾弾されるケースからも分かるように、広告といえども事実に反する情報は許されません。「宣伝は主観的・誇張がある」という考え方が通用しないことを意識して、逆に事実をもって正々堂々と「マスコミが取り上

ない自社の事実を、広告によって確実かつ戦略的に発信する」ことを考えるべきです。「日経企業イメージ調査」によれば、企業認知度と極めて高い相関係数を示すのが「広告接触度」なのです。

Public Relationsの対象とPR部門の役割

　PR活動の対象は、株主・機関投資家、製品・サービスを購入する得意先や消費者、社員と家族、行政、企業の所在する地域など、要するに企業と何らかの利害関係を持つすべてのステークホルダーといっても過言ではありません。

　いかなるステークホルダーも企業経営にとって大切な対象です。今はあまり関係がなくとも、何かのきっかけで重要なステークホルダーとなることがあります。すべてのステークホルダーに多大なエネルギーをかけ続けることは不可能ですが、「不要なステークホルダー」と切り捨てるのではなく、細くとも長い活動を意識的に継続しておくべきです。

　ステークホルダーは記事や広告などあらゆるコミュニケーション活動を通して、企業の評価（ブランド）を形成しますし、密接なステークホルダーは接触するトップから一般社員までの行動や発言、実際の製品・サービスでそれを修正していきます。その意味でPR部門の業務は、社内に向かっても企業理念を理解・浸透させ、社員全員がPR担当として積極的に行動し発言するように配慮していかなければなりません。また社員は、ステークホルダーによる評価で強く鼓舞され、喜び、誇りを持って行動するようになります。

村田製作所の事例

①活動の推移

　村田製作所は1989年に、最も重要なステークホルダーを「人材」に設定しました。当時、典型的なBtoB企業であった村田製作所はマスコミへの露出も広告もほとんどなく、一般社会では無名であったため、優秀な人材の確保が極めて困難で今後の長期的発展に対する危機と認識したためです。

　そこで「技術系の大学生」と「それに影響を与える一般的な社会（親・友人）」に、「知名度を高めて、就職意向をベンチマーク企業トップと同等まで高める」ことと「技術志向・研究開発型企業」というイメージを形成していくことを目標にPR活動の積極的展開を開始しました。

　以後、その目標のもとに一貫して実施してきましたが、その手法は、達成した成果に従って大まかに4つのフェーズに分けられます（**図表3**）。

　第1フェーズは、PR予算がほとんどなかったため、マスコミへの発信を積極化するとともに、特に一般紙誌での情報掲載を増やすために頻繁な海外工場見学会などを実施したものです。

　第2フェーズは、マスコミの記事に頼るだけでは、短期での急速な知名度向上が難しいために、BtoB企業としては大型予算を投じて「大学生が最も多い関東圏」を中心に、「大学生が好んで見るテレビ局と、就職対策用一般紙」に、「就職活動期直前の年末から年始にかけた短期間」において、集中的に企業広告を開始しました。

第3フェーズは、一般社会ではある程度のブランドレベルに到達したので、より長期的なリクルート活動を目指して、小中高生のうちから村田製作所ファンになってもらうことを狙ったものです。

第4フェーズは、社会との交流を進めて、広く社会から親しみを持ってもらうことを狙ったものです。また、国内PR予算を削って、新興市場である中国・アジアへも知名度向上のPR活動を積極化しました。

②**成果**

村田製作所は、「人材の確保」を一貫した課題として、目標とする指標の変化に従って新たな目標を立てながら約23年間企業広報・広告を継続してきました。

その結果として、認知度（知名度）、就職意向ともに目標とするベンチマーク企業と拮抗するレベルになりました。

首都圏における一般個人が持つ村田製作所に対するイメージにつ

図表3　目標達成のための4つのフェーズ

	第1フェーズ	第2フェーズ	第3フェーズ	第4フェーズ
マスコミへの積極的発信	・積極的な対応のスタート			
大学生・一般社会向けの発信		・テレビCMスタート		
小中高校生向けの発信（未来の大学生）			ロボット型自転車「ムラタセイサク君」による ・テレビCM ・出張理科教育	
近隣社会向け〜一般社会向け発信				・工場見学会 ・庭園開放 ・「ムラタセイサク君」デモンストレーション

いて、「日経企業イメージ調査」（首都圏一般）の結果を振り返ってみます。調査対象とする主要企業約1200社（2010年からは約600社）の中でも、就職意向は1990年の853位から100位台に上昇し、就職意向の形成に影響を及ぼす企業イメージ6項目もほぼ安定的に上位100位内と、最終商品を一切持たないBtoB企業では、トップクラスの地位を維持するようになりました。

人材確保を大きな目標にした企業広報・広告活動でしたが、各種イメージの向上は、波及効果として新規市場開拓、社員活性化、地域社会の理解などにもつながりました。

例えば、ビジネスマンの抱く販売促進に大きな影響を与えるイメージを1990年と2011年で比較すると「製品・サービスの質が良い」では281位→145位、「研究開発・商品開発力が旺盛」では159位→24位、「技術力がある」では142位→17位とトップクラスに入っています。

限られた予算や組織のもとでは、ターゲット・ステークホルダーや訴求メッセージ、手段を拡散させず、一点集中して継続することが成功の秘訣であり、それが他のステークホルダーにも好影響を与える結果となるのです。

PR部門の機能と必要とされる戦略的思考

①以下の活動によってすべてのステークホルダーを自社のファンに育て、業績の向上に協力してもらえる行動に結びつける。

PR部門は情報発信をもって任務が完了したものと思いがちです。しかし真の目的は、PR活動の結果としてステークホルダーが

自社を知り、理解し、好きになり、商品を購入する・入社する・株式保有する…といった行動にまで高めることで完遂されるものです。もちろん企業の実力、商品の実力などが影響を与えますが、PR活動がもたらす高い知名度は極めて大きな動機づけになります。

②自社の中長期の発展にとって特に重要なステークホルダーを決定する。

　国際的な経済環境の変化は、既存市場の衰退、新規市場の興隆、新興国市場の拡大など急激な変動をもたらしています。経営の中長期計画にのっとり今後対策をとるべき新市場・新地域などを明確にしておくべきです。また、人材、投資家なども特に重要なステークホルダーです。

③重要なステークホルダーによる自社およびベンチマーク企業に対する評価を聴取し、比較分析して、目標とする評価レベルを設定しPR戦略を構築するPDCAを回す。

　戦略PRの立場で言えば、企業は常に競合企業がありますから長期的なトレンドとして競合企業に対して優位に立つような戦略が必要です。ベンチマーク企業を明確にし、特に重要なステークホルダーによる評価の優劣分析と到達するべき目標、対策を決定します。

④社員全員に、企業理念や中長期経営計画・主たるドメインを浸透させ、全員がPR担当として行動するレベルに高める。

　社員は、最重要なステークホルダーです。社員全員が、企業理念

や中長期経営計画、主たるドメインを理解して行動することでPR活動は推進されます。注意するべき点は、本社内だけの運動にならず国内外グループ企業、ラインの一人ひとりにまで配慮することです。この活動の結果として、地域社会へのPR活動には、現地の社員が主体的にあたってくれることになります。地域に密接した社員による素朴で親しみのある活動は、地域との密接な関係を構築する上できわめて有効です。同時に、社員自身の誇りと喜びを自然に高めることにもなります。

参考1　企業広報活動の変遷①　1960年代～1980年代

	1960年代 (高度成長期)	1970年代 (企業批判期)	1980年代 (低成長・リストラ期)
広報の中心	マーケティング	マスコミ対応	活性化 CI 企業イメージ
キーワード	消費革命	社会的責任 モノから心へ	個性化 多様化
主な広報対象	消費者	地域住民	生活者 社員
重視メディア	マスコミ	マスコミ	イベント クラス・メディア 社内メディア
広報資源	商品・技術	トップ	トップ
広報部門の役割	商品の魅力の発信 会社の強みの表現	社会の意見の受信 会社の公正さの表現	会社の個性の発信 会社らしさの表現 社会広報の重視

経済広報センター刊の『戦略広報を考える』によれば、戦後の広報活動の変遷を上図のようにまとめている。

⑤重要なステークホルダーが重視する評価項目を高めるために、そのステークホルダーの関心や理解度に対応したメッセージ、有効に到達する情報発信手段を明確にする。

　自社が訴えたいこととステークホルダーが重要視することの間に齟齬がなく、また、ステークホルダーが抵抗なく受容できる内容であることが大切です。

企業広報活動の変遷②　1990年代〜2010年代

	1990年代	2000年代	2010年代
広報の中心	CC（コーポレート・コミュニケーション）	コーポレート・ガバナンス	マスコミ対応 ソーシャルメディア対応 危機管理
キーワード	地球環境 フィランソロピー メセナ	コーポレート・ブランド コーポレート・レピュテーション	エンゲージメント
主な広報対象	生活者 社員 海外	ステークホルダー	社会全体
重視メディア	イベント 社内メディアと社外メディアの統合	デジタル放送、インターネットなど多様化	マスコミ ソーシャルメディア
広報資源	企業文化 社会貢献活動	トップ	全社員
広報部門の役割	企業文化の変革 企業文化のチェック 地域市民を表現	経営機能の一環	経営機能の一環

出典:経済広報センター

⑥すべてのステークホルダーに自社の知名度（認知度）を高める情報発信をする。

「日経企業イメージ調査」によれば、企業への好感度、就職意向、株購入意向、製品・サービスの質イメージ、一流評価のいずれをとっても、「企業認知度」が極めて高い相関係数を示しています。技術自慢のBtoB企業には、販売活動やリクルート活動に対して「知名度より実力」と言う傾向もありますが、ワールドワイドでの事業展開になるほど「知名度が高い」ことが、ビジネスの扉を開けるもとであり、多くの企業の中から選ばれる大きな要素です。

継続的な戦略PR活動を実践

PRというと販促活動と思われることが多いと、最初に書きました。確かに目先の特定商品を売るのは大切ですが、そうした任務は、営業部門の仕事でもあります。むしろPR部門の大きな任務は、企業の中長期計画に基づいて、営業部門では手を出しにくい将来の発展に重要なステークホルダーの育成に向けて早くから種まきをしておくことです。

幅広いステークホルダーに目を向けて、細くとも継続的な戦略PR活動を実践していきたいものです。

第12章　マーケティングとPR

参考2　記事・報道実績表（例）

テーマ		発表日	年　月　日　時～			記者名	
発表者		場所	記者クラブ・自社（　　　　　）				
発表方法	クラブ発表・招待発表／リリースのみ・レク付・デモ付／取材／（　　　　　）						

大分類		媒体名	報道基礎点	加点							合計	広告費換算	
				一面	ページトップ	囲み・特別	大見出し	面積1点/100万円	写真・図	広報努力		掲載金額	ブランドマイナス金額
				2	2	2	1	1	1	2		100万円	100万円
新聞	一般紙	A新聞	10										
		…	7										
	地方紙	…	5										
	専門紙	…	5										
		…	4										
雑誌	経済誌	…	4										
		…	3										
	技術誌	…	4										
	週刊誌	…	3										
電波	TV	全国Aテレビ	20										
		地方Bテレビ	5										
	ラジオ	全国Aラジオ	3										
		地方Bラジオ	2										
合計													

大分類	媒体名	報道基礎点	加点					広報努力 2	合計
			ランキング		アクセス	フォロー	いいね	再生	
			テキスト10件/3日以内につき1	20位以内3、10位以内5	1000件につき3	100件につき3	100件につき3	100件につき3	
ポータルサイト・ニュース	AAA	3							
ネット・ニュース	BBB	3							
ソーシャルメディア	Facebook	1							
	Twitter	1							
	YouTube	1							
自社WEB		1							
合計									

問い合わせ者	問い合わせ内容	基礎点	加点	合計
		1	1／商談・好意	
合計			合計ポイント	

ポイント数は例示

日々のPR活動の個別評価も必要となる。目標とする媒体、広告料金、ターゲットの読者数など各評価ポイントは、自社の事情で定める。

マーケティング活動にどう活かす？
PR発想の体質づくり

文／木原龍太郎（博報堂 PR戦略局 PRディレクター）

Point

1 スマートフォンによる「速攻検索」時代となった今。広告・マーケティング担当者が「PR発想」を理解し、口コミなどの有益な情報の海流をつくり出し、活用していく視点を持つべき。

2 "マーケティング×PR"という考え方は「話題にしてから売る」だけではなく、「話題を絶やさず、売れ続ける」という視点でも貢献できる。

3 IMC戦略は、いわばRPG戦略である。「フィールド」「モチベーション」「エピソード」「キャスト」という4つの要素を押さえた、プロット設定でストーリーを構築していくと良い。

検索時代に求められる"判断材料"

　10年前にはなく、いま当然のようにある行動。それは「検索」である。社内の打ち合わせや得意先との会議の時でさえ、誰かが新しい言葉を発しようものなら、武士に刀、西部劇ガンマンにコルトガバメントのごとく、スマートフォンを懐から抜き出し、神業級の文字打ちで検索する人がいる。知らないことが許せない！といった風情だ。私のようなアナログ体質の人間からすれば、もはや反射神経の域に達した情報収集活動が周囲で当たり前のように見られるようになった。

　街を見渡しても同じである。電車の車内でも、カフェの中でも、二宮金次郎ポーズをとって「検索」活動に勤しんでいる。ここまで来ると、現象ではなく日常である。まさに"速攻検索"時代。必然的にコミュニケーション活動にも、いかにして「検索」させて自社商品／サービスの理解を深めるか、こういう視点が求められる時代になったわけである。

　「検索」は、同時に複数の異なる情報に触れさせることでもある。
　自社商品／サービスにとって追い風になる情報もあれば、向かい風になる情報もあるはず。生活者は、それらの情報を複眼的に吟味して、頭の中で"次の行動"に移行するか否かを判断する。だからこそ、「有益な判断材料を複数の視点から提供できる環境を整えておく」コミュニケーション回路が重要になってくる。そして"有益な情報環境を整えておく"活動が、本稿のテーマとなるPR活動である。

マーケティング活動にどう活かす？ PR発想の体質づくり

　「検索」行動が生活者の初期動作になりつつある今日、「え？ PR？ それは広報セクションの業務領域でしょ」という認識を改めなくてはならない状況にあると思う。PRの専門スキルまでは必要ないにせよ広告・マーケティング担当者が"PR発想"を理解し、広告・マーケティング活動に活かしていく意味は非常に大きいはずだ。本稿では、そもそもPR発想とは何か。そして広告・マーケティング活動にどうやってPR発想を活かすべきか、を紐解いて解説していきたい。

"情報流"を活用するのがPR発想

　マーケティング活動の基本は「ターゲットを狙う」という発想のもとに成り立っている。

　例えるなら、魚群探知機を作動させ、魚群が濃いところに最適な餌を投下するアプローチである。生活者を魚に例えるってどうなの？　というご指摘もあろうかと思うが、イメージとしては理解いただけると思う。

　PR活動には、魚群を探し当てるという発想はない。どちらかというと魚が自ずと集まってくるプランクトンが豊富な"海流"、この海流をうまく味方につけることをイメージしていただきたい。魚群（ターゲットユーザー）が濃い場所に最適な餌（メッセージ）を投下する広告に対して、プランクトン（有益な情報）が豊富な海流（環境）をつくり出し、そこにおびき寄せて回遊させるのがPR、と理解してもらえばいいだろう（**図表1**）。

　PR活動では、主にテレビ番組や新聞／WEB記事で伝えられる世

第 12 章　マーケティングと PR

図表1　マーケティング発想とPR発想

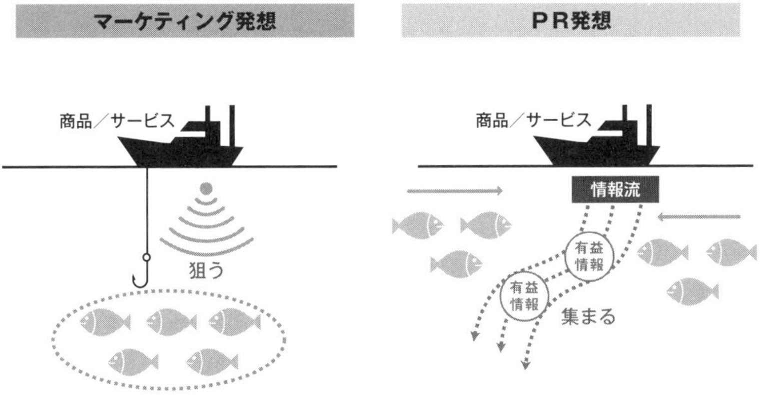

マーケティング発想

商品／サービス

狙う

PR発想

商品／サービス

情報流

有益情報

有益情報

集まる

　の中のブームやトレンドなどの"マスコミ報道"やオピニオン、ユーザーによる"口コミ"などの有益な情報をつくり出し、みんなが能動的に集まってくる環境を整備する。海流ならぬ"情報流"をつくり出して活用する視点を持つ。

　ニュース番組や記事に日々触れている方はよく分かると思うが、この情報流は常に存在していて常に変化をしている。近年の"男子の情報流"を例にすると、草食男子からはじまり絶食男子、弁当男子、メガネ男子、日傘男子……日本の男性諸君はどれだけ細分化するの!? と思ってしまうくらい目まぐるしく変化する情報流が存在したのは記憶に新しい。

マーケティング×PRの先駆けとなった戦略PR

　近年、業界で話題となった「戦略PR」は、まさにPRの情報流とマーケティング活動を融合させる発想から生まれたアプローチであ

る。例えば、「日傘男子が人気」という情報流を先行して仕掛け、生活者の興味を惹きつけてから日傘の広告を投下したらコミュニケーション効果は格段に高まるだろう。つまり"売ってから話題にするのではなく、話題にしてから売る"という手段で、広告・マーケティング担当者の間でもPRの有効活用が意識されるキッカケをつくり出した。

ただし、現状の戦略PRは商品／サービスのデビュー期の話題を増幅するひとつの手法として位置付けられがちである。情報流は常に存在し変化するものなので、デビュー期のみならず成長期、成熟期にいたる長いスパンでの活用が可能である。

"話題にしてから売る"だけではなく、"話題を絶やさず、売れ続ける"視点でもマーケティング×PRは貢献できるはずである。その点に着目し、マーケティング×PRの可能性を戦略PRというひとつの手法にとどめるのではなく、全体コミュニケーション設計の重要な要素として積極的に活用する動きが、最近活発になり始めている。

IMC戦略が指し示す マーケティング×PRの可能性

マーケティング×PRの新たな可能性を示す上で見逃せないのが、最近主流となりつつあるIMC戦略である。私の業務の中でもIMC戦略のプランニングに携わる機会が格段に増え始めている。

IMC!?とキョトンとしてしまった方のために、少しおさらいをしておきたい。IMC（Integrated Marketing Communications）は、統合型マーケティングコミュニケーションのことで、広告×PR×販促×WEBなどあらゆるコミュニケーション手段を融合して全体を

設計するアプローチのことである（→**49ページ**）。「統合」を辞書で引いてみると、"複数の諸要素が一定の方式に従って相互に結合し、秩序とまとまりをもった全体を形成すること"とある。

分かったような分からないような感じだが、ひとつだけ明確に言えるのは「統一」ではないということだ。これまでのコミュニケーション設計は、マス広告展開を主軸に設定された「コンセプト」があり、そのコンセプトをPR×販促×WEB展開でも統一、全体でワンメッセージを印象的に残していくというアプローチが主流であった。言い換えれば、"コンセプト統一型"のコミュニケーションである。

一方、統一に対する"統合"という考え方は、必ずしもひとつのコンセプトで統一されている必要がなく、広告×PR×販促×WEBなどそれぞれのコミュニケーション手段が、それぞれのコンセプトとメッセージを持ち、互いに連動してひとつのストーリーとして成立させることを重視する考え方だ。"ストーリー統合型"のコミュニケーションと言い換えられるだろう（**図表2**）。

近年、IMC戦略が主流になりつつある背景としては、冒頭にも触れたインターネットやSNSサービスの普及による「検索」の初期動作化にも象徴されるように、マス広告のメッセージだけではなく複数の情報ソースから総合的な判断を下す生活者が急増していることがあげられる。"メッセージ単体"の強度よりも、複数の異なるメッセージをつなぐ"ストーリー性"が重要であり、生活者が総合的に判断を下せる「道筋」を描いてあげることがコミュニケーション活動に求められ始めているわけである。

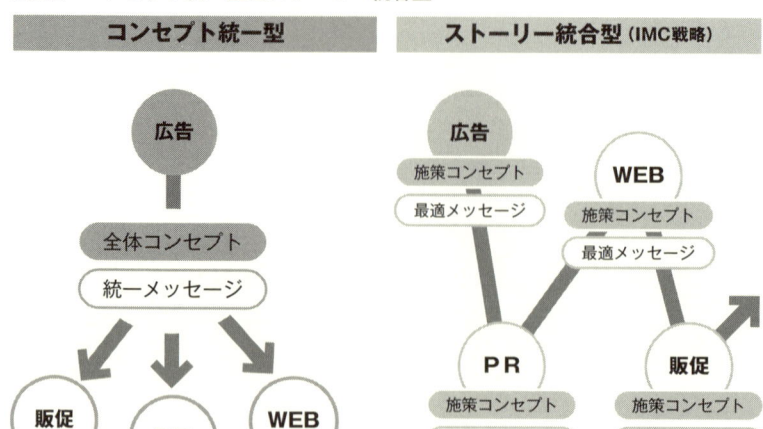

図表2　コンセプト統一型とストーリー統合型

コンセプト統一型

広告 → 全体コンセプト／統一メッセージ → 販促・PR・WEB

ストーリー統合型（IMC戦略）

広告（施策コンセプト／最適メッセージ）、WEB（施策コンセプト／最適メッセージ）、PR（施策コンセプト／最適メッセージ）、販促（施策コンセプト／最適メッセージ）

　生活者がいつの間にか巻き込まれていくようなダイナミックで魅力的なストーリーを描き出せるか、IMC戦略の成功の鍵はその脚本力にあると言っても良いだろう。

IMC戦略は、いわばRPG戦略

　IMC戦略を組み立てる上でPRは重要な役割を担う。PRはそもそも世の中の情報流を捉えて活かす活動であるため、それ自体がストーリー性を有しているからである。

　IMC戦略の仕組み、その中でのPR発想の役割を肌感覚で理解してもらうために、少し例え話をしたい。題して「IMC戦略はRPG（ロールプレイングゲーム）に学べ‼」である。

　皆さまはRPGのプレイ経験はあるだろうか？『ドラゴンクエス

ト』『ファイナルファンタジー』『ヘラクレスの栄光』……だいたいこのタイトルをあげた瞬間に私の世代感は白昼に晒されたも同然だが、話を進めることにする。

RPGは、架空の状況下にて与えられる試練を乗り越えて目的の達成を目指すゲーム。新天地を目指して移動し、出現する数々の敵を倒し、街や村で情報収集を繰り返して隠されたヒントを自力で探し出していく。村外れに意味ありげに徘徊する町人、絶対に有益な情報が入手できるだろ！と勢い勇んでヒアリングすると「いい天気ですね！」など、どうでもいい情報をGETしてガッカリしたり、逆に無邪気に遊ぶ少年から最強アイテムに関する情報をGETできたり一喜一憂の連続。どこで誰が謎を解くヒントを握っているか分からない。分からないから探す。ストーリーにグイグイ引き込まれながらも、情報収集を繰り返し、様々な経験と学習をしながら、自らの判断で"答え"を探り当てていくのがRPGの醍醐味である。

IMC戦略に照らし合わせると、冒険参加の動機を与え、モチベーションを維持するのが「広告」、街や村での情報収集活動は「PR」、経験や学習やイベントは「WEBコンテンツ」、各種アイテム入手は「販促」と整理できそうだ。重要なのは、タイムライン上で変化する"ひとつのストーリー"に沿って、プレイヤーが自らの判断で行動をしていくこと。情報収集活動となる「PR」は、プレイヤーを悩ませながらも良い方向へガイドする役割を担うことになる。脱落者を出さないためにも重要な役割となる。

IMC戦略のデザインを、生活者がプレイヤー（主人公）として参加するRPGの創作活動として捉えると、それぞれのコミュニケーシ

ョン回路を"いつ・どのように"活用するかが明確になり、ワクワクした気持ちで考えられるはず。次項からはもう少し踏み込んで、ストーリー構築のノウハウを解説していきたい。

▎プロット発想でストーリーを構築する

プロットとは"あらすじ"のことであり、プロット設定とはストーリーの設計図を描くことだ。プロット設定をせずにストーリーをつくり始めると、途中で行き詰まったり、辻褄が合わなくなることがあるため、ストーリーを構築する際の重要な作業ステップだと言われている。

マーケティング戦略には、AIDMA（アイドマ）などといった購入プロセスをモデル化した理論が存在するが、ストーリー性が要求されるIMC戦略を設計する上では、パターンよりもオリジナリティが要求されるため、プロット発想を活用することが有効だと考えられる。プロットを設定する上で押さえるべきポイントは①**フィールド**、②**モチベーション**、③**エピソード**、④**キャスト**の4要素。RPG最新作をつくる気分で、IMC戦略の設計にトライしていただきたい。

［フィールド］のプロット：逆上がり発想

フィールドとは、コミュニケーション設計でいうところの「テーマ設定」である。小さくまとめるのではなく、より大上段に逆上がりしていく発想を持つことが重要だ。狭いフィールドをウロウロして、チープな体験を繰り返すことに誰もロマンは抱かず、好奇心も刺激されない。テーマ（フィールド）が広大であればあるほど参加

する甲斐もあるというものだ。商品レイヤー→カテゴリレイヤー→市場レイヤー→トレンドレイヤー→ソーシャルレイヤー。自社の商品／サービスが発言できる最大限のテーマレイヤーは？と常に問いかけ、できるだけ逆上がりする発想を持とう。

［モチベーション］のプロット：喜怒哀楽の増幅

RPGで言うところの"冒険への誘い"、IMC戦略で言うところの"コミュニケーションへのユーザー参加"を実現する上で、モチベーション喚起は重要だ。ただし、ちょっとやそっとのことでは生活者はプレイヤーになってくれない。理性的に呼びかけるのではなく、感情（喜怒哀楽）に訴えかけて、ハートに火をつけることが有効だと考えられる。

では、喜怒哀楽という感情の起伏を増幅させるためには、どうすれば良いのか。私が考えるのは「達成／挑発（脅威）／喪失／解放」の4つのいずれかのツボを刺激することである（**図表3**）。

［エピソード］のプロット：反転思考

どんなストーリーだって"中だるみ"はする。意外なエピソードをスパイスとして織り交ぜ、要所に刺激を注入する必要がある。エピソードはストーリーをドラマチックにする。

マーケティング戦略を整理する基本要素として5W2H（＝いつ、どこで、誰が、何を、なぜ、どう、どのくらい）がある。この要素を埋め合わせれば、一定のエピソード開発は可能である。しかし、真っ当に要素を埋め合わせていっただけでは、平凡でドラマチック

図表3　モチベーションのプロット

達　成	何かしらの願いや目標が達成されたときに喜びの感情が揺さぶられる。	
	→その商品でかなえられる願いやみんなで達成する目標を考えてみよう。	
挑　発 （脅威）	自分の存在や価値観を脅かされることに怒りの感情が揺さぶられる。	
	→ターゲットを脅かす強大な敵、挑発行為を考えてみよう。	
喪　失	大切な存在や状態が失われるかも？という時に哀しみの感情が揺さぶられる。	
	→その商品が存在しないと失われるモノやコトを考えてみよう。	
解　放	何かしらの抑圧や規制から解き放たれたときに楽しさの感情が揺さぶられる。	
	→その商品が解放してくれるコトや場の提供を考えてみよう。	

図表4　エピソードのプロット

反転思考の5W2H	
逆・When	お客さまは、いつその商品を使いそうもないのか。
逆・Where	お客さまは、どこでその商品を手に入れられないのか？ どこで 使いそうもないのか？
逆・Who	誰がその商品を使い始めるとビックリするか？
逆・What	お客さまが、この商品に今のところ期待していない価値は何か？
逆・Why	お客さまは、なぜその商品を意外なスタイルで使わないのか？
逆・How	お客さまが、気づきもしない商品の使い方とは、どんな使い方か？
逆・How much	お客さまは、その商品がいくらなら驚くのか？

度に欠ける。いかに"当たり前"を裏切り、ドラマチックなエピソードを提供するかという視点が大切。仮に商品が平凡だとしても時期／場所／人／手法に意外性を持たせれば、ドラマチック度を格段に高めることができる。「反転思考の5W2H」をまとめてみた。エピソードづくりの参考にしてほしい（**図表4**）。

[キャスト]のプロット：**共感性、専門性、客観性**

　プレイヤーとなる生活者は、様々なヒトからの情報収集活動を行う。本稿の冒頭で述べた「検索」行動も情報収集の一環である。複数の情報を収集して総合的に自己判断を行っていくわけである。何か判断をしなくてはならない時、誰の情報を参考にするだろうか。胸に問うと、自ずと見えてくるはずだ。

　まずは共感できる人物。つまり、同じ境遇にあり、同じ経験をした人物の意見。広い意味でこれは「仲間」である。そして的確に解説・アドバイスしてくれる人物。その道に精通した「専門家」。最後に、当事者以外の人物。客観的にフラットな視点で語れる「第三者」である。仲間、専門家、第三者……ストーリーの登場人物は、プレイヤーをガイドする上で重要な役割を担う。どんなキャストをどこで登場させるか、そのタイミングを設計していきたい。

"ターゲット"ではなく"プレイヤー"としての生活者

　さて、かなりの独自理論でPR発想とIMC戦略への活用ノウハウを解説してきた。

　しかし、情報入手の手段が多様化し、洪水のように情報が押し寄

せてくる時代。生活者がPCやタブレット端末、スマホなどの検索装置を"装備"として持ち歩き、RPGの世界を旅しているイメージは間違えていないように思える。一方的に「答え」を突き付けるのではなく、「答え」を探り当てさせる、そのために魅力あるコミュニケーションストーリーを描き出し、手段をニュートラルに紐づけていく。このようなアプローチを実現する上でも縦割りの分業体制では、本当の意味で"生活者を動かす"ことはできないだろう。

生活者はもはや標的とすべき"ターゲット"ではなく、コミュニケーションに参加する"プレイヤー"である。マーケティング活動の設計に関与するチーム全員がシナリオライターになった気分で、コミュニケーションを考えていく必要が今後より一層、高まっていくだろう。

参考　PR発想を育む3つのトレーニングポイント

①アウトサイト発想
　広告・マーケティング活動ではインサイト（生活者の本音）の発見が重視される。
　ＰＲではアウトサイトを重視する。生活者がどのような環境に身を置いているのか？
　客観的な状況証拠をひたすら収集・分析しよう。

②マルチメッセージ発信
　広告・マーケティング活動ではワンメッセージで言い当てることを重視する。
　ＰＲでは複数の立場のヒトが、複数の観点からメッセージするマルチメッセージを重視する。
　自社商品／サービスを、どれだけのヒトがどれだけの角度から語れるのかを洗い出そう。

③シミュレイティブ思考
　広告・マーケティング活動ではクリエイティブ思考（表現力）が重視される。
　ＰＲでは近い将来にどのような世の中の変化が起こるのかをシミュレーションするシミュレイティブ思考を重視する。「共同通信ニュース予定」（一般社団法人 共同通信社）や「未来年表」（博報堂生活総合研究所）などのツールを利用しながら近い将来の動向を把握しよう。

第13章

広告予算管理と効果測定

広告活動の効果測定と検証
広告予算の企画とマネジメント

広告活動の効果測定と検証

広告活動の効果測定と検証

文／河原達也・青島弘幸（ビデオリサーチ　メディア・コミュニケーション事業推進部）

Point

1 売上などの行動指標だけで広告効果を捉えることは難しい。広告の評価が高くても、商品の性能や価格、配荷などの要因により選ばれないこともある。

2 広告はブランドに対する認知や意識変容といった心理的評価を押さえていくことで、初めて評価できるものである。

3 広告効果を診断するにはメディア間の役割分担を明確にすることから始めなければならない。

広告効果測定が求められる背景の変化

　ビデオリサーチではかねてより広告効果測定サービスをクライアントに提供しているが、ここ数年ある変化が起こっている。以前は広告会社から調査を依頼されることが多く、我々のレポートは広告会社と広告主の宣伝部との間で共有されるにとどまっているようだった。しかし最近は、広告主の宣伝部から直接相談されるケースが増えている。その理由は、会社の他部署、特に「経営管理部門」から具体的に広告活動の成果把握を求められ、施策関係者である広告会社には委託できないということらしい。

　経営管理部門が宣伝部に説明責任を求めるのは会社全体の予算配分の調整が必要だからである。成熟社会と言われる現代では、多くのカテゴリーで市場が成長しない状況が続いている。すでに同じようなモノが市場にあふれていて、広告で競合との違いが訴えられないのなら、価格を下げ、店頭施策を強化するほうにお金を回したいという営業現場の要求は強まっている。宣伝部が予算を執行したいのなら、"それで儲かるのか、広告を出稿することの価値を会社に示しなさい"ということだ。

広告効果を捉える視点

(1) "ブランド力"という間接効果

　では広告効果を捉えるにはどうすればいいのか。それは"広告の目的をはっきりさせること"に尽きる。「広告の目的は売上を上げることに決まっているではないか」と言い切るのなら広告の出稿と売

上の関係を把握すればよい。例えば通販企業の場合、広告は購買行動を促すために行い、売上の反応を測定している。また大手流通企業の広告も、その多くは売上やそれに直結する来店行動を促すことにあり、来店者数が増えなければその広告は失敗だったことになる。オンラインゲーム会社のテレビ広告もどの程度集客できたのかが評価の基準になるであろう。

　しかし、売上への効果を捉えられるのはむしろレアケースである。そもそも売上に影響を及ぼす要因は、商品コンセプト、商品の性能、価格や配荷、競合の状況、天気や気温など多種多様だ。例えば、消費者の嗜好が変化し、カテゴリーニーズが縮小している状況では、購買を促す広告の効果は限定的になる。それにもかかわらず購買行動を促す広告訴求を繰り返せば、やがて買う人もいなくなってしまうだろう。

　一時期、自動車業界はエコカー減税を対象とした販売会社への来店促進広告を一斉に投下していた。しかし最近は若年層のカテゴリーニーズを喚起する広告が増えている。若年層は人口も多くないし、すぐに車を買えるほどのお金もないので、短期的な売上に対する広告の貢献度はそう大きくはない。しかし、売上に直結しなくても、自動車市場のエントリー層に商品の魅力を伝えておくことは、将来の売上に大きな影響を及ぼす。年長者に比べ、ずっと長い期間にわたり売上に貢献する可能性がある顧客価値の高いターゲットだからである。

　要するに、市場の様々な要因からマーケティング課題を特定し、それを解決するために広告の目的や役割を設定する必要があるとい

うことだ。それは決して短期的な売上を高めることだけに限らない。

ここで広告の目的を直接効果と間接効果に分けて考えてみよう。効果の流れを**図表1**に示した。「**行動**」というのはブランドに対する好ましい行動で、購買行動のほか、来店行動やサイト訪問、資料請求といったことも含まれる。「**ブランド力**」とは認知やイメージ、関与といったブランドに対する心理的な評価を意味している。

ブランド力を高めることは"購入予備軍"を増やすことと同義である。ブランド力を上げることに注力しなくても短期的には大きな影響はないだろう。しかし、ブランド力が低下し、購入予備軍が少なくなれば、短期的な売上を目標としたプロモーション型広告のROI（投資収益率）も低下していく。落ちてしまったブランド力を再び上げるのは容易なことではない。

つまり、広告活動は「広告→行動」という直接効果だけではなく、生活者のブランドへの関与を高めることにも注力しなければならない。そうすることがプロモーション型広告の効率を高めることにも

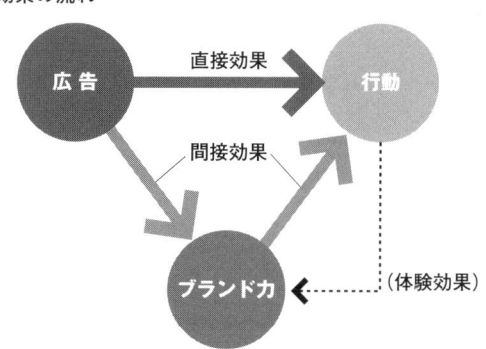

図表1　広告効果の流れ

広告活動の効果測定と検証

貢献するのである。

それでも広告はすぐに売上に貢献しなければダメだという反応は常にある。以前、我々は主婦層を対象にした**調査パネル**[1]を設定し、テレビCMの接触と購買の記録を機械で測定していた。**図表2**はカップ麺を対象とした研究成果の一例であるが、テレビCMがすぐに売上につながったのは9ブランド中5ブランドであった。データの傾向として、新製品は直接効果がみられやすかったが、既存製品、例えば日清カップヌードルのようなビッグブランドほど直接効果を観測できなかった。広告に接触していなくても長期にわたるマーケティング活動の成果がブランドに蓄積しているからである。

広告でブランド力を上げるということは、広告の効果が長期にわたって持続するということである。過去の広告活動は今のブランド力に貢献している。しかし現在の広告活動が生活者の心に届いてい

図表2　テレビCM接触者と非接触者の購入率比較（カップ麺）

	1週間以内TVCM 非接触者の購入率	1週間以内TVCM 接触者の購入率	検定結果
日清カップヌードル	23.4	21.9	×
マルちゃん赤いきつね	8.1	8.6	×
日清どん兵衛	5.5	8.0	○
マルちゃんホットヌードル	4.0	7.0	○
日清ラ王	6.7	6.7	×
明星一平ちゃん	4.6	6.4	○
日清焼そばU.F.O.	4.6	6.0	○
エースコックスーパーカップ	5.5	5.3	×
マルちゃん緑のたぬき	4.2	5.2	○

※分析期間:1994年4月〜1995年3月(1年間)　データソース:VRホームスキャン調査

[1] VRホームスキャン調査
商品の購買品目の記録とテレビ視聴の測定をシングルソースで調査。購買品目の記録はバーコードスキャナー、テレビ視聴の測定には自動計測システムを用いていた。

なければ、将来のどこかでその広告が効果を発揮することはない。消費者の心に届かない広告を出稿し続ければ、ブランド力への効果は目減りしていき、売上の減少につながっていく。売上が上がらなければ広告費が縮小されるという負のスパイラルに陥っていく。売上が上がらないのはその時に出稿している広告のせいにされるが、実は過去に原因があるかもしれないのだ。

(2)メディアの役割分担

　ブランドに対する"距離"は生活者によって様々である。また、ブランドと生活者の距離によって広告の目的も異なるだろう。**図表3**は当社の**Mind-TOP**❷という自主調査の結果で、携帯電話機主要ブランドの広告認知経路を購入ステージ別に算出したものである。購入に近いステージにいる人ほど多くのメディアの広告が記憶に残るのが分かる。「無関心期」から「意向あり期」「情報収集期」と購入との距離が近づくにつれ、ブランド選択の参考になる情報を求めるようになり、「比較検討期」で情報源が絞り込まれ、「店頭・店内」での比較が重視される傾向を示している。図表は携帯電話機の例だが、この傾向は多くの商品カテゴリーで見られる頑健なものである。この点を考慮すると、ブランドと生活者の距離を考慮しつつ、各メディアそれぞれの役割を設定することが重要になる。

　売上に対する広告効果を横並びで比較している分析事例が見られるが、そのような分析は直接効果のみに焦点を当てた不完全な分析である。売上に対する広告効果を算出すれば、店頭広告や検索連動型広告の効果が当然高くなる。それは単に購入に近い人が接触する

---

❷ VR Mind-TOP調査
ブランド認知・広告認知を純粋想起で調査。2週または4週間隔で35カテゴリーを継続的に調査している。

広告活動の効果測定と検証

広告だからである。各メディアはそれぞれ異なる役割を持っている。その役割を明確化することで、適切な評価指標を設定する必要がある。

広告効果の検証方法

前述したように広告効果には間接効果があり、短期的には行動に表れない部分も含まれる。したがって、広告接触によるブランド認知や意識変容といった心理的評価も併せて捉える必要がある。複数メディアの使用を前提とした広告キャンペーンの効果検証の流れを**図表4**に示す。

図表3　携帯電話機主要ブランドの広告認知経路

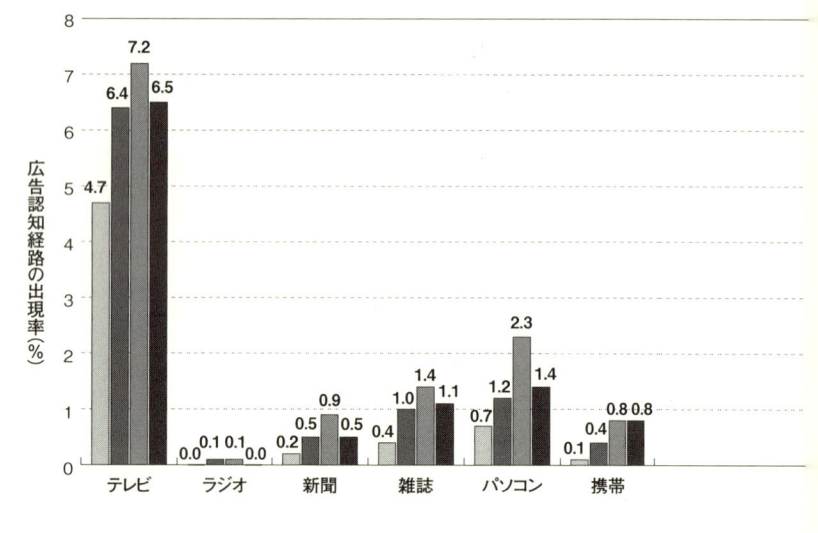

広告認知経路	テレビ	ラジオ	新聞	雑誌	パソコン	携帯
	4.7	0.0	0.2	0.4	0.7	0.1
	6.4	0.1	0.5	1.0	1.2	0.4
	7.2	0.1	0.9	1.4	2.3	0.8
	6.5	0.0	0.5	1.1	1.4	0.8

広告認知経路の出現率（％）

第13章　広告予算管理と効果測定

(1)パフォーマンスを評価する

　広告認知は広告が効果を発揮するための必要条件であり、最初に越えなければならないハードルである。広告が心に残らなければ、いかなる効果も期待できない。広告認知を評価するには投下量に対するノーム値（期待値）が必要になる。ノーム値は自社ブランドと競合ブランドが過去に行ったキャンペーンのデータを用いて算出するのが一般的である。

　図表5はテレビCM投下量と広告認知率の関係からノーム値を算出した例である。投下量が増えるにつれ広告認知率の増加幅が減少する収穫逓減型の関係を表している。投下量と広告認知率の関係を表す関数には様々なものが提案されているが、収穫逓減型の関数を

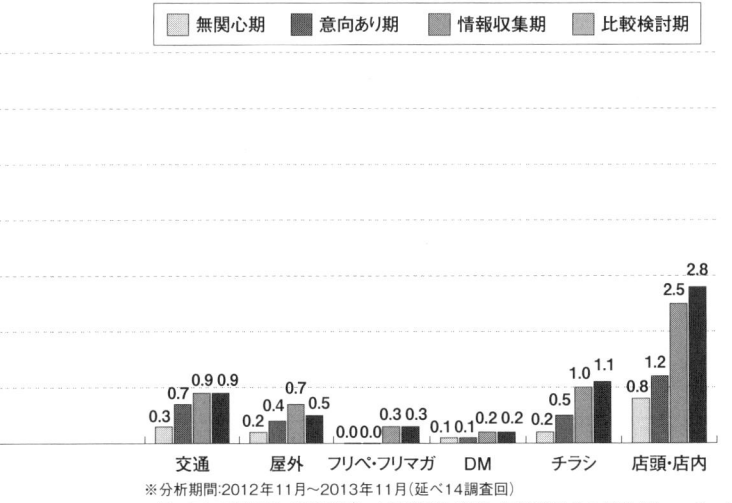

※分析期間:2012年11月～2013年11月(延べ14調査回)
データソース:VR Mind-TOP調査　AQUOS PHONE、ARROWS、GALAXY、iPhone、Xperiaの平均値

広告活動の効果測定と検証

図表4　広告キャンペーン効果検証の流れ

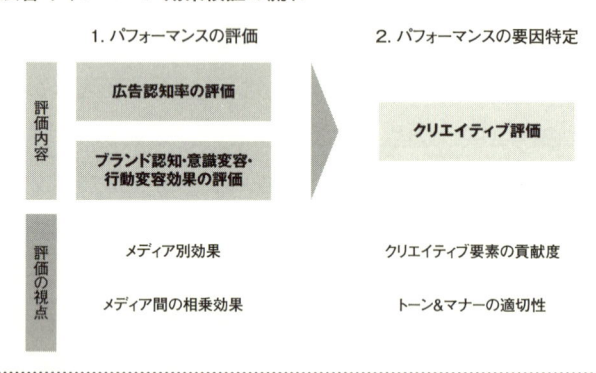

	1. パフォーマンスの評価	2. パフォーマンスの要因特定
評価内容	広告認知率の評価 ブランド認知・意識変容・行動変容効果の評価	クリエイティブ評価
評価の視点	メディア別効果 メディア間の相乗効果	クリエイティブ要素の貢献度 トーン&マナーの適切性

図表5　広告投下量と広告認知率の関係（テレビＣＭの例）

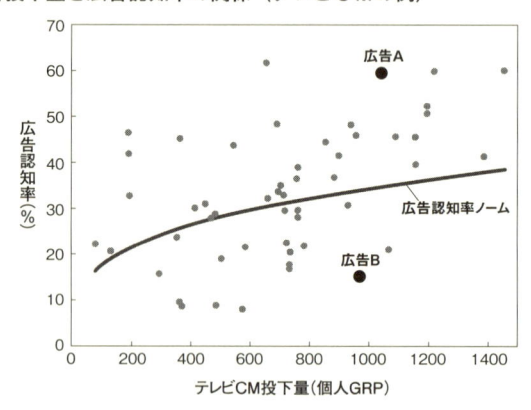

散布図：横軸 テレビCM投下量（個人GRP）0〜1400、縦軸 広告認知率（%）0〜70。曲線は広告認知率ノーム。広告Aは投下量約1000で認知率約60%、広告Bは投下量約1000で認知率約15%。

使うのが一般的である。**図表5**の広告Aは投下量に対して期待される水準を超えているので効率が良い、広告Bは期待される水準を下回っているので効率は悪いということになる。

　広告認知率を効率良く獲得できていることを確認したら、広告認知者の意識変容や行動変容を確認するステップに進む。広告への接

触がブランド力や購買行動にどのように貢献したのかを評価するステップである。広告認知率と同様、自社ブランドと競合ブランドの過去キャンペーンにおけるノーム値と比較するのが分かりやすい。

当社で実施している**キャンペーン調査データ❸**を用いて広告効果のノーム値をメディア別に算出してみた。これまでに蓄積されてきた103キャンペーンのデータを用いて分析している。この調査ではメディア別の広告接触有無とキャンペーン全体としてのブランド認知効果、意識変容効果、行動変容効果を測定しており、各効果に対するメディア別の貢献度を算出できる仕組みになっている。

図表6は「商品・サービスを知るキッカケになった」という指標に対するメディア別の効果をモデル化した結果である。テレビCMに接触した人のうち9.7%が「商品・サービスを知るキッカケになった」と答えていることになる。これをノーム値とすれば、新たに

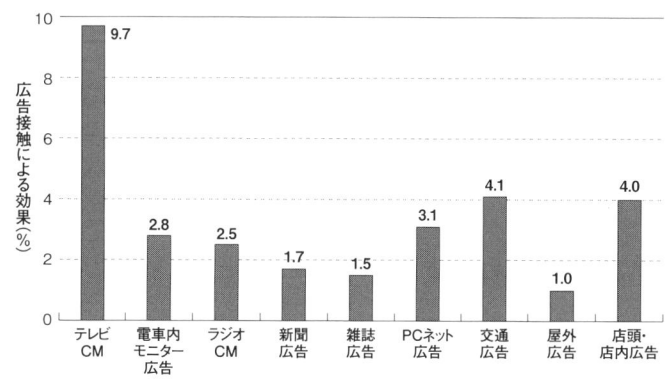

図表6 「商品・サービスを知るキッカケになった」に対するメディア別の効果

メディア	広告接触による効果(%)
テレビCM	9.7
電車内モニター広告	2.8
ラジオCM	2.5
新聞広告	1.7
雑誌広告	1.5
PCネット広告	3.1
交通広告	4.1
屋外広告	1.0
店頭・店内広告	4.0

※データソース:Campaign KARTE(キャンペーンカルテ)

❸ Campaign KARTE(キャンペーンカルテ)
各メディアの広告素材を提示した上で認知を測定。キャンペーンの効果を表す指標としてブランド認知・意識変容・行動変容を聴取。

展開されたキャンペーンにおけるテレビCMの「商品・サービスを知るキッカケになった」に対する効果は、9.7%を基準にして評価すれば良い。このように、ブランド認知、意識変容、行動変容に対する期待効果の水準を具体的な数値で表し、個別メディアに落とし込んでキャンペーンを評価していく。

参考までにメディア別の広告効果のノーム値を**コレスポンデンス分析**❹という手法を用いてマッピングしてみた（**図表7**）。テレビCMの商品・サービス認知に対する効果、PCインターネット広告の情報検索意向に対する効果、電車内モニター広告の商品・サービス確認意向に対する効果が特徴的である。広告キャンペーンの検証結果を蓄積していくことは、各メディアの得意分野を整理することにもつながる。そうすることで各メディアに対する期待効果を前提としたメディアプランニングを行うことも可能になるだろう。

メディア間の連動を意図した広告キャンペーンでは、複数メディアでの重複接触がどの程度の相乗効果を及ぼしたのかを併せて確認する。アウトプットのイメージを**図表8**に示そう。テレビCMの効果はテレビCMのみに接触したときの効果、PCインターネット広告の効果はPCインターネット広告のみに接触したときの効果である。テレビCMとPCインターネット広告の連動は、それぞれの単独接触効果を積み上げた数値に対してどの程度の上積みがあったかを評価する。メディア別の広告接触状況とキャンペーン全体としての効果データが得られていれば相乗効果を確認できる。

---

❹ **コレスポンデンス分析**
コレスポンデンス分析は、複数項目間の関係性をビジュアルに表現するための手法。データの傾向が似ているものほど近くにプロットされる。今回の分析では軸の寄与率が横軸72.3%、縦軸9.8%、2軸計で82.1%となっており、元のデータのもつ情報を2次元でおおむね表現できている。

(2)パフォーマンスの要因を特定する

　広告キャンペーンのパフォーマンスを左右する最も大きな要因がクリエイティブの質である。生活者が接する情報量が増加している昨今、クリエイティブはますます重要になっているように思われる。商品やサービスに関する情報を生活者の記憶にとどめるには、限りある記憶容量の争奪戦に打ち勝つ必要があるからだ❺。

　クリエイティブに関する形式知を蓄積するためには、広告効果に

図表7　広告効果の特徴（コレスポンデンス分析）

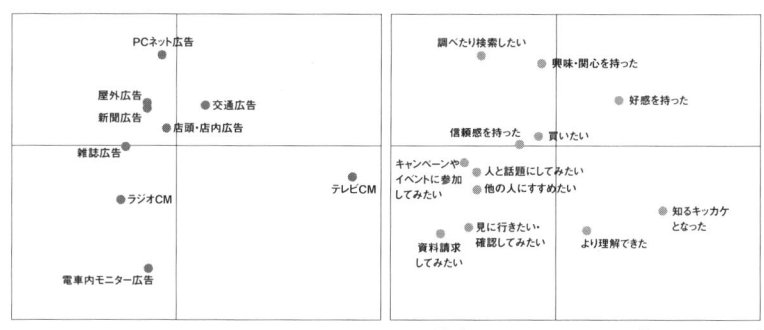

※データソース:Campaign KARTE（キャンペーンカルテ）

図表8　複数媒体の重複接触効果

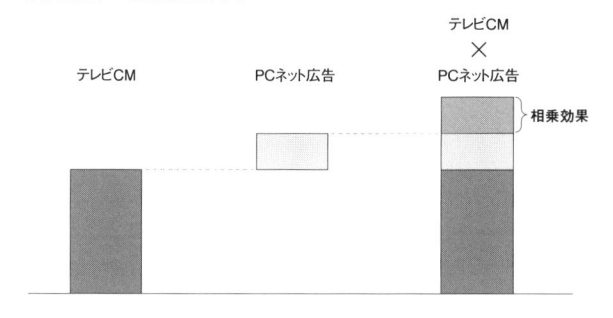

❺ パソコンや携帯端末の普及により消費者が接している情報量は明らかに増加している。一方、消費者が認知している情報量はあまり増えていない。総務省の情報流通インデックス（2009年度）によれば、2001年度を100としたときの2009年度の消費情報量は109にとどまっている。

対する成功ポイントと失敗ポイントを把握しなければならない。テレビCMでいえば、ストーリー、音楽・BGM、表現している商品特徴、出演タレントといった要素が広告効果にどの程度貢献したのか、共感、説得、ユーモアといったCMのトーン＆マナーが適切だったのかを確認する。

例えば**図表9**のようなアウトプットを用いるのが良い。この図の横軸はクリエイティブの要素やトーン＆マナーが広告効果指標に対してどのように影響を及ぼす傾向にあるのかを表したスコアである。中心より右にあるほどプラスの影響が強く、左にあるほどマイ

図表9　クリエイティブ要素やトーン＆マナーの貢献度マップ

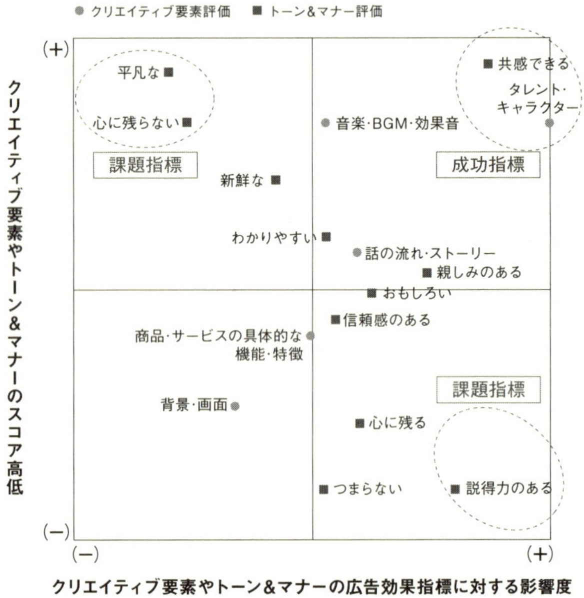

● クリエイティブ要素評価　■ トーン＆マナー評価

縦軸：クリエイティブ要素やトーン＆マナーのスコア高低
横軸：クリエイティブ要素やトーン＆マナーの広告効果指標に対する影響度

左上（課題指標）：平凡な、心に残らない、新鮮な
右上（成功指標）：共感できる、タレント・キャラクター、音楽・BGM・効果音、わかりやすい、話の流れ・ストーリー、親しみのある、おもしろい、信頼感のある
左下：商品・サービスの具体的な機能・特徴、背景・画面
右下（課題指標）：心に残る、つまらない、説得力のある

ナスの影響が強い。縦軸は各クリエイティブにおけるスコアの高低を表している。右上に「タレント」と「共感できる」がプロットされているが、この2項目は広告効果に対してプラスの影響が強い上に高いスコアを獲得できている。つまり成功に寄与しているポイントだと解釈できる。一方、プラスに影響するのにスコアが低い「説得力のある」、マイナスに影響するのにスコアが高い「平凡な」と「心に残らない」は成功の足かせになっている課題指標だと解釈する。

クリエイティブの要素は非常に多様であり、プリコードの項目ですべてを解釈するのは難しい。そこで心に残ったポイントや印象評価をフリーアンサーで聴取しておき、定性的な解釈を加えていくことが一般的である。

広告効果の測定に向けて

本稿では広告効果を捉える視点と検証方法について解説した。強調しておきたいのは、売上などの行動指標だけで広告効果を捉えることは難しいということである。いくら広告の評価が高くても、商品の性能や価格、配荷などの要因により、競合ブランドが選択されることもある。広告は生活者の"心の処方箋"であり、ブランドに対する認知や意識変容といった心理的評価を押さえていくことで初めて評価できるものである。広告活動の一つひとつが生活者の心に残り、ブランドを育成し、購買につながっているのだ。

広告効果を診断するにはメディア間の役割分担を明確にすることから始めなければならない。メディア別の効果目標を数値で示すことができれば広告評価も可能になる。

広告予算の企画とマネジメント

文／松本崇雄（野村総合研究所 経営コンサルティング部 上級コンサルタント）

Point

1 広告予算の策定は"感覚"から"数値"へと変化が見られ、説明責任が求められている。

2 データを単に数値として見るのではなく、その数値が算出された理由、背景を俯瞰的に把握することが大切である。

3 トライアンドエラーを繰り返すことが、次第に効率的な広告予算のマネジメントにつながるのである。

これまでの広告予算の策定方法とは

「業績不振のため、昨年より10％削減で考えることになった…」。広告予算の策定時によく聞くフレーズである。広告費は、交通費、交際費とともに、"経費削減の3K"と呼ばれ、企業の業績に影響を受けやすい領域である。業績連動とはならずとも「とりあえず、昨年と同じくらい」というのが、これまでの広告予算策定の慣習であるようだが、最近は先進企業を中心に変化が見えつつある。というのも「広告を出稿する必要があれば、業績に関係なく予算は確保する」という動きだ。

ただしこれには条件があり、「今回の出稿により予想される効果を"数値で"説明せよ。また結果についても"数値で"報告せよ」という説明責任（アカウンタビリティ）とのセットである。また、個別施策の中でも、「とりあえずテレビ7割。都市部では交通を入れて、余った予算をインターネットへ」というのではなく、「効果を最大にするために、今回はテレビ、交通、ネットを6：2：2という配分で設計する」というように、"感覚"から"数値"への変化が見られている（**図表1**）。

企業ごとの広告関連予算の流れをつかむ

広告費の管理、運用については、企業により形式が異なっている。宣伝部門が一括で運営することもあれば、商品ごとに事業部門が管理するものもある。予算については、年度当初計画通りにきっちり時期や媒体、費用を固める企業もあれば、ある程度流動的に執行す

広告予算の企画とマネジメント

図表1　広告戦略策定方法の変化

	予算（実施）検討	ターゲット選定	メディア配分	効果測定
従来	**昨年比**が基本（企業業績に連動して、変動してしまう場合あり）	とりあえず**性・年代**。独自のセグメントをつくる企業もあるが、媒体側が未対応なため、結局、性・年代で準備	**テレビをまずは決める**。余った予算を、媒体社との付き合いや、何となくのはやりで決める	**クリエイティブ評価**が中心。売上との相関も見るが、即売上につながらないものや広告以外の要因が排除できないため、参考程度の利用
今後	仮説検証型で施策立案。実施の必要性など、社内説明を実施した上で、広告戦略を立案。ある程度の枠は必要なものの、**内容に合わせて実施ごとに予算化**	**アプローチが必要な軸**（自社商品やカテゴリに購入意向が高い層）を抽出し、顧客ステップごとに強化するポイントを選定（逆に現段階で意向が低い軸を狙うこともあり）	前項で定めた**ターゲットに適合するメディア・ビークル**を選定。クロスメディアによる効果がある場合には重なるように選定。リーチが欲しい場合には重ならないように選定。フリークエンシーも意識しながら量や出稿形態を調整	どのターゲットに届き、生活者のどの態度変容に効果があったのか、仮説検証する。正確な**数値による評価とROIの算定**。競合や時系列で見た評価などを行い、次回設計に反映

る企業もある。また、広告費という範囲も企業により異なっており、販売促進費と一体になっているものもあれば、PR活動費が一体となっているものもある。

　さらには、従来のマス広告とデジタル関連がばっさり区分けられている場合もある。これらはそれぞれ長所、短所があり、どの方法が良いということはないが、宣伝担当者は、自分の会社の業務フローはどういう特徴があるのか、課題がでた場合の対処方法はどうするのか、ということは認識しておく必要がある。

多方面から求められる説明責任

　前項で触れた「説明責任」だが、これは宣伝部門の責任者のみに

説明すれば良いわけではなく、多岐にわたることも多い。経営側からは総予算に対して売上に関与した影響を求められ、また商品を把握する事業部門からは各メディアの効果を求められたりする。成功か失敗かという表層的な報告ではなく、何が原因で、改善するポイントはどこか、という回答まで求められる。また、社外から求められることもあり、例えば株主や販売代理店・フランチャイジー（加盟店）など、あらゆる場面で説明する可能性がある。

分かりやすさと客観性の確保

繰り返しになるが、説明時に最も重要なのが、"感覚"ではなく"数値"による説明である。多くの部署がその分析結果を利用することを考えると、あまり複雑な統計手法を使ってブラックボックス化するのではなく、極力分かりやすい手法で分析することが、運用時においては有効であることが多い。

さらに、データソースおよび分析主体においては、客観性の高さも重要である。広告の実施側となる広告会社では、どうしても肯定的な結論になる傾向が強い。このような場合は、マーケティング部門や調査部門など社内の別組織を利用したり、社外の直接利害関係のない、第三者企業・機関を利用することもひとつの方法である。

あふれるデータから重要な指標の見極め

インターネット広告の登場により、その評価が比較的容易に数値で分析できるようになった。これは、従来のマス広告の効果測定にも大きな影響を及ぼした。また、スマートフォンなどのデバイスの

進歩やサーバー処理速度の向上などにより、ビッグデータと呼ばれる巨大な生活者のデータが収集、分析できるようになった。

このような環境の変化は、マーケティングに関わるデータの拡大を促すとともに、結果的には、その企業にとって本当に必要なデータは何なのかを見つけにくくしてしまっている。いたずらに目標とする指標が増えていたり、商品のライフステージやカテゴリーに関係なく同一の指標にしてしまったり、データの多さから、説明側に都合の良いデータのみを抜き出して報告する、ということも行われている。商品ごとに広告への役割や目的を再確認し、その結果をどう活かすのかを考慮した上で、あふれるデータから重要な指標を選定することが、広告のマネジメントの第一歩として重要である。

生活者に及ぼす影響を意識したKPIの選定

それでは何を目標とする指標（KPI）にすれば良いのかを検討していく。GRP（➡156ページ）などの出稿量、CM認知率や好感度などのクリエイティブに関する指標に加え、生活者の態度変容にどの程度影響を及ぼしたのかが重要である。

具体的には、"購入意向"や"利用意向"といった項目であり、広告の役割としてはまずはこの指標を目標とするのが、有効な場合が多い。もちろん、最終的な目標としては、実際の購入や利用で評価をしたくなるが、価格や商品価値、流通戦略、天候などの外部要因など、広告以外の影響も強く、広告が果たす役割としては、"買いたくなる"という気持ちを高める（または維持する）ことが望ましい。もちろん、純粋想起や助成想起というように、カテゴリーにおいて

その商品が思い浮かぶかといった指標や「調べてみたい」「店頭に行ってみたい」といったような中間指標も重要な場合がある。これらの指標は商品のライフステージやカテゴリーに応じて設定する必要がある。また、商品そのものへの影響だけでなく、ブランドや企業へのイメージを変化させるという役割がある場合にはこれらの指標も押さえておく必要がある。

5つのポイントを意識し、数値から正しい結果を読み解く

選定したKPIの分析にあたり、いくつか気をつけなくてはならないポイントがある。これはデータの収集方法にも関わるため、調査設計段階から以下の5つを検討しておく必要がある（図表2）。

①広告出稿（施策）の前後で評価する
②広告接触者と非接触者で評価する
③セグメント別に評価する
④媒体ごとに分離して評価＆クロスメディアで評価する
⑤広告以外の影響を排除する

広告は、まったくの新商品を除き、出稿の前からある程度の認知や購入意向が存在する。そのため、出稿後の数値が高くとも、もともとの数値が高ければ、効果はないという判断をすべきである。別の事例として、事前よりも事後の絶対値が下がっている場合、通常なら効果がないと捉えるであろう。しかしながら、広告接触者と非接触者に分けて分析した場合、非接触者の減少幅より、広告接触者

の減少幅のほうが小さい場合はどうだろう。何も出稿していないと下がってしまう状況において、減少幅を食い止めることができた、という点では効果があったと見るべきであろう。同様に、季節変動の影響が強い場合、事後の数値がいくら事前を上回ったとしても、広告接触者が非接触者の変化を上回らない限り、広告の効果は限定的と言わざるを得ないだろう。

また、単体の媒体では効果がないものの、他の媒体とクロスメディアで接触すると効果がある場合もある。単体での効果がないからといって、その媒体を外してしまえば、クロスメディアでの接触ができなくなるため、結果的に全体の効果を下げてしまうことになってしまう。

図表2　評価のポイントと効果測定の事例

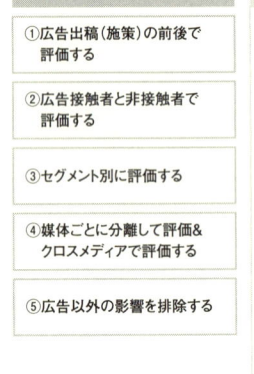

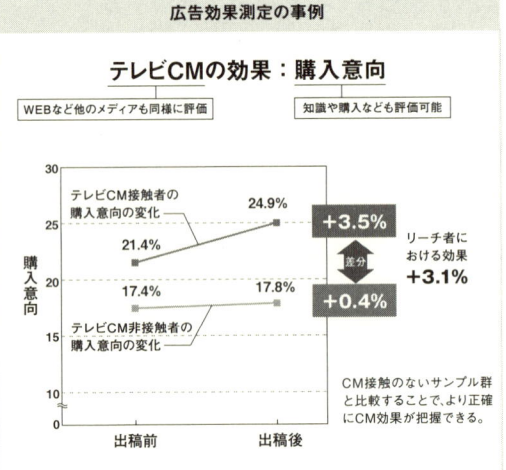

評価のポイント
①広告出稿（施策）の前後で評価する
②広告接触者と非接触者で評価する
③セグメント別に評価する
④媒体ごとに分離して評価＆クロスメディアで評価する
⑤広告以外の影響を排除する

広告効果測定の事例

テレビCMの効果：購入意向

WEBなど他のメディアも同様に評価　　知識や購入なども評価可能

テレビCM接触者の購入意向の変化：21.4% → 24.9%　＋3.5%
テレビCM非接触者の購入意向の変化：17.4% → 17.8%　＋0.4%
差分：リーチ者における効果 ＋3.1%

CM接触のないサンプル群と比較することで、より正確にCM効果が把握できる。

最近では単純な広告出稿だけでなく、記者発表会や番組とのタイアップなどといった"PR施策"を同時に展開するケースも増えている。事後の数値が上がったので宣伝の効果があったと喜んでいると、その効果はテレビ番組で該当商品が取り上げられる影響のほうが強いこともあり、この場合、広告の評価としては誤った判断になってしまう。

このように、データを単に数値として見るのではなく、その数値が算出された理由、背景を俯瞰的に把握することは大切であり、次の施策への示唆や費用対効果の改善につなげるためにも極めて重要なポイントである。

予算と同時に「広告の目標」を設定する

KPIの選定や分析方法を策定した後に重要なのが、出稿の狙いを明確化しておくことである。その際、可能な限り、目標を数値で設定することが望ましい。今回の広告は、ターゲットは誰か。切り口として、性年代もあれば、新規獲得か既存顧客の活性化か、ブランドスイッチを狙うのか、顧客のロイヤリティ化を狙うのか……ターゲットを考えるだけでも非常に幅が広い。

設定したターゲットに対し、どの媒体を利用してリーチさせるのかも考慮しておかなくてはならない。単に接触させれば良いというものではなく、それぞれの媒体ごとに役割を与える場合も多い。商品名を覚えさせたいのか、理解を深めさせたいのか、購入意向を高めさせるのか。さらには、同じ媒体の中でもクリエイティブ素材によってその役割を変えているものもある。

以上のように、広告の目標の設定は非常に多面的に検討しなくてはいけないため、ややもするとこの設定に時間が取られてしまうかもしれない。そのためによく用意するのが、目標設定シート（**図表3**）である。企業ごとにフォーマットは異なるがこのように標準化することで、最低限守らなくてはいけない基準が設定でき、異動などによる人の入れ替えにも対応できる強い組織になる。何よりも大事なのは、惰性で広告を出稿するのではなく、きちんと目標を設定する"くせ"が付くことである。これこそがPDCAのP（Plan）そのものであり、サイクルを回す重要な第一歩である。

チェック機能の設計とナレッジの法則化

広告出稿後、定めた目標に対しその効果を分析する過程において、アウトプットについてもフォーマット化しておくことは重要である。まとめ方については、企業ごとに策定して構わない。広告（Promotion）以外の要素、価格（Price）、商品（Product）、販売チャネル（Place）についても同じ帳票で管理したり、ウォーターフォールチャートにより、媒体ごとの効果を分かりやすく可視化する方法もある（**図表4**）。また、数値そのものを判断するために、競合やカテゴリー平均などとの比較をしたり、前回施策との比較や前年同月比較など、時系列の変化を捉える必要もある。

このような分析結果を蓄積することで、次のアクションにつなげるための、その企業オリジナルの"出稿の法則"を作ることができる。例えば、「テレビスポットは、少なくとも世帯GRP500％は確保する」「電車内のドア横広告は高年齢の男性ターゲットには利用

図表3　目標設定シート（例）

版数（制定日　文責氏名）

キャンペーン名

1.基本情報

実施時期（詳細は別添スケジュール表A0　01）

実施目的

ターゲット　　メイン（　　　　）　　サブ（　　　　）

2.媒体別出稿の考え方

媒体	優先順位	出稿の考え方	
		量・出し方	質・内容
メディア全体			
TVCM			
新聞広告			
交通広告			
雑誌広告			
インターネット広告			

3.目標数値

KPI	優先順位	定義	目標数値
購入意向TOP 1			
イメージ項目A			
ROI			

広告予算の企画とマネジメント

図表4　アウトプットとウォーターフォールチャート（例）

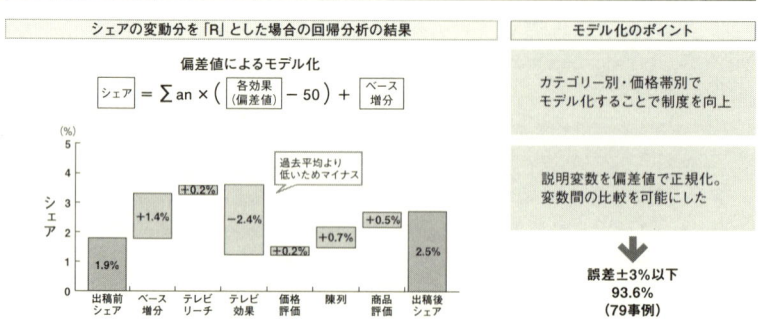

4P	Product		Price			Place			Promotion							その他
KPI	外装デザイン評価	社外モニター評価	価格評価	価格提示後の購入意向	加重販売店率	定番外フェース数	販売員調査	TVリーチ	TV購入意向寄与率	TV10F認知	TVメッセージ伝達率	メッセージ購入意向寄与率	パブリシティ評価	特殊フラグ
製品A	調査会社A 300	社内保持 100	調査会社B 300	調査会社C 100	調査会社C		調査会社C	調査会社D	調査会社E	調査会社E	調査会社E	調査会社E	調査会社	●
製品B		社内保持 100					調査会社C	調査会社D	調査会社E	調査会社E	調査会社E		調査会社F	

シェアの変動分を「R」とした場合の回帰分析の結果

偏差値によるモデル化

$$\text{シェア} = \sum a_n \times \left(\frac{\text{各効果}}{\text{(偏差値)}} - 50 \right) + \text{ベース増分}$$

（ウォーターフォールチャート：出稿前シェア 1.9%、ベース増分 +1.4%、テレビリーチ +0.2%、テレビ効果 −2.4%、価格評価 +0.2%（過去平均より低いためマイナス）、陳列 +0.7%、商品評価 +0.5%、出稿後シェア 2.5%）

モデル化のポイント

カテゴリー別・価格帯別でモデル化することで精度を向上

説明変数を偏差値で正規化。変数間の比較を可能にした

↓

誤差±3%以下 93.6%（79事例）

しない」「雑誌の記事タイアップを出稿した際は、タレントを全面に出した純広告を併出稿する」など、個別のナレッジを"法則化"することによって、出稿戦略の支援をするとともに、誰が担当しても一定のクオリティを担保することが可能となる。

広告におけるROI算出によるマネジメント

ROIとは、Return On Investmentの略で、投下した資本に対して、どの程度利益を生んだのかを測る指標で、広告でいえば出稿した費用に対して、どの程度売上に影響を与えたのかを算出するものである。簡便的に考えれば、定めたKPIを媒体にかかった費用で割る、ということになるのだが、話はそれほどに単純ではない。

最初にROIの"I"の範囲をどこまでとするかを定めなくてはいけない。一般的に、広告のROIの場合はテレビや交通、雑誌、新聞、インターネットなどの"ペイドメディア"に投下した費用までを対象とすることが多い。中には、自社で提供する"オウンドメディア"にかかる運営費や、SNSやPRなどの"アーンドメディア"を展開するための費用まで、拡張する企業もある。いずれにせよ、まずは"I"の範囲を策定する。

　次に、"R"の算定になるが、重要なのは利用した媒体やビークル、サービスの単位まで効果を振り分けることである。クロスメディアによる相乗効果の振り分けなどの問題はあるが、この単位ごとに算出することで、次回の媒体配分などの活用へつなげることができる。

　また、"R"算定時に議論になるのが、"R"をどの目標指標（KPI）とするかである。前項で述べたようにあくまで広告の役割としては、購入意向や利用意向とすべきであるが、どうしても売上への影響を把握したいという企業もある。その場合、"実現係数"と呼ばれるものを採用することが多い。「購入意向のある人のうち、実際に何割が購入するか」というもので、例えば実現係数が10％で、テレビCMにより購入意向が20％伸びたとすると、2％がテレビCMにより創出されたものと考えるのである。

　広告宣伝以外を含めたROIを算出するには、キャンペーンなどの販売促進費、流通対策や値下げ原資、商品そのものの評価、競合との広告出稿比率（SOV＝Share of Voice）、天候や政策などの外的要因などを加え、回帰分析によりモデルを組む企業もある。もちろん、直接的に購買に関わる指標ではなく、イメージの形成やカテゴリー

内の想起を目標とする場合もあり、一口にROIといっても、どのように定義するかが難しいところではある。

ただ、必要なのはひとつの地点の絶対値ではなく、対前年比や前回比、別ブランドとの比較などにより評価することである。最初から複雑に考えるのではなく、数回にわたり実施する中でトライアンドエラーを繰り返し、それぞれの企業に合ったROIの算出方法を見つけることが重要なのである。

広告予算のPDCAマネジメントによる効果の最大化

企業が広告予算を有効に活用するために、数値によりPDCAを管理することが重要である。もちろん、その反動として「数値が一人歩きしやすい」ということもあるが、施策の優劣をつける通信簿を用意することが目的なのではない。今回の成功要因は何か、課題は何か、そのためには出稿媒体、出稿量や出し方、クリエイティブ表現のどこに手を加えれば良いのか、という意識を社内で共有化することが最も重要であり、この繰り返しが、次第に効率的な広告予算のマネジメントにつながるのである。

第14章

ブランディング戦略の要点

ブランディング手法と範囲
パラダイムシフトの30年
ブランド戦略の実践のために
4つの特殊性とモデル

ブランディング手法と範囲
パラダイムシフトの30年

文／宮澤正憲（博報堂ブランドデザイン 代表）

Point

1 日本国内の経済状況の変化とともに、企業における「ブランド」の力点も変化している。現在は「ブランドは社会とともに一緒につくるもの」という考え方（With C）のステージに入っている。

2 「きちんとした企業の商品でなければ買わない」という消費者の意向が強くなった今、IMCの考え方のもと、ブランディングの力点に「社員」「組織」も加わった。インナーブランディングも重要分野のひとつとなっている。

3 ブランディングの手法に正解はないが、基本の型として「インプット」「コンセプト」「アウトプット」の3つのフェーズでシンプルに進めていくと良い。目的を明確にした上で、できることから始める。

経済の3つのステージに伴う ブランディングの変容

　2014年4月からの消費税増税は、短期的には高価格商品の売上を高めるだろう。しかし一時的な消費熱が落ち着いた後、消費者はすぐ、「本当に必要なモノ、好きなモノは買うが、それ以外は買わない」と、より厳しく峻別するようになるはずだ。消費増税をきっかけに、おそらく今後、ブランディングも新たなステージに歩む時代が来ると考えられる。

　なぜ、そうした変化が起きるのか。それは、経済状況の変化にともなう、現在までのブランディングの多様化のプロセスを追っていくと分かりやすい。

　経済指標に日本の一人あたりの名目GDP（国内総生産）の推移をあげると、大きく3つのステージに分けることができる。ひとつ目は、1991年のバブル崩壊までで、GDPが右肩上がりに伸びた時代。2つ目は、バブル崩壊以後から2008年のリーマン・ショック、あるいは東日本大震災までの低成長期。3つ目は震災以降から現在だ（図表1）。

　この3つのステージに沿って、企業活動の力点を見てみよう（図表2）。第1ステージの経済成長期では、企業の使命は他社よりも早く、商品を市場投入していくことにあった。スピード経営がもてはやされた時代で、このころのブランディングは「ブランドイメージ」を広告や商品デザインでつくるものとされた。イメージが効く広告主導の時代とも言える。

　第2ステージ、長い低成長期はいわゆる「モノが売れない時代」で、

ブランディング手法と範囲 パラダイムシフトの30年

図表1　マクロ視点での日本の経済動向

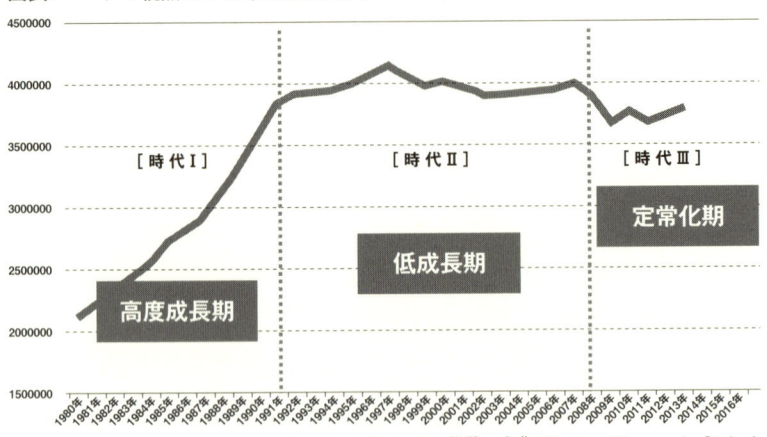

[時代Ⅰ] 高度成長期
[時代Ⅱ] 低成長期
[時代Ⅲ] 定常化期

日本の一人当たりGDP推移　出典:IMF Wold Economic Outlook

図表2　ブランドの力点の変遷

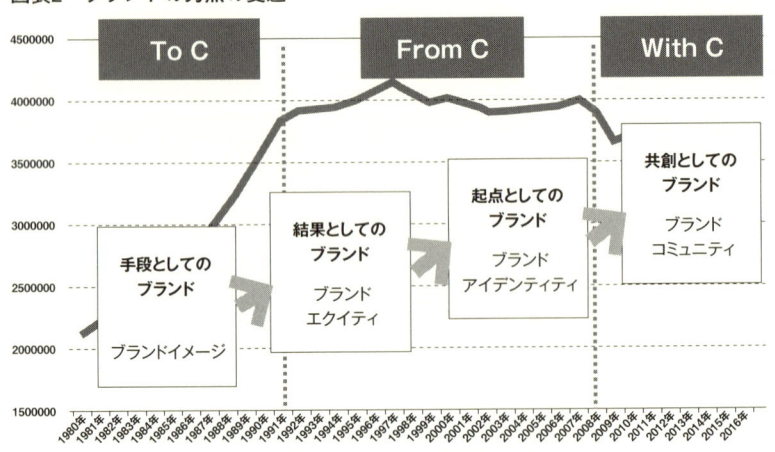

To C　From C　With C

- 手段としての ブランド ブランドイメージ
- 結果としての ブランド ブランドエクイティ
- 起点としての ブランド ブランドアイデンティティ
- 共創としての ブランド ブランドコミュニティ

日本の一人当たりGDP推移　出典:IMF Wold Economic Outlook

多くの企業が顧客中心マーケティングの重要性に目を向けた。「顧客を見よう」「消費者の声を聞こう」と声高に叫ばれた時代だ。

　また、広告も垂れ流しのフロー型から、資産を蓄積するストック型が注目され始めた。デイビッド・A・アーカーが中心となって唱えた、ブランドを無形資産価値と捉える「ブランドエクイティ」発想だ。同時に、ブランドを金銭価値に置き換える動きも出てきた。バランスシートへの計上も検討されるようになり、ブランドは経理や財務の担当範囲にまで拡大した。「ブランディング」の市場が大きく成長した時代でもある。

　一方、「資産に換算するのは分かった。では、結局どうすれば貯まるのだ」という実務サイドからの要求も強まった。それに対応するように、実務面ではブランドは結果ではなく起点だ、という「ブランド・アイデンティティ」という概念がより重要視されるようになっていった。製品も広告も世に出た結果、ブランドが醸成されるのではなく、設定したブランド・アイデンティティに基づいて商品を生み、コミュニケーションを設計し、組織をつくるという逆の考え方だ。

　結果、ブランドは経営者の重要課題となった。伊藤邦雄氏による著者『コーポレートブランド経営』では次のように説明されている。同氏は「ヒト、モノ、カネ、情報」に次ぐ経営資源に「ブランド」を掲げ、企業価値創造の源だと提唱。ブランドを軸に企業価値を高めるビジネスモデルの構築のほか、ブランドの方向性を決め中期経営計画に落とし込み、さらに各部署が実践にブレークダウンすることの重要性を説いた。結果、"ブランディング"に携わるステークホ

ルダーはさらに広がった。

　第2ステージ（低成長期）は、世界経済で見ればリーマン・ショック（国内では東日本大震災）までで一区切りがつけられる。それ以降が第3ステージ、つまり現在だ。国内市場では今後は人口も減少し、市場のさらなる急成長を期待することは現実的とはいえない。そのため、成長ではなく、定常化期と捉える方が正確な時代だ。

　ではいま、企業は何をしなければならないのか。第1ステージが「To C（Customer）」とすれば、第2ステージは「From C」。そして、第3ステージは「With C」とも言い換えられ、ブランドは社会とともに一緒につくるものという考え方のステージに入っている。

　第3ステージでは、今なおブランド・アイデンティティの考え方は残っているものの、従来のような企業からの一方的なコミュニケーションではますます人が動かなくなっている。それはブランドが企業のものでなく、社会の共有物となりつつあるからだ。実際、フィリップ・コトラーの「マーケティング3.0」の中でも「共創」をキーワードにあげている。

　こうした動きを加速させたのはソーシャルメディアだ。今や企業がアピールしたいブランドのあり方と、受け手の価値観が合致しないだけでなく、企業の意図しない情報やイメージが消費者によって広められ、コントロール不能になる場面は珍しくない。だから、ともにブランドを盛り上げていく必要があるのだ。ブランドを応援してくれるグループ、応援団をどれだけ大きくできるか、という戦いも起こりつつある。

　こうした変化を、主語の変遷でとらえてみると、「企業」「顧客」

そして、企業と顧客が一緒に考える「社会」と移り変わってきたとも言える。こう書くと複雑なようだが、シンプルに考えることもできる。要するにブランドは"愛され方"であり、その愛され方が変化してきたということだ。

高い服を着て、「オレはこう思うんだ！」と強い意見を持つ人がモテた時代も今は昔。時代は変わり、「オレが、オレが」ではもうモテなくなった。いまは、周囲にも気を配れるような、何か社会的なことに取り組む人がヒーローになりつつある。人の愛され方と、ブランディングは時代とリンクしている。ともすれば、企業を社会と切り離して考えたり、企業の構成員もみな消費者であることを忘れたりしがちだが、今まさに企業はブランド（＝集団の人格）が問われている。企業も人も、そのアイデンティティは社会的な関係のなかで成立するということだ。

「企業」視点での手法が進化

視点ごとの手法も整理しておこう。モノが売れないと困っている時代、企業の「変革したい」という欲求に答えたひとつの動きが、ドン・シュルツらが提唱した「統合型マーケティング・コミュニケーション（IMC）」という概念だった（➡49ページ）。組織が縦割りのまま、モノをつくりマーケティングをしても、全体最適にならないという考え方だ。より統合的なマーケティングを実現して初めて企業は生きるし、マーケティングは特定部門だけでなく、全社で解決すべき課題という認識が生まれ始めた。昨今ではIMCという言葉自体はことさらに言われることは少なくなってきたようにも感じ

るが、その根本的な考え方は、今もマーケティングやブランディングに通底している。

　企業側の視点でもうひとつ変化した点は、ブランディングの力点に「社員」や「組織」が加わったことだ。「ブランドイメージ」だけではブランディングにならない時代、良い商品を生み出そうとすれば、社内プロセスを変え、社員の意識も変えねばならない。結果、組織開発も「インナーブランディング」と呼ばれ、ブランディングの重要分野のひとつとなった。

　実際、日本の企業の多くは今、インナーブランディングに悩んでいる。それは創業者による強いビジョンを持っていた多くの戦後復興企業で世代交代が進み、ビジョンが揺らいでいるからだ。企業は自社の存在理由を改めて確かめる必要が表出してきている。

　こうしたビジョンの良し悪しはブランディングにも直結する。なぜなら社員としても働く意味を見出し、プライドを持てる、ビジョンのある企業に勤めたいと思うのは当たり前だし、消費者としても「きちんとした会社の商品でなければ買わない、利用しない」という傾向が強くなっている。優れた人材を集めるにしても、マーケティングをするにしても、建前だけのアイデンティティでは意味がなく、社員の賛意の元でビジネスを進められるかが、従来より大切になってきている。

CSR活動もブランディングの範疇

　次に「顧客」視点についても見てみよう。顧客視点での基本は、企業はモノを売るのではなく、体験を売るという考え方だ。「お客

はドリルを求めているのではなく、穴を求めているのだ」という逸話を知っている方も多いだろう（➡43ページ）。学問的には、バーンド・H. シュミット氏による著書『経験価値マーケティング』などが有名で、ここでも顧客の体験がすべてであるとされている。

　最近では、似たような考えとして米国のIDEO（アイディオ）のようなデザインファームなどが唱えていた「デザイン思考」というものもある。生活者をつぶさに観察して、彼らの立場からプロダクトデザインを行う。ここでは定量調査に限らず、顧客が無意識レベルでどのような振る舞いをするか、エスノグラフィなどを用いて調査する。エスノグラフィは人類学による民族研究を源流とする、人間・社会の洞察による調査方法だ。

　最後に、「社会」の視点から見た変化も述べておきたい。多くの企業で、従来は別々にあったCSR担当部署とブランド担当部署を統合しようという動きが見られる。これまでCSR活動は現業と切り離された社会貢献活動としての色彩が強かったが、数年前から「コーズ・リレーテッド・マーケティング」などと呼ばれる、本業を通じた社会貢献が主流になろうとしている。しかし、CSR活動に本業の視点が加わると、実はブランディング活動との差がなくなってくるのである。つまり、ブランディングと社会性はもはや切り離せないものになっているとも言える。

今こそ若者に注目を。経済定常期の消費モデル

　さて、こうした視点を持ちながら、いざブランディングに取り組もうとすると、そう簡単ではないことに気付く。なぜなら多くの企

業の場合、必ず過去の"成功体験"が立ちはだかるからだ。これは人間のサガでもあって、なかなか変えることは難しい。自らの成功体験でなくても、自分が若いころに輝いていた企業の振る舞い方も——それがすでに時代にそぐわなくても——現場の歩みを止める呪縛となる。

　原体験の特異性という意味で、ブランディングの際に大きなヒントとなるのは今の若者たちだ。彼らが直接の顧客でない企業だとしても、研究価値は十分にある。

　なぜなら、低成長期生まれの彼らは、社会の成長という概念を体感していない層で、彼らこそ定常化時代の消費スタイルを先取りする尖兵だからだ。今後、世代交代が進めば、彼らがメジャーな消費者像となる可能性がきわめて高い。彼らの思考パターンに早い段階で触れることが、旧態依然のマインドを打ち破る特効薬となり、今後の種まきにつながるだろう。そうでないと、グローバルだ、成長だ、効率化だ、という既成概念の発想の落とし穴に、はまってしまう可能性がある。

　いまだ多くの企業人の脳裏にあるのは、時間の経過と経済の豊かさは比例するという概念だ。けれども今の若年層は、「10年後の未来は今と同じだ」という発想をする。利便性は高まったが、育ってきた社会はさほど変わっていないからだ。生まれたときからインターネットがあり、中高生の時期からソーシャルメディアに触れている。彼らはまた、「車より電車でいい」「ビールより甘いお酒のほうがいい」「海外より近場の温泉のほうがいい」ときわめて"合理的"な判断を行う。

一方で、自分のためになるモノ、蓄えとなるモノについては旺盛に消費をする。例えば家具。安アパートに住むのに、平気で10万円、20万円のソファを買う。なぜなら、引っ越しをしても次の住まいに持っていけるから。「いいものは、裏切らない」というのが彼らの弁だ。

プロセスに企業の個性が光る

ブランディングの多様化・細分化は、学者でも頭を悩ませるレベルに達している。企業、顧客、社会を見渡しつつ、どう全体最適を図るかは悩ましい（**図表3**）。加えて、取り組むプロセスそのものが、各企業のオリジナルとなることが、ブランディングのポイントにもなっており、唯一絶対の解がないからだ。

ブランディング手法に正解はないという前提で、あえてひとつの基本的な型を示すとすれば、①**インプット**、②**コンセプト**、③**アウトプット**の3つのフェーズでシンプルに進めていくことだろう（**図表4、5**）。大切なのは、目的を明確にした上で、できるところから始めるということ。これまで見てきたように、ブランディングは多くの概念・考え方を包含しているので、無理に入れ込もうとするとプロジェクトが膨張しやすく、結果、空中分解するリスクも高い。

①**インプット**では、社外の顧客調査に加え、社内の調査も行いたい。調査は定量・定性の両方行うのが望ましい。社内調査を行うのは、実態に沿ったインナーブランディングを行うためだ。

私は、リサーチもクリエイティブだと考えている。特に定性調査で、リサーチターゲットが意識していない根源的な理由をあぶり出

す質問を立てるのは、高い想像力を必要とするからだ。社内調査では、一般的な「従業員満足度調査」にとどまらず、「自分は、この会社をどのようにしていきたいのか」といった個々のビジョンを尋ねる質問を入れることも有効だ。

②**コンセプト**は、中心となるブランドのエッセンスづくり。最も重要なパートでもあるので、ひとつの部署で完結せず、なるべく横の連携をとって進めていきたい。ボトムアップ型の性格を持った企業なら、立候補制にしてクロスファンクショナルチームをつくってもいいだろう。

そして③**アウトプット**で成果を世に送り出す。本来はできるだけ自由に、多様な範囲で活動を考えるのが望ましい（**図表6**）。しかしここでも範囲を拡大しすぎると、うまく機能しないことがある。その場合は、スローガンを決めたり、企業広告を出したり、イベントブースでどう自社の未来を描き出すかといった手元から、当面のアウトプットを考えるのも良いだろう。

ここまで見てきたようにブランディングは、マネジメント分野へとその足を伸ばしている。今後、ブランディングを抜きにして、企業の存続は難しくなってくるだろう。コミュニケーションからマネジメントへ。宣伝部や広報部が培ってきた知見が、いよいよ求められているのだ。

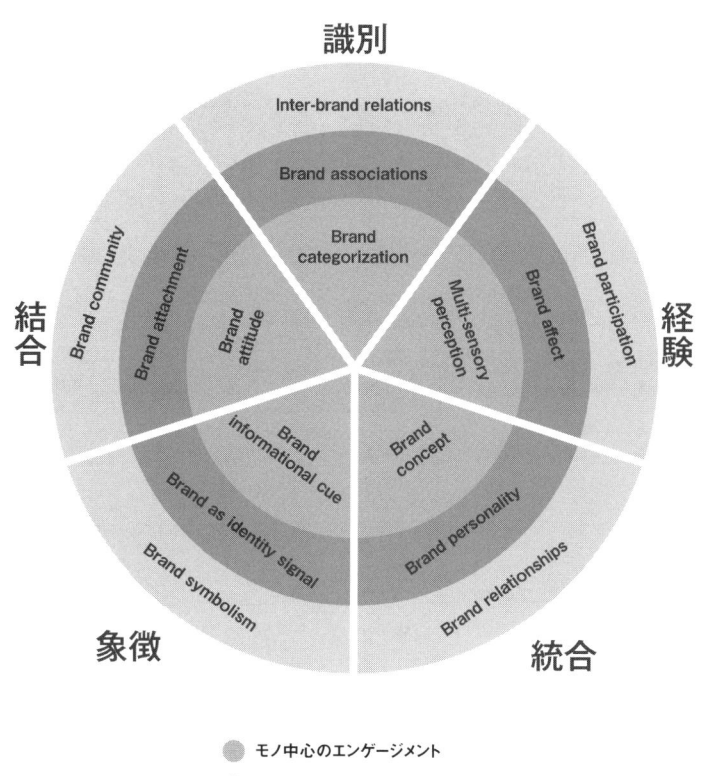

第14章　ブランディング戦略の要点

図表3　視点ごとにブランディング手法は多様化している

識別

- Inter-brand relations
- Brand associations
- Brand categorization

経験

- Brand participation
- Brand affect
- Multi-sensory perception
- Brand concept

統合

- Brand relationships
- Brand personality

象徴

- Brand symbolism
- Brand as identity signal
- Brand informational cue

結合

- Brand community
- Brand attachment
- Brand attitude

● モノ中心のエンゲージメント
● 企業本位のエンゲージメント
● 社会視点のエンゲージメント

The consumer psychology of brands Bernd Schmitt（2012）

図表4　ブランディングの目的確認

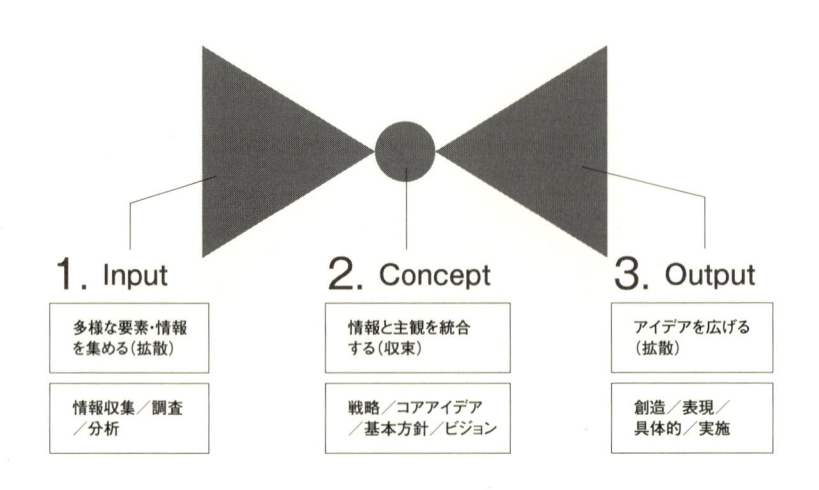

1. Input
- 多様な要素・情報を集める（拡散）
- 情報収集／調査／分析

2. Concept
- 情報と主観を統合する（収束）
- 戦略／コアアイデア／基本方針／ビジョン

3. Output
- アイデアを広げる（拡散）
- 創造／表現／具体的／実施

図表5　ブランディングの基本型

インプット
社外と社内のギャップ

インプットのフェーズでは、定性・定量調査を駆使し、社外の顧客調査と、社内の調査も行う。

コンセプト
ブランドのエッセンスづくり

ひとつの部署で完結せず、担当領域を横断したチームを設けて行うことが望ましい。

アウトプット
できる範囲で、手法にこだわらず

360度、ニュートラルな手法でアウトプットを行う。ただし、範囲を広げすぎると機能しないため、スローガンや企業広告など手元から考える。

第 14 章　ブランディング戦略の要点

図表6　アウトプットは手法にこだわらない

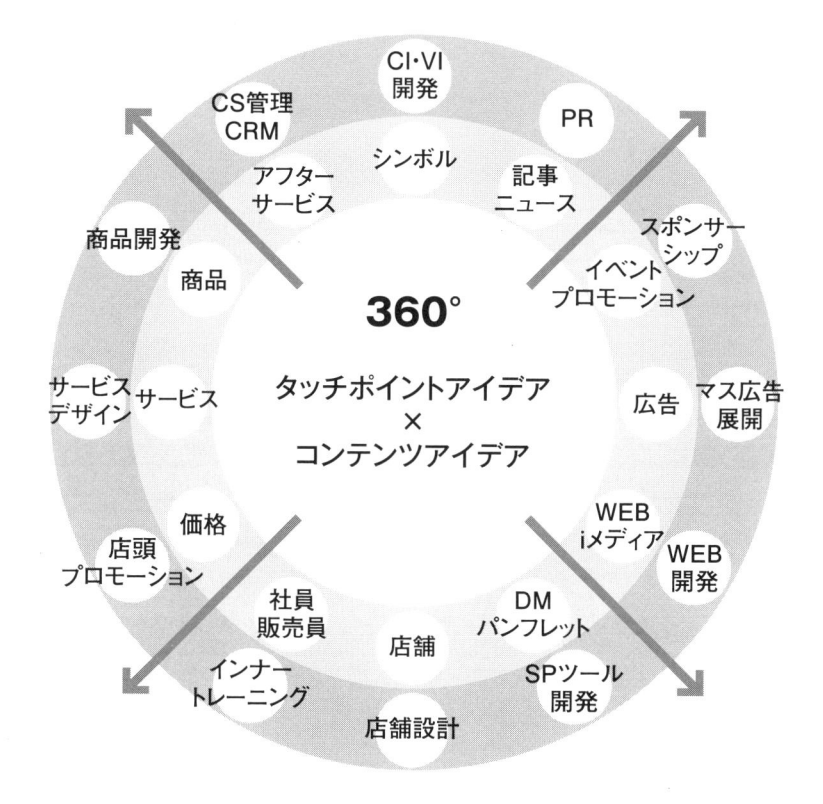

360°
タッチポイントアイデア
×
コンテンツアイデア

- CI・VI開発
- シンボル
- PR
- 記事ニュース
- スポンサーシップ
- イベントプロモーション
- マス広告展開
- 広告
- WEB iメディア
- WEB開発
- DM パンフレット
- SPツール開発
- 店舗設計
- 店舗
- 社員販売員
- インナートレーニング
- 店頭プロモーション
- 価格
- サービスデザイン
- サービス
- 商品開発
- 商品
- アフターサービス
- CS管理 CRM

ブランド戦略の実践のために 4つの特殊性とモデル

文／石田 茂（電通 iPR局 iクリエーティブ部長 クリエーティブ・ディレクター／コミュニケーション・デザイン・センター）

Point

1 生活者は、ブランド価値をコントロールする編集者である。個々人がソーシャルメディア上でネットワーク化し、ブランドイメージが企業の手を離れ「自走」する可能性がより強くなってきている。

2 ブランドという経営資源は「無形性」「間接性」「多層性」「関係性」といった4つの特殊性を持っている。その構造を可視化する方法は非常に難しいが、課題を読み取り、解決策を導くために必要なもの。

3 ブランドをマネジメントする構造モデルを決定したら、「ブランド測定」「分析」「課題抽出」「プランニング」「エグゼキューション」「ブランド測定」まで行い、PDCAサイクルのもと改善を図っていく。

第14章　ブランディング戦略の要点

90年代初頭に理論化され、日本でも広く普及・浸透

　2002年、私が一橋大学大学院 国際企業戦略研究科（ICS）の阿久津聡教授との共著により『ブランド戦略シナリオ ―コンテクスト・ブランディング―』を著してから、早10年余り。その間、様々なブランド戦略の実務に関わらせていただいた。
　ここでは、そのような経験を踏まえた実務者の視点から、2014年現在におけるブランド戦略の状況、方向性などについてまとめてみたい。

　ブランド戦略が重要であるという認識は、いまや広く常識となっている。かつてはクライアントに対し、まず「ブランド戦略とは何か。それが今後いかに重要になるか」を説くところからのスタートであったが、現在は誰もがその概念を理解している状況で、隔世の感がある。ブランド戦略がマーケティング戦略と同様、企業に欠かせないものとして、広く共有・活用されていることの証だろう。
　そもそもデイビッド・A・アーカー教授が『ブランド・エクイティ戦略』『ブランド優位の戦略』などの一連の著書を発表し、ブランド戦略論を世に提唱したのが1990年代の初頭。やがて日本でもその戦略が導入され始めた。今日の浸透は、ブランド戦略論の導入以降、日本の多くの企業が事業運営のための実務として積極的に活用を重ねてきた成果と言えるであろう。
　経営における課題解決にブランドを持ち込むケースが増えている一方、現場においても、事業部や宣伝部だけでなく、営業、生産関

係の部署にまでその理解は浸透しつつある。今後も、ブランド戦略が日本においてどんな進展を見せていくかに期待したい。

「ブランド編集者」としての生活者
ネットワークの影響力が増大

では、ブランド戦略はどのような変遷をたどり、今どこにいるのか。ブランドはまず、形の見えない無形資産として、生活者側の「ブランドイメージ」に着目して戦略化される。続いて、そのイメージを管理するためには自らを明確に規定しておく必要があるということで「ブランド・アイデンティティ」が注目された。その後、ブランド経営やブランドリーダーシップなどの観点を経て、複数のブランドを整理・体系化するための「ブランド・ポートフォリオ」に着目する戦略に至る。現在、一般的にブランド戦略と言うときには、前述の「ブランド・アイデンティティ」あるいは「ブランド・ポートフォリオ」戦略のどちらかを指すことが多い。

そのような経緯を踏まえ、現在、ブランド戦略を検討するに際しては新たに2つの観点が出現している。

ひとつは「インナーブランディング」の必要性である。近年、グループ経営という新しい経営形態をとる企業が増えたことによって、自社および自社製品のブランド・アイデンティティをどう等しく共有化するかが課題となっている。海外支社を持っている企業や、国内でも日本人以外のスタッフを抱える企業にとっては、より可視化され、明文化された共通理解が必要となるだろう。

もうひとつは、生活者の情報環境の変化と、ブランドのマネジメントへの影響である。それにはソーシャルメディアなどのツールが出現・浸透したことにより、生活者同士のネットワーク化が急激に広がったことが大きく影響している。結果、リアルでの友人同士はもちろん、趣味や活動領域、出身地に至るまで、様々なクラスタが形成された。従来、ブランド戦略の管理対象は個々人のブランドイメージであり、それをどう管理・維持していくかが課題だった。それが今日では、個人に加え、ネットワークされたグループ単位でもマネジメントをする必要がある状況になってきている。

ブランドは、相手（生活者）にとって価値があることによって、企業にとっても価値が出るという「ブランドの間接性」という特徴を持っている。生活者にとっての価値が、個人単位だけでなくグループ単位でも形成されることになれば、自ずとブランドへの影響力も変化する——これは、そもそもブランド価値をコントロールする「編集者」は誰か？　という議論につながる。

生活者がネットワーク化されていない個人のときは、企業側の"イメージを管理しようとする"意図がよりダイレクトに作用するが、ネットワーク化された状態では、生活者同士のコミュニケーションがブランドイメージの構成に大きく関与する。つまり、ブランドイメージが企業の手を離れ、「自走」する可能性がより強くなってきたということになる。この流れは、私自身の実感としても強い。

このように、マーケティング戦略と同様、ブランド戦略も時代によって着目される要素や手法は変遷してきており、それは戦略の実践にも大きく関わっている。

ブランド戦略が他の戦略と異なる理由：4つの特殊性

ブランド戦略を実践するに際しては、まずブランド戦略が他の戦略と大きく異なる理由である、ブランドという経営資源の特殊性を理解することが前提となる。

次に、改めてその特殊性を4つの観点から整理する（**図表1**）。

① **ブランドの無形性**

ブランドの価値には、商品としての価値に加え、人々の心の中に蓄積される、そのブランドに関連した知識＝「ブランド知識」がある。これは、そのままでは目に見えない「無形」のものであるため漠然としているが、商品にブランドとしての価値を与える重要な性質となる。

② **ブランドの間接性**

ブランドは、その価値を認める顧客が存在して初めて、企業にとっての価値が生じるという「間接」的な性質を持っている。その意味でブランドは顧客の側にあるとも言え、企業は顧客に働きかけるという間接的な方法でしかブランド価値に関与できない。

③ **ブランドの多層性**

ブランドは商品が持つ機能的なベネフィットを提供するだけではなく、所有したり、使用したりすることによって心地良い情緒を生み出したり、自己表現を演出したりすることができる。一般に評価の高いブランドには、このように質的に異なるベネフィットが「多

層」構造になっているものが多い。

④ブランドの関係性

商品カテゴリーの拡張においては、もともとのブランド（マスター・ブランド）をそのまま使うか、そこから生じる連想を一部共有しながら、またそれとは異なる名称や連想を持つサブ・ブランドを用いることがある。ここでブランドは、商品と商品の「関係」性を示す役割を果たすこととなり、ブランドの価値はそうした関係性を通じて理解することができる。

図表1　ブランドの特殊性

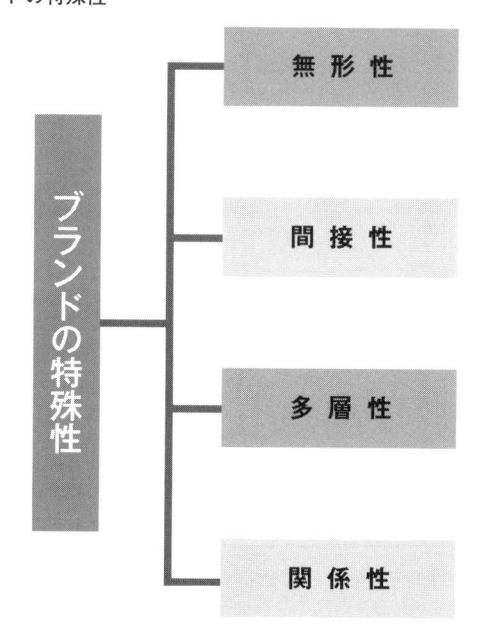

```
                    ┌── 無形性
                    │
ブランドの特殊性 ───┼── 間接性
                    │
                    ├── 多層性
                    │
                    └── 関係性
```

ブランドを可視化する「モデル」の選択

次に、目に見えないブランドをマネジメントしていくためには、その構造を「可視化」しなければならない。ここが、ブランド戦略の実践者にとって、最初に直面する壁となることが多い。可視化は、ブランドの状況を理解し、把握するための手段だ。その第一歩は、顧客の頭の中にある「ブランドイメージ」を捉えることから始まる。対象では、それをどのような構造モデルで把握し、どのようなツールで計測すれば良いのだろうか？

構造モデルとは、ブランドをどういった要素に分解・構成するか、という形式のことだ。例えばブランドイメージにおいては「ブランド名」「ブランドコンテクスト」「ブランドロイヤリティ」「ブランドパーソナリティ」などといった要素があげられる。

さらに、各要素はまた、それぞれの構造を持っており、その中のブランドパーソナリティ（ブランドを「人格」に置き換えた時の特性の集合）を構造化したモデルが**図表2**である。このモデルは、多面的で複雑なパーソナリティを理解・共有することを可能にしてくれるだけでなく、各パーソナリティの特性の間に「意味の反対関係」「ポジティブ・ネガティブの関係」などの「関係性」を持たせてみることで、課題解決の方向性を示唆する際の助けにもなる。

このような仕組みにより、構造モデルとはブランドをある視点から可視化するだけでなく、そこから課題を読み取り、解決策を導くためのものでもあるということが言える。

第 14 章　ブランディング戦略の要点

　以上のように、ブランドをマネジメントするには、どういった構造モデルでそれを取り扱うか、決める必要がある。それはまた、「顧客の側にあるブランドイメージ」「企業が自ら規定するブランドアイデンティティ」、そしてその2つを整合させるための「ブランドコミュニケーション」という各領域を貫通して管理できるモデルであることが重要である。

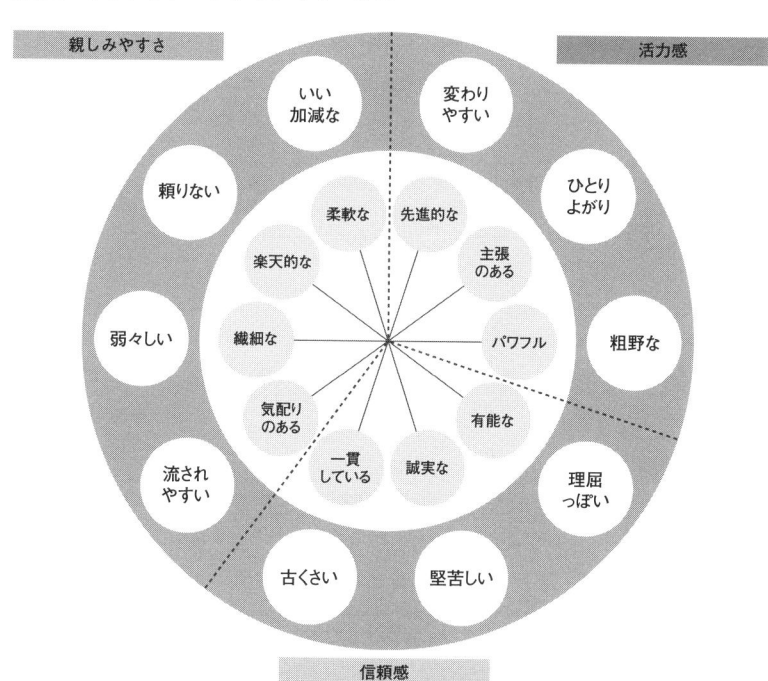

図表2　ブランドパーソナリティサークル

親しみやすさ／活力感／信頼感

外側（ネガティブ）: いい加減な／変わりやすい／ひとりよがり／粗野な／理屈っぽい／堅苦しい／古くさい／流されやすい／弱々しい／頼りない

内側（ポジティブ）: 柔軟な／先進的な／主張のある／パワフル／有能な／誠実な／一貫している／気配りのある／繊細な／楽天的な

関係者のコンセンサスを得るには
作業プロセスの明確化が必須

　構造モデルを決定した後は、いよいよブランドマネジメントのプロセスに入っていく。可視化モデルを運用して、「ブランド測定→分析→課題抽出→プランニング→エグゼキューション→ブランド測定」までをすべて行い、PDCAサイクルに則って改善を図っていくことになる。

　ブランドが置かれている状況によっては、定期的にリサーチ結果を追いかけていかなければならないカテゴリーもある。さらに、最近ではソーシャルリスニング分析（ソーシャルメディア上の声を集め、課題に応じて定量、定性の双方から分析を行うアプローチ）によって、ほぼリアルタイムに計測を行うケースも出てきている。

　最後に、一連の作業を進めていく上では、そのプロセスが明確になっていることがきわめて大切であることを忘れてはならない。なぜなら、ブランドマネジメント作業は様々なポジションを持つ、多くの関係者のコンセンサスを取っていくことも肝要となっていくため、プロセスが明確でなく、共有化されていない状態では、作業途中で混乱に陥りやすいからである。

ブランド戦略はますます不可欠で、厄介なものに

　ブランドマネジメントの手法は、今後いっそう進化を続けていくことが予想される。今までは、何年かに一度、ブランドのコンセプトを決める、あるいは、再規定するプロセスに従っていれば良いと

いう時代だった。しかし、今後はそうはいかず、ブランドマネジメントでも、より「高度化」と「スピード」が求められるであろう。

　組織内においても、社内の一部の部署だけが管理している対象ではなく、IT技術によって、より多くの社員がブランドの現状を把握・共有し、それぞれの役割において対応していく必要が出てくる。また、そのように対応する企業こそが、高い競争力を持つようになるはずだ。

　もちろん、ソーシャルメディアなどの普及により、ブランドコア支持層の状況をリアルタイムで把握することも可能となっており、今後この動きはますます加速するであろう。

　ブランド実務者は、そのような最新の動向を常にウォッチし、ブランド戦略のさらなる効果的活用を目指していくべきである。

著者紹介 （五十音順）※プロフィールは2014年2月末時点のもの

青島弘幸 (13章)
ビデオリサーチ　メディア・コミュニケーション事業推進部
1989年ビデオリサーチ入社。消費者行動研究事業など研究開発部門を経て現職。共著として『基礎から学べる広告の総合講座2014』（日経広告研究所）。

青葉哲郎 (1章)
サイコス　代表取締役社長　マーケティングコンサルタント
1994年ジャスコ（現イオン）入社。マイクロソフトで世界最年少プロダクトマネージャ就任、MSN事業開発などを担当。インテリジェンス、リクルートエージェントのマーケティング部門責任者として、ブランド戦略、ネット集客で実績を上げる。現在は、日々のコスト削減から将来のビジネスイノベーションまで事業効率を高める支援を行っている。

石田 茂 (14章)
電通 iPR局 iクリエーティブ部長 クリエーティブ・ディレクター /コミュニケーション・デザイン・センター
1990年、電通入社と同時にPR局に配属。その後、マーケティング・プロモーション統括局、営業局・営業部長を経て、2012年4月から現職。著書に『ブランド戦略シナリオ』。

井上慎也 (10章)
アドビ システムズ　マーケティング本部 マーケティング インテリジェンス部 デジタル マーケティング スペシャリスト
外資消費財のP&G、外資製薬企業のイーライリリーにてデジタルマーケティングに従事。2010年より現職アドビにて、自社の提供するデジタル マーケティング ソリューションを活用しつつ、自社のデジタルマーケティング全般の促進と最適化を進めている。

梅山貴彦 (4章)
クロス・マーケティング　リサーチプランニング部 部長
日立製作所の商品企画、IDC Japan副社長、イーシーリサーチ代表取締役社長を経てクロス・マーケティングに入社。クロス・マーケティングでは在籍するリサーチャーを統括し、豊富な調査経験をもとに「ID-POS連動型リサーチ」といった新しいリサーチの立ち上げにも携わる。

大島幸男 (12章)
大島BtoBコミュニケーションズ 代表
1989年より村田製作所の本格的企業広報・広告活動をスタートさせ、2011年まで広報室長、総務部長、広報部長として一貫して広報・広告活動に携わる。「ムラタセイサク君」の活用などで、同社の知名度、人気度向上に貢献。退職後の現在は、大島BtoBコミュニケーションズ代表、ローム㈱メディア企画部顧問。

岡田秀美 (3章)
富士通 宣伝部 部長
1990年富士通に入社。1995年まで購買部門にてパソコン等の生産用材購買業務を担当。商品企画部門にて消費者向けソフトウェアの商品企画、販売推進部門にて法人向けネットワークサービスの販促に携わった後、2001年より宣伝部に。現在は、企業広告、BtoB広告、メディアバイイングを総括。

岡野 宏 (5章)
キヤノンマーケティングジャパン　コミュニケーション本部 主席
1980年キヤノンマーケティングジャパン（旧キヤノン販売）に入社、宣伝部宣伝課に配属。一眼レフカメラ等の商品を担当し広告企画・制作・媒体・イベント等宣伝業務全般に携わる。94年宣伝課・課長、97年広報課・課長、2003年宣伝制作部・部長。各種広告賞審査委員歴任。2011年よりACC理事。

河原達也 (13章)
ビデオリサーチ　メディア・コミュニケーション事業推進部
2006年ビデオリサーチ入社。2007年日本消費者行動研究学会で研究奨励賞（青木幸弘賞）を受賞。現在の主な業務は広告効果の測定、広告戦略立案支援など。

木原龍太郎（12章）
博報堂 PR戦略局 PRディレクター
1999年博報堂入社。ストラテジックプランニング局に配属。2003年 CC局（現PR戦略局）に異動。現場のPR業務のみならず、PR発想によるコミュニケーション全体戦略の立案や新商品開発などの業務を手掛ける。現在、PR戦略局の「マーケティングPRプロジェクト」のリーダー。

小島伸夫（8章）
電通 ラジオテレビ&エンタテインメント局 業務統括部長
1969年群馬県生まれ。早稲田大学卒。入社時からこれまでテレビメディアに携わり、放送局担当やテレビ業推を歴任。その後デジタル担当部署を経て、2011年より現職にてテレビタイム部門を統括。

後藤哲也（5章）
パルコ エンタテインメント事業部 / プロデューサー
1997年パルコに入社。社外のプロジェクトを中心に、デザインを重視したプロデュース業に没頭中。直近では、片山正通氏率いるWonderwallの作品集や、ポーラ ミュージアム アネックスのキュレーション、直島/ベネッセハウスのデザインコーディネートなど、クリエイティブにこだわりのある人たちとの仕事が多い。

柴田貞規（10章）
博報堂DYメディアパートナーズ データマネジメントプラットフォーム部長
1996年からネットビジネスに関わり、現在まで制作、開発、コンテンツ編成、オンライン広告領域を幅広く経験。2007年入社。運用型広告（リスティング広告、アフィリエイト広告、DSP）の領域の責任者として、運用体制の構築・販売推進を行う。2013年4月から現職。

鈴木敦詞（4章）
りんく考房
マーケティングエージェンシー、調査会社を経て独立、りんく考房代表として活動を行う。リサーチおよびマーケティングに関する支援や研修、執筆活動を行うかたわら、Blog/Facebook「マーケティングリサーチの寺子屋」にて情報発信を行う。

千田利史（7章）
ワンズコンサルティング 代表
電通を経てコンサルタントとして独立。電通時代にはマーケティング部門や調査研究部門、メディア部門などで勤務。主な著作に『メディアショック』（シリーズ三部作・電通刊）や『デジタルで変わること 変わらないこと』（中央経済社）などがある。現在、読売オンラインでコラム「メディア・ランドスケープ」を連載中。

田中みのる（6章）
ライズマーケティングオフィス 代表取締役
1989年大阪中央郵便局着任、公社化、民営化と大組織の変革を経験、97年から法人営業、社員育成などを担当。2003年からは霞が関本社にて勤務。2010年独立、ライズマーケティングオフィスを設立。メディア接触時のターゲット・インサイトを追究し、効果の出る販促物・チラシの作成や、WEB・モバイルを活用したクロスメディアのプロモーションについて、全国でコンサルティング、セミナーを多く手掛ける。

辻中俊樹（2章）
東京辻中経営研究所 マーケティング・プロデューサー
日本能率協会などを経て、1982年ネクスト・ネットワーク設立。生活を24時間スケールで捕捉する「生活カレンダー」方式によるリサーチワークを確立。団塊ジュニアに関する基礎研究をまとめ、「15（イチゴ）世代」というキーワードを世に送り出すなど、その「生活シーン分析」は評価が高い。団塊世代のみならず、出産期世代からシニアに至るまで各世代の世代分析・研究についても造詣が深い。2010年には食のマーケティングに絞った活動を行うため、東京辻中経営研究所を設立。また2012年よりユーティルの研究顧問として「気づき」プロジェクトを開始、定性・定量にかかわらず、生活の中から「気づき」を発見するための調査・分析・コンサルティング活動を行う。近著に『団塊が電車を降りる日』（東急エージェンシー出版）など編著書多数。

成田幸久（11章）
インフォバーン 執行役員/部門長
『ワイアード』副編集長を経てインフォバーン入社。ニフティの「ココログ」の著名人ブログをプロデュース。ほかヤフーのWEBマガジン「4B」編集長、「ギズモード・ジャパン」のディレクターを務めるなど、数多くのWEBメディアの企画・運用を手掛ける。

野上 章（8章）
電通 ラジオテレビ&エンタテインメント局 兼 第15営業局 部長
1967年東京生まれ、東京大学卒。営業として総合飲料メーカー、信販会社、通信会社、有料衛星放送などを担当し、2007年に音声コンテンツビジネスの拡大を目指してラジオ部門に。全ラジオ放送局担当を経て、2013年より現職にてクールジャパン担当。

野口恭平（6章）
LIXIL 執行役員 マーケティング本部プレミアム事業部長 / 事業構想大学院 教授
1980年日産自動車入社。宣伝部制作課、商品企画室の後95年から北米日産にて北米商品戦略を担当。2001年より国内宣伝部長、2003年よりグローバルマーケティング部長として、国内海外の広告宣伝、イベントなどマーケティングコミュニケーション戦略統括。2013年より現職。2005年にはGlobal Future Marketing Award アジアパシフィック地区審査員を務めた。著書に『もうひとつのプレゼン：選ぶ側の論理』など多数。

橋本大也（10章）
データセクション 取締役会長
2000年に自然言語処理と機械学習をコアにしたビッグデータ分析ベンチャー「データセクション」を設立。ITコンサルタント・起業家としてITベンチャー役員を兼任するとともに、大学などで教鞭を執る。『データサイエンティスト』（SB Creative）ほか著書多数。

稗田政憲（7章）
HAL稗田広告研 コンサルタント
元 ネスレ日本 媒体統轄部部長。退職後、HAL稗田広告研。㈱Truestarおよび㈱BMC特別顧問、放送批評懇談会理事（ギャラクシー賞CM部門副委員長）。メディア、広告制作および広告取引、リレーションシップが専門。著書に『フェアな広告取引 実践のすすめ』（JAA）。

藤代裕之（9章）
法政大学 社会学部 メディア社会学科 准教授
ジャーナリスト。法政大学社会学部メディア社会学科准教授。関西大学総合情報学部特任教授。日本ジャーナリスト教育センター（JCEJ）代表運営委員。被災地から情報を発信する「大槌みらい新聞」を立ち上げた。著書に『発信力の鍛え方』などがある。

増井達巳（11章）
合同会社フォース 代表
前職のキヤノンマーケティングジャパンではWeb運用の専任組織・ウェブマネジメントセンターの初代所長を務め、独自のWebマネジメントプログラム理論を中心に各種講演会ならびにコンサルティングを行う。2013年7月合同会社フォースを設立。Webマネジメント等のコンサルティング事業を開始。

松本崇雄（13章）
野村総合研究所 経営コンサルティング部 上級コンサルタント
1994年NTT入社。ネット関連ビジネスの立ち上げに従事した後、2006年野村総合研究所に入社。専門は広告宣伝、広報PR、販売促進領域における戦略立案、評価分析、実行支援など。

馬渕邦美 (3章)
オグルヴィ・ワン・ジャパン 代表取締役/ネオ・アット・オグルヴィ 代表取締役

1998年日本でインタラクティブ・エージェンシー DOE を設立。2005年に Profero を設立し代表取締役社長に就任する。2009年にオムニコム・グループである Tribal DDB Tokyo ジェネラル・マネージャーに就任。2012年より現職。オグルヴィ・アンド・メイザー・ジャパン・グループのデジタルビジネスを牽引している。

三浦 暁 (10章)
博報堂DYメディアパートナーズ 統合コミュニケーションデザインセンター ROIマネジメント部

1977年兵庫県生まれ。関西学院大学卒。デジタル系広告会社を経て2008年に入社。デジタル関連部署にて、メディアプランニング、分析業務などを担当した後、現在は、オフラインとオンラインを横断した統合コミュニケーションの効果分析業務に従事している。

峯川 卓 (8章)
元 日本広告業協会 デジタル特別委員会委員

元 電通・ビジネス統括局。インターネットの初期からデジタル動画の制作・配信における技術開発、ビジネス開発に携わり、著作権処理を含め業界全体でのルール作りに貢献してきた。また放送でもCM素材のファイル化、さらにコード、メタデータによる素材ファイル管理などを推進、ラジオCM用ファイルフォーマット、テレビCM用のファイルフォーマット策定などにも寄与。現在はCM素材のオンライン運用に向けての研究活動を継続中。

宮澤正憲 (14章)
博報堂ブランドデザイン 代表

1990年博報堂入社。ノースウエスタン大学ケロッグ経営大学院（MBA）卒業後、次世代型ブランドコンサルティングの専門組織「博報堂ブランドデザイン」を立ち上げ、さまざまなブランドビジネス領域で実務のコンサルテーションを行っている。東京大学教養教育高度化機構特任教授。成蹊大学非常勤講師。主な著書に、『「応援したくなる企業・組織」の時代』『ブランドらしさのつくり方』など。

山本康博 (1章)
ビジネス・バリュー・クリエイションズ 代表取締役

1987年伊藤園入社。その後、日本コカ・コーラで健康飲料のブランドマネージャーを経て、マーケティング統括副部長に。日本たばこ産業では、同社史上最年少マーケティング部長に就任。3つの異なるタイプの企業でブランドマネージャーを経験したノウハウを活かし、実践的マーケティングに特化した新商品開発やブランドマネージ・指導にあたっている。

※本書は 2013 年 3 月から 2014 年 3 月まで雑誌『宣伝会議』に掲載された
シリーズ連載「現代 宣伝・広告の実務」から抜粋し、一部加筆・修正を加えたものです。

＜初出＞
2013 年 3 月 1 日号　『宣伝会議』（第 1 章）
2013 年 3 月 15 日号『宣伝会議』（第 2 章）
2013 年 4 月 1 日号　『宣伝会議』（第 3 章）
2013 年 4 月 15 日号『宣伝会議』（第 4 章）
2013 年 6 月号　『宣伝会議』（第 5 章）
2013 年 7 月号　『宣伝会議』（第 6 章）
2013 年 8 月号　『宣伝会議』（第 7 章）
2013 年 9 月号　『宣伝会議』（第 8 章）
2013 年 11 月号『宣伝会議』（第 9 章）
2013 年 12 月号『宣伝会議』（第 10 章）
2014 年 1 月号　『宣伝会議』（第 11 章）
2014 年 2 月号　『宣伝会議』（第 12 章）
2014 年 3 月号　『宣伝会議』（第 13 章）
2014 年 4 月号　『宣伝会議』（第 14 章）

宣伝会議の雑誌

マーケティング・コミュニケーションの総合誌
月刊 宣伝会議
「マーケティング&クリエイティビティ」をテーマに最新の理論や手法、事例を紹介。売り上げ拡大、企業価値向上に役立つ知識と情報をお届けします。
毎月1日発売／本体:1,204円+税／1954年創刊

日本で唯一のセールスプロモーションの専門誌
月刊 販促会議
生活者に対するプロモーションの基礎知識からウェブ、モバイルを活用した最先端の成功事例まで、「人を集める」「商品・サービスを売る」ための手法、ツールなどの情報をお届けします。
毎月1日発売／本体:1,204円+税／1997年創刊

PR・IR・危機管理の専門誌
月刊 広報会議
メディアに取り上げてもらう攻めの広報、危機発生時の被害を最小にとどめる守りの広報、強い組織作りのための社内広報など。広報実務に携わる方の専門誌です。
毎月1日発売／本体:1,204円+税／2005年創刊

広告クリエイティブ・デザインの専門誌
月刊 ブレーン
広告・デザインをはじめ、プロダクト、建築、ファッションなど、マーケティング・コミュニケーションにかかわるあらゆるクリエイティブを扱う専門誌です。
毎月1日発売／本体:1,204円+税／1961年創刊

「哲学」と「環境」を生活と仕事に生かす
季刊 環境会議 人間会議
環境コミュニケーションについて考える、春と秋の『環境会議』。哲学を生活に生かし、人間力を磨く、夏と冬の『人間会議』。現代社会における個人、そして企業のあるべき姿を考えます。
『環境会議』3・9月『人間会議』6・12月の5日発売／本体:926円+税

宣伝会議の教育講座
東京・大阪・名古屋・福岡・札幌

マーケティング
- 企業のための定期勉強会　<宣伝・広告編>
- マーケティング実践講座
- ブランドマネージャー育成講座
- 広告の評価基準を高めるための1日集中講座
- パッケージデザイン・ディレクション講座
- デジタルマーケティング実践講座
- マーケティング・リサーチ実践講座
- スペースブランディング実践講座
- メディアプランニング基礎講座
- ソーシャルメディアマーケティングセミナー

クリエイティブ
- コピーライター養成講座　基礎コース
- 編集・ライター養成講座　総合コース
- クリエイティブディレクション講座
- 文章力養成講座
- 校正校閲力養成講座
- Webライティング実践講座
- クリエイティブ・ディレクション基礎講座
- デザイン・ディレクション基礎講座

Web・デジタル
- インターネットマーケティング基礎講座
- Web活用基礎講座
- Webマネジメント基礎講座
- Webデザイン・ディレクション基礎講座
- BtoB企業のためのインターネットマーケティング実践講座
- スマートフォンマーケティング講座
- Web&広告プランニング講座

プロモーション
- セールスプロモーション講座
- 企画書・プレゼン講座
- 販促物のレスポンスを高めるための1日集中講座
- ビジネススピーキング基礎講座
- オリジナル ノベルティ ケーススタディ

広報
- 企業のための定期勉強会　<広報編>
- 広報担当者養成講座
- 戦略PR講座
- 広報効果測定1日集中セミナー
- コーポレートサイト強化1日集中セミナー

Marketing & Creativity 宣伝会議　詳しい内容についてはホームページをご覧ください　www.sendenkaigi.com

宣伝会議の基礎シリーズ

現代 宣伝・広告の実務
マスからデジタルまで
広告マーケティングのノウハウ

発行日	2014年3月28日 初版 第1刷
企画・監修	宣伝会議編集部
発行者	東 英弥
発行所	株式会社宣伝会議
	〒107-8550　東京都港区南青山5-2-1
	電話　03-6418-3331（代表）　www.sendenkaigi.com
本文デザイン	株式会社明昌堂
印刷・製本	シナノ書籍印刷株式会社

ISBN 978-4-88335-303-3

定価はカバーに表示してあります。
乱丁・落丁の場合はお取り替えいたします。
販売部（03-6418-3320）またはお買い求めの書店までお申し出ください。
本書を無断で複写、複製、転載することは禁止されています。